SISTEMAS DE INFORMAÇÕES GERENCIAIS E OPERACIONAIS

O GEN | Grupo Editorial Nacional – maior plataforma editorial brasileira no segmento científico, técnico e profissional – publica conteúdos nas áreas de ciências sociais aplicadas, exatas, humanas, jurídicas e da saúde, além de prover serviços direcionados à educação continuada e à preparação para concursos.

As editoras que integram o GEN, das mais respeitadas no mercado editorial, construíram catálogos inigualáveis, com obras decisivas para a formação acadêmica e o aperfeiçoamento de várias gerações de profissionais e estudantes, tendo se tornado sinônimo de qualidade e seriedade.

A missão do GEN e dos núcleos de conteúdo que o compõem é prover a melhor informação científica e distribuí-la de maneira flexível e conveniente, a preços justos, gerando benefícios e servindo a autores, docentes, livreiros, funcionários, colaboradores e acionistas.

Nosso comportamento ético incondicional e nossa responsabilidade social e ambiental são reforçados pela natureza educacional de nossa atividade e dão sustentabilidade ao crescimento contínuo e à rentabilidade do grupo.

TADEU CRUZ

SISTEMAS DE INFORMAÇÕES GERENCIAIS E OPERACIONAIS

TECNOLOGIAS DA INFORMAÇÃO E AS ORGANIZAÇÕES DO SÉCULO 21

5ª EDIÇÃO

O autor e a editora empenharam-se para citar adequadamente e dar o devido crédito a todos os detentores dos direitos autorais de qualquer material utilizado neste livro, dispondo-se a possíveis acertos caso, inadvertidamente, a identificação de algum deles tenha sido omitida.

Não é responsabilidade da editora nem do autor a ocorrência de eventuais perdas ou danos a pessoas ou bens que tenham origem no uso desta publicação.

Apesar dos melhores esforços do autor, do editor e dos revisores, é inevitável que surjam erros no texto. Assim, são bem-vindas as comunicações de usuários sobre correções ou sugestões referentes ao conteúdo ou ao nível pedagógico que auxiliem o aprimoramento de edições futuras. Os comentários dos leitores podem ser encaminhados à **Editora Atlas Ltda.** pelo e-mail faleconosco@grupogen.com.br.

Direitos exclusivos para a língua portuguesa
Copyright © 2019 by
Editora Atlas Ltda.
Uma editora integrante do GEN | Grupo Editorial Nacional

Reservados todos os direitos. É proibida a duplicação ou reprodução deste volume, no todo ou em parte, sob quaisquer formas ou por quaisquer meios (eletrônico, mecânico, gravação, fotocópia, distribuição na internet ou outros), sem permissão expressa da editora.

Rua Conselheiro Nébias, 1384
Campos Elísios, São Paulo, SP — CEP 01203-904
Tels.: 21-3543-0770/11-5080-0770
faleconosco@grupogen.com.br
www.grupogen.com.br

Designer de capa: Caio Cardoso
Imagem de capa: Chairat Saengdamuk | 123RF
Editoração eletrônica: Caio Cardoso

CIP-BRASIL. CATALOGAÇÃO NA PUBLICAÇÃO
SINDICATO NACIONAL DOS EDITORES DE LIVROS, RJ

C965s
5. ed.

Cruz, Tadeu
Sistemas de informações gerenciais & operacionais : tecnologias da informação e as organizações do século 21 / Tadeu Cruz. – 5. ed. – São Paulo : Atlas, 2019.

ISBN 978-85-97-02200-1

1. Serviços de informação. 2. Tecnologia da informação - Administração. 3. Gerenciamento de recursos da informação. I. Título.

19-59043

CDD: 658.4038
CDU: 658:004.78

Vanessa Mafra Xavier Salgado – Bibliotecária – CRB-7/6644

"Algumas pessoas acham que foco significa dizer sim para a coisa em que você vai se focar. Mas não é nada disso. Significa dizer não às centenas de outras boas ideias que existem. Você precisa selecionar cuidadosamente."

Steve Jobs, em 2008, para a revista *Fortune*.

MARCAS REGISTRADAS

Todos os nomes, todas as marcas registradas e todos os direitos de uso, de bens e de serviços, citados neste livro pertencem aos seus respectivos proprietários.

Todos os direitos autorais foram citados, todas as fontes de dados e informações foram referenciadas e todos os créditos foram dados.

Se houver alguma omissão, ela não terá sido intencional.

SOBRE O AUTOR

Graduado em Filosofia (1975) e em Administração de Empresas pela Universidade São Marcos (1982), **Tadeu Cruz** tem especialização em System Software e em Data Communication Software pelo Cologne International Training Centre, Colônia – Alemanha (1980). Ainda na área tecnológica, cursou outra especialização em System Engineering pela Hewlett Packard de México (1987). Em 2005, tornou-se mestre em Engenharia de Produção – Pesquisa Operacional e Gerência da Produção pelo Instituto Alberto Luiz Coimbra de Pós-Graduação e Pesquisa de Engenharia – Coppe-UFRJ.

Trabalhou como consultor de Tecnologia de Informação e de Gerência de Processos e Projetos em países como Alemanha, Angola, Argentina, Chile, Estados Unidos, Moçambique, Paraguai, Uruguai e Venezuela. Ex-professor da Universidade Presbiteriana Mackenzie, Escola de Engenharia, no curso de Engenharia de Produção, e criador da Metodologia DOMP™ para mapeamento, análise, modelagem, implantação e gerenciamento de processos de negócio, utilizada em dezenas de empresas em vários países e referenciada em centenas de trabalhos acadêmicos.

Cruz é autor de 30 livros técnicos (três em coautoria, dos quais um escrito no idioma inglês), sete livros de poesias e um livro de contos.

PREFÁCIO

O primeiro SIG está completando 20 anos de idade, o que, em termos de TI, é uma vida!

Considero revisões mais trabalhosas que escrever o livro, principalmente revisões em livros que tratam de Tecnologias da Informação. Nas sucessivas reedições, esta obra foi sendo atualizada para acompanhar, na medida do possível, a evolução das Tecnologias da Informação. Para esta 5ª edição, a atualização não foi apenas superficial e, sim, substancial.

Para começar, o livro foi quase que totalmente reescrito para fazer uso das novíssimas abordagens de *design* instrucional. Muitas caixas ao longo do texto ressaltam conceitos, ideias e endereços eletrônicos e QR Codes, nos quais o leitor pode se aprofundar sobre o que estiver lendo.

Todos os capítulos têm Conclusão, Resumo gerencial, Resumo esquemático, Questões para debate e Exercícios.

O livro também traz, ao final, o índice remissivo, que facilita ao leitor encontrar temas específicos, referências bibliográficas atualizadas e as respostas de todos os exercícios.

O que há de novo?

O Capítulo 1, **Tecnologia da informação: do plano estratégico ao plano operacional** permaneceu, mas foi atualizado para abranger aspectos mais tecnológicos.

O Capítulo 2, **Profissionais de TI e seus relacionamentos**, remete o leitor ao conjunto de profissionais responsáveis por estruturar e operar as Tecnologias da Informação e mostra como os profissionais de TI se relacionam para administrar, operar e desenvolver sistemas de informações.

O Capítulo 3, **Regras básicas para administrar TI**, aborda os custos operacionais com os quais as Organizações têm que ter cuidado para que TI não seja um estorvo, mas, sim, um importante aliado na administração das operações.

O Capítulo 4, **As ondas de TI e suas implicações**, traz um detalhamento sobre como Tecnologias da Informação evoluíram ao longo de mais de 50 anos dentro das organizações e trata das novas Tecnologias da Informação.

O Capítulo 5, **Business process management e BPM systems**, aborda uma importante tecnologia para automatizar processos de negócio por meio das regras que orientam a execução das tarefas existentes nos procedimentos.

O Capítulo 6, **Modelo tradicional para análise de sistemas**, detalha como sistemas de informações são desenvolvidos tradicionalmente. Trata dos erros mais comuns nesse desenvolvimento e de como os fatores críticos de sucesso são fundamentais para que os novos sistemas suportem corretamente os processos de negócio.

O Capítulo 7, **Metodologia DOMP™ e o subconjunto OPERAR**, traz o grande diferencial deste livro e ensina como desenvolver sistemas de informações gerenciais e operacionais de forma correta.

O Capítulo 8, **Capability maturity model – integration** (CMM-I), explica a principal metodologia para que sistemas de informações gerenciais e operacionais sejam desenvolvidos com qualidade.

O Capítulo 9, **Gerenciando mudanças**, alerta para as principais preocupações quando da introdução de novas tecnologias e sistemas nas organizações.

O antigo *Sistemas de informações gerenciais* agora se chama *Sistemas de informações gerenciais e operacionais*, revisado e atualizado com o que há de mais atual em metodologias e tecnologias.

Espero que atenda às expectativas e possa agregar muito conhecimento aos leitores e estudantes!

Tadeu Cruz

Recursos didáticos

Para enriquecer o aprendizado, ao longo do livro, na seção Saiba Mais, o autor sugere visitas a determinados *sites*, por meio de QR Code. Para acessar os conteúdos, basta ter um aplicativo leitor de QR Code baixado no smartphone e posicionar a câmera sobre o código, ou utilizar o link sugerido.

Sobre Planejamento Estratégico no *site* do Sebrae em: http://www.sebrae.com.br/sites/PortalSebrae/faq/como-elaborar-um-planejamento-estrategico,21d3d8e04c09d410VgnVCM1000003b74010aRCRD

É possível que, com o passar do tempo, alguns desses acessos estejam indisponíveis.

Material Suplementar

Este livro conta com os seguintes materiais suplementares:

- *Sugestões de respostas às Questões para Debate* (restrito a docentes).
- *Slides* (restrito a docentes).

O acesso aos materiais suplementares é gratuito. Basta que o leitor se cadastre em nosso *site* (www.grupogen.com.br), faça seu *login* e clique em GEN-IO, no menu superior do lado direito.

É rápido e fácil. Caso haja dificuldade de acesso, entre em contato conosco (gendigital@grupogen.com.br).

GEN-IO (GEN | Informação Online) é o ambiente virtual de aprendizagem do GEN | Grupo Editorial Nacional, maior conglomerado brasileiro de editoras do ramo científico-técnico-profissional, composto por Guanabara Koogan, Santos, Roca, AC Farmacêutica, Forense, Método, Atlas, LTC, E.P.U. e Forense Universitária. Os materiais suplementares ficam disponíveis para acesso durante a vigência das edições atuais dos livros a que eles correspondem.

SUMÁRIO

INTRODUÇÃO, 1

CAPÍTULO 1
TECNOLOGIA DA INFORMAÇÃO: DO PLANO ESTRATÉGICO AO PLANO OPERACIONAL, 5

1.1 O início, 6
1.2 Planejamento Estratégico de Tecnologias da Informação, 8
1.3 Michael Porter e as forças que governam as empresas, 10
1.4 Etapas para o planejamento estratégico, 11
1.5 Planejamento operacional, 14
1.6 Começando a estudar Tecnologias da Informação, 14
1.7 Relação do que foi planejado com o dia a dia da organização, 15
1.8 OPERAR, 16
1.9 Princípio da motivação estratégica, 16
1.10 Oportunidade e funcionalidade, 17
1.11 Conclusão, 18
Resumo gerencial, 19
Resumo esquemático, 19
Questões para debate, 19
Exercícios, 20

CAPÍTULO 2
PROFISSIONAIS DE TI E SEUS RELACIONAMENTOS, 21

2.1 Os profissionais de Tecnologia da Informação, 22
2.2 O analista de O&M, 23
2.3 O analista de processos, 24
2.4 O analista de sistemas, 28
2.5 Os três analistas e seus relacionamentos, 31
2.6 De gerente de informática a CIO, 33
2.7 Novos profissionais de TI, 35
2.8 Documentação de processos, 36
2.9 O analista de Workflow, 37
2.10 O analista de BPMS, 38

XIV SISTEMAS DE INFORMAÇÕES GERENCIAIS E OPERACIONAIS | CRUZ

2.11 O arquiteto de SOA (*SOA architect*), 38
2.12 Conhecimentos e competências, 39
2.13 Conclusão, 42
Resumo gerencial, 42
Resumo esquemático, 43
Questões para debate, 43
Exercícios, 44

CAPÍTULO 3
REGRAS BÁSICAS PARA ADMINISTRAR TI, 45

3.1 Custos, 46
3.2 O projeto, 47
3.3 Itens, 47
    3.3.1 Responsáveis pelos itens, 47
    3.3.2 Valores de cada item por mês, 47
3.4 Definição da fórmula ROI DuPont, 49
3.5 Quando usar o cálculo de ROI?, 49
3.6 Orçamento operacional, 50
3.7 ABC – uma pequena introdução, 53
3.8 Conclusão, 58
Resumo gerencial, 58
Resumo esquemático, 59
Questões para debate, 59
Exercícios, 59

CAPÍTULO 4
AS ONDAS DE TI E SUAS IMPLICAÇÕES, 61

4.1 Tecnologias da Informação que não deram certo, 65
4.2 A evolução do *hardware*, 68
4.3 A segunda fase da segunda geração, 72
4.4 A terceira geração, 73
4.5 Resumo das duas fases da computação comercial, 74
4.6 A computação distribuída, 74
4.7 Novas Tecnologias da Informação, 77
4.8 *Software as a Service* (SaaS), 81
4.9 Livro impresso na hora, 82
4.10 Oportunidades do *e-business*, 82
4.11 Comércio eletrônico, 82
4.12 Serviços ao consumidor, 82
4.13 Ferramentas para trabalho em equipe, 83
4.14 Exemplos de novos negócios, 83
4.15 A empresa que vale 1 trilhão de dólares, 83
4.16 Jornal eletrônico, 84
4.17 Tecnologias emergentes, 84
4.18 *Softwares* emergentes, 84
4.19 *Electronic Document Management System* (EDMS), 85

SUMÁRIO **XV**

4.20 *Knowledge Management* (KM), 86
4.21 *Data Warehouse* (DW), 86
4.22 *Supply Chain Management* (SCM), 87
4.23 *Efficient Consumer Response* (ECR), 87
4.24 *Enterprise Content Management* (ECM), 89
4.25 Workgroup (Wkg), 90
4.26 Tecnologias emergentes e Sistemas de Informações, 90
4.27 Conclusão, 91
Resumo gerencial, 91
Resumo esquemático, 92
Questões para debate, 92
Exercícios, 93

CAPÍTULO 5
BUSINESS PROCESS MANAGEMENT & BPM SYSTEM, 95

5.1 Trabalho cooperativo por meio de processos de negócio, 96
5.2 O que é BPM?, 97
5.3 O modelo ainda inexistente, 99
5.4 Modelo genérico do BPMS, 101
5.5 BPMS (*workflow*) e os processos de manufatura, 104
5.6 Processos de manufatura contínua ou de transformação, 105
5.7 Processos de manufatura discreta, 105
5.8 Integrando BPMS (*workflow*) a um ERP, 107
5.9 *Workflow* embutido ou autônomo?, 108
5.10 Integrando o *workflow* à manufatura discreta, 113
5.11 Preocupações essenciais, 115
5.12 Exemplo detalhado, 116
5.13 A descrição do processo, 117
5.14 *Softwares* para processos de negócio, 120
5.15 *Computer-Supported Cooperative Work*, 121
5.16 O surgimento do BPMS, 122
5.17 Tecnologias envolvidas com BPMS, 124
5.18 Aplicações BPMS, 125
5.19 Ciclo de vida do BPM, 126
5.20 Fases da metodologia, 127
5.21 Conclusão, 130
Resumo gerencial, 131
Resumo esquemático, 131
Questões para debate, 132
Exercícios, 132

CAPÍTULO 6
MODELO TRADICIONAL PARA ANÁLISE DE SISTEMAS, 133

6.1 Modelo tradicional, 134
6.2 Dois erros comuns, 134
6.3 Desenvolvendo sistemas segmentados, 138

XVI SISTEMAS DE INFORMAÇÕES GERENCIAIS E OPERACIONAIS | CRUZ

6.4 Alinhando metas e sistemas, 139
6.5 Definindo os fatores críticos de sucesso de cada atividade, 141
6.6 Meta, 142
6.7 Descobrindo os obstáculos de cada CSF, 143
6.8 Descobrindo e resolvendo *resource burners*, 146
6.9 Estrutura conceitual, 150
6.10 Estrutura lógica, 150
6.11 Estrutura física, 151
6.12 Conclusão, 155
Resumo gerencial, 156
Resumo esquemático, 156
Questões para debate, 156
Exercícios, 157

CAPÍTULO 7
METODOLOGIA DOMP™ – SUBCONJUNTO OPERAR, 159

7.1 Um novo modelo, 160
7.2 Subconjunto OPERAR, 163
    7.2.1 Primeira letra: O, 163
    7.2.2 Segunda letra: P, 165
    7.2.3 Terceira letra: E, 167
    7.2.4 Quarta letra: R, 169
    7.2.5 Quinta letra: A, 171
    7.2.6 Sexta letra: R, 172
7.3 Análise essencial de sistemas, 175
7.4 Especificando sistemas essenciais, 176
    7.4.1 Falso ou verdadeiro?, 176
    7.4.2 Perigos que podem ocorrer na definição de requerimentos, 177
    7.4.3 Eventos e respostas, 178
    7.4.4 Papel do analista dentro da análise essencial de sistemas, 178
7.5 Princípios da modelagem essencial, 181
7.6 Modelagem do sistema, 182
    7.6.1 Modelo físico, 183
    7.6.2 Banco de dados, 183
7.7 Últimas palavras sobre análise essencial de sistemas, 183
7.8 Conclusão, 184
Resumo gerencial, 185
Resumo esquemático, 185
Questões para debate, 186
Exercícios, 187

CAPÍTULO 8
CAPABILITY MATURITY MODEL – INTEGRATION (CMM-I), 189

8.1 Por que as normas são criadas?, 190
8.2 Um pouco de história, 191
8.3 Modelo "maturidade de capacitação", 192

8.4 Abordagem IDEAL™, 194
8.5 Fases da metodologia IDEAL™, 195
8.6 Abordagem "3 CICLOS", 196
8.7 Os cinco níveis do CMM-I, 196
8.8 Conclusão, 198
Resumo gerencial, 198
Resumo esquemático, 199
Questões para debate, 199
Exercícios, 200

CAPÍTULO 9
GERENCIANDO MUDANÇAS, 201

9.1 Pergunta inocente, 202
9.2 Impactos causados pelas mudanças, 203
9.3 Gerenciamento de mudanças, 203
9.4 Estágios da mudança, 204
9.5 Pontos de atenção, 204
9.6 Conclusão, 208
Resumo gerencial, 210
Resumo esquemático, 210
Questões para debate, 210
Exercícios, 211

REFERÊNCIAS, 213

RESPOSTAS DOS EXERCÍCIOS, 215

ÍNDICE REMISSIVO, 219

INTRODUÇÃO

Escrever sobre Sistemas de Informações[1] é algo que carrega intrinsecamente duas conotações, em princípio paradoxais. A primeira diz respeito ao prazer de escrever sobre um assunto que tem sido uma constante em minha vida ao longo dos últimos 40 anos. O que, aliás, está diretamente relacionado com a segunda conotação: o medo de escrever sobre esse assunto.

O prazer existe por permitir-me recordar inúmeras situações vividas no exercício da profissão. Muitas dessas situações, talvez a maioria, foram desafiantes, agradáveis e estimulantes, enquanto de um número inexpressivo de outras eu jamais queira lembrar-me ou tenha vontade de revivê-las. Inúmeras dessas situações, de tão ricas ou absurdas, não podem sequer ser imaginadas pelas multidões que hoje utilizam os mais diferentes recursos do mundo da informática. Entretanto, sua lembrança e sua explicação são necessárias pelo valor histórico e pela possibilidade de compreender o estágio tecnológico atual.

O medo de escrever prende-se justamente ao prazer de escrever, pois isso requer cuidado para abordar o assunto, precisão e acuracidade nos dados apresentados e, sobretudo, honestidade nas informações transmitidas a milhares de pessoas que comprarão este livro para estudar ou, simplesmente, para atualizar-se, pois os Sistemas de Informações assumiram na vida das empresas importância e complexidade como jamais algum sistema gerencial teve.

Os sistemas baseados em Tecnologia da Informação, ao longo desses 40 anos, transformaram-se e transformaram as organizações radicalmente. Foram, por assim dizer, inúmeras revoluções dentro da própria revolução que fez surgir o computador. Aliás, nem o fundador da gigante IBM acreditava que estivesse iniciando uma revolução, principalmente por não acreditar que pudesse existir tanto mercado para, à época, as caras e incríveis máquinas que ele acabara de criar, razão pela qual teria dito ele:

> Estimo podermos vender umas quatro ou cinco dessas máquinas no todo. Não há mercado para mais que isso.

Watson[2] teria acertado se as empresas tivessem continuado a operar da forma como ele as conhecia e como elas operavam até então. Entretanto, aconteceu que as empresas, aos poucos, foram descobrindo que podiam ganhar muito mais dinheiro do que estavam ganhando,

---

1 Sistemas de Informações: nome genérico dado a um conjunto de programas desenvolvidos para a operação e a administração de qualquer organização, excluindo-se controle de processo.
2 Tom Watson foi o fundador da IBM, mas foi seu filho Tom Watson Jr. o grande impulsionador da companhia.

podiam produzir muito mais do que estavam produzindo se tivessem melhor suporte administrativo-financeiro que lhes permitisse, em um círculo virtuoso, produzir, vender e controlar mais. De forma bem simplista, a adoção dos recursos que a informática colocou à disposição das empresas possibilitou outra revolução industrial. Em parte, foi por isso que a previsão do "Sr. IBM" não se confirmou e milhões de computadores puderam ser vendidos no mundo todo.

Ao falarmos de Tecnologia da Informação, o importante é não ser radical, nem em sua defesa nem em sua condenação. Há sempre dois lados que devem ser considerados, o correto e o errado, a boa e a má utilização; tudo vai depender do uso que se vier a fazer dos recursos que estiverem à nossa disposição. É bom não generalizar, nem no entusiasmo nem na indiferença, pois, como a Tecnologia da Informação é o suporte operacional para praticamente todas as atividades existentes, sempre vai existir a possibilidade de uso de uma tecnologia que tenha sido rejeitada por alguma atividade.

Lembro-me dos primeiros contatos que um número limitado de usuários teve com os computadores. Eles tentavam a todo custo postergar a entrada em operação das máquinas; agiam assim pelo temor de perderem os próprios empregos. Mal podiam imaginar que 20 anos depois algo como reengenharia, *downsizing* e outras práticas organizacionais iriam, efetivamente, tirar-lhes o lugar.

Lembro-me, enquanto desempenhava o papel de consultor de pré-venda na minha querida CII BULL, de meu gerente, Ênio Issa, recomendando-me:

– Cuidado com o que você fala. Não vá dizer que o computador vai racionalizar (essa era uma palavra mágica na época), economizar em cima do que se gasta com empregados ou organizar os fluxos de informações.

– Eu digo o que, então? – perguntava.

– Diga que o computador vai permitir que eles façam suas tarefas de forma mais rápida e com mais segurança. Diga que eles vão poder trabalhar de forma mais organizada e, por isso, vão poder trabalhar menos (essa afirmação era prenúncio do *downsizing*, ou, mais especificamente, do corte de cabeças que estava por vir).

– Está bem – eu respondia, e me concentrava extremamente preocupado em não dar nenhum fora.

E era justamente isso que acontecia em todas as empresas aonde íamos.

Quando, por exemplo, um chefe de contabilidade começava a perguntar sobre a máquina, o que ela fazia, o que poderia fazer pela contabilidade, todo o cuidado era pouco para conseguirmos vender, pois esse profissional podia pôr tudo a perder e, muitas vezes, complicava bastante nossa tarefa, principalmente quando fazia dobradinha com o diretor financeiro. Eram situações quase absurdas. De um lado nós, tentando vender uma tecnologia que iria ajudar a empresa a aumentar a produtividade e a eficiência, e do outro lado pessoas, ocupando postos-chave, tentando manter o estado de descontrole e de perdas que lhes garantia o emprego. De fato, naquela época pouco se falava em mandar gente embora. Os empregados gozavam de grande estabilidade. A economia no Brasil e em muitos outros países era fechada,[3] o que garantia situações estáveis e absurdas, coisas hoje inimagináveis.

Desde que passaram a existir, os computadores sempre provocaram muitas mudanças, criaram muita confusão e, por não serem usados corretamente, em geral em vez de racionalizarem o

---

3   O modelo econômico adotado na época era o de substituição das importações. Com ele, pensávamos poder fabricar internamente de palitos a computadores.

trabalho, produziram o efeito oposto. Ou seja: confusão, gastos e descontrole. Isso acontecia, pelo menos, no início da utilização das máquinas, isto é, logo que elas eram compradas e instaladas na empresa.

Em mais de 60 anos, a situação mudou radicalmente. O advento dos microcomputadores disseminou a informática a tal ponto que hoje é impossível viver sem estar em contato com Tecnologia da Informação. Das coisas mais sofisticadas às mais simples, vamos sempre encontrar um dos dois tipos de Tecnologia da Informação existentes: a aplicada ao produto e a aplicada ao processo. Entretanto, tratando-se de sistemas de informações, ainda persiste certa dicotomia entre a necessidade que pretensamente gerou o projeto de desenvolvimento do sistema e a solução final implantada. Ou seja, ainda é muito comum termos nas organizações sistemas de informações de um lado e processos de negócio do outro, quando na verdade os sistemas de informações deveriam apoiar os processos de negócio, tornando-os mais organizados, documentados, ágeis e produtivos.

Por que sistemas de informações operacionais e gerenciais?

Não é tudo uma coisa só?

Não!

Os sistemas de informações operacionais processam dados relativos às operações do dia a dia da Organização, existentes em grandes bancos de dados. Já os sistemas de informações gerenciais usam estratos, *data warehouse*, criados por programas que chamamos de extratores, ou substratos como o *data mart*, a partir dos bancos de dados operacionais.

CAPÍTULO 1

TECNOLOGIA DA INFORMAÇÃO: DO PLANO ESTRATÉGICO AO PLANO OPERACIONAL

OBJETIVOS DO CAPÍTULO

- Apresentar os principais conceitos relacionados com o plano estratégico e sua ligação com o plano peracional.
- Discutir as principais forças que governam as empresas.
- Entender a importância do planejamento operacional.
- Compreender a TI na perspectiva do planejamento estratégico.

PARA COMEÇAR

Comprar qualquer tipo de tecnologia sem que haja um planejamento estratégico que possa suportar essa compra é, na maioria das vezes, jogar dinheiro fora, pois tal tecnologia não estaria alinhada às necessidades estratégicas e operacionais da Organização.

Você concorda com esta afirmação?

1.1 O INÍCIO

Durante muito tempo, as Tecnologias da Informação foram tratadas e operacionalizadas pelas organizações com base em uma visão muito estreita, que as situavam apenas no pequeno mundo de um CPD.[4] Eram tempos em que a informática servia muito mais aos propósitos do próprio órgão gestor da tecnologia que aos objetivos da empresa. Muitos erros foram cometidos por conta do caráter elitista que a informática tinha, principalmente pelo distanciamento que os usuários mantinham daquele ambiente e os profissionais de TI dos usuários.

No início da utilização da informática pelas empresas, esse caráter elitista era quase justificável. Primeiro porque a tecnologia era caríssima, problemática para manter, difícil de usar e causava muita dor de cabeça aos usuários. Assim, era natural que os usuários olhassem para aquelas máquinas e seus técnicos com um misto de respeito e revolta. Afinal, era um pessoal caro e especializado, que tanto podia resolver os problemas operacionais dele, usuário, como podia causar mais problemas. Aliás, essa segunda hipótese era a mais comum, haja vista a dicotomia que, não raro, existia entre usuário e analistas e programadores. Mais adiante, falaremos mais detalhadamente sobre o tema.

A Tecnologia da Informação não se chamava assim no início de sua utilização nas organizações. A tecnologia que começava a invadir as empresas tinha outros nomes: computadores, sistemas de tratamento da informação, máquina de processamento de dados; o pior deles talvez tenha sido cérebro eletrônico. Aliás, os primeiros computadores tinham menos de eletrônica que de eletromecânica. Com o passar dos tempos, e com a evolução de tais sistemas, foi acontecendo uma conjunção de várias especialidades na utilização do computador. Por isso, essa mesma tecnologia já foi chamada de telemática, informática e outras denominações, até adquirir a que tem hoje: Tecnologia da Informação.

VOCÊ SABIA?

O termo *telemática* surgiu quando os computadores passaram a trabalhar de forma integrada com o segmento de telefonia, o que permitiu às telecomunicações progredir em funcionalidade, manuseio e gerenciamento.

Antes de falar sobre tecnologia, definirei o que considero Tecnologia da Informação.

CONCEITO

Tecnologia da Informação é todo e qualquer dispositivo que tenha capacidade para tratar e/ou processar dados e/ou informações, tanto de forma sistêmica como esporádica, quer esteja aplicada no produto, quer esteja aplicada no processo.

---

4 Centro de Processamento de Dados (CDP) é como se chamava, e alguns ainda o chamam, o lugar onde trabalhavam analistas, programadores e, também, onde ficavam os computadores.

Como todo e qualquer dispositivo, entenda-se o conjunto de *hardware mais software mais firmware* ou qualquer outro elemento que permita o tratamento de dados e/ou informações de forma cíclica, esporádica, mecânica ou automática.

Outra afirmação contida em minha definição de **TI:** *quer esteja aplicada no produto, quer esteja aplicada no processo*, tem por finalidade generalizar a expressão *Tecnologia da Informação* tanto para a tecnologia usada nos processos de negócio quanto para a tecnologia que faz parte do produto, bem ou serviço.

Alguns especialistas, principalmente da área de manufatura, discreta ou contínua, costumam diferenciar a tecnologia utilizada no processo de manufatura, dando-lhe o nome de Tecnologia de Processo, da usada no bem ou serviço resultante desse processo, dando-lhe o nome de Tecnologia do Produto. Dessa forma, máquinas, equipamentos e dispositivos que ajudam a produção a transformar insumos em produtos seriam tecnologia de processo. Seria tecnologia de produto: a tecnologia que faz um forno de micro-ondas, na hora exata, parar de dourar um prato, a máquina de lavar louças deixar de usar o sabão para utilizar o secante, ou ainda a tecnologia que controla um carro (por meio do computador de bordo) ou a que controla as funções vitais de um paciente em uma UTI.

Prefiro a corrente que diferencia a tecnologia apenas pelo uso que a ela se dá, no processo e no produto, pois, em ambas, há a mesma Tecnologia da Informação.

Outro ponto para o qual quero chamar sua atenção é que tudo o que hoje é usado pelo ser humano tem pelo menos uma tecnologia envolvida. Entretanto, cresce de forma constante e progressiva o uso da Tecnologia da Informação como parte fundamental do bem ou serviço que usamos.

Analisando agora toda a evolução pela qual passou a Tecnologia da Informação, em todos esses anos, concluo que o principal motivo de tantos erros, desmandos, irritações, brigas, com usuários e demais problemas no uso das mais diversas tecnologias, foi sempre a falta de uma metodologia que colocasse as necessidades do papel funcional que cada usuário desempenha em primeiro lugar. Sempre defendi a ideia de que a informática deveria transformar de forma positiva o *modus operandi* das organizações ou, como costumo dizer: a principal razão para qualquer tecnologia existir deveria prender-se à sua utilidade. Em outras palavras, tecnologia só é boa se for útil, se tiver utilidade para as pessoas. Esse caráter utilitário aparece à medida que as pessoas aceitam a tecnologia e passam a utilizá-la no dia a dia de suas atividades profissionais e particulares.

Qualquer Tecnologia da Informação deve dar ao usuário o controle efetivo da informação, além de simplificar a operação de sua atividade e, consequentemente, do processo no qual cada atividade está inserida; caso contrário, todos perdem. Esses são princípios que permanecerão válidos indefinidamente. Para que isso aconteça são necessários alguns cuidados na hora de planejar e desenvolver sistemas de qualquer tipo, em qualquer empresa.

A esse princípio dou o nome de **princípio da motivação estratégica (PME)**. O que exatamente vem a ser o PME?

O PME é o elo entre o plano de investimentos em Tecnologia da Informação e o plano estratégico da empresa.

Agindo com base nesse princípio, a empresa, sempre que comprasse qualquer tecnologia, estaria investindo naquela que estivesse alinhada com seus objetivos e não, como ainda acontece hoje, simplesmente comprando um "monte de tecnologia" com pouco ou nenhum alinhamento estratégico e, por conseguinte, com pouca ou nenhuma garantia de empregabilidade ou utilidade.

1.2 PLANEJAMENTO ESTRATÉGICO DE TECNOLOGIAS DA INFORMAÇÃO

Para entender o que é um Plano Estratégico de Tecnologia da Informação, é necessário entender, antes, o que é um plano estratégico.

No início dos anos 1950, as empresas começaram a preocupar-se com um tipo de inquietação para a qual, até então, não davam grande importância. Elas começaram a se perguntar como, o que, quando e quanto deveriam produzir para atender à demanda por seus produtos. A isso, deu-se o nome de problema estratégico, que basicamente tinha como causa a falta de sintonia entre o que as empresas produziam e o que o mercado estava disposto a consumir. Em resumo, tratava-se de saber antecipadamente onde, como e quando a empresa deveria operar no futuro.

O plano estratégico, entre inúmeras outras ferramentas, pode ser construído por meio da análise dos pontos fortes e dos pontos fracos da empresa.

VOCÊ SABIA?

> Um dos instrumentos utilizados para esse tipo de análise chama-se SWOT (*strengths, weaknesses, ppportunities and threats*), que em português significa: forças, fraquezas, oportunidades e ameaças. Deve-se, primeiramente, listar todos os pontos fortes que a empresa possui: capital para investir, tecnologia, conhecimento, mercado etc.; com base nesses pontos, levantam-se quais oportunidades devem ser exploradas. Do outro lado, listam-se todos os pontos fracos da empresa: falta de capital para investir, tecnologia obsoleta, alta rotatividade de mão de obra, perda de mercado etc. Da mesma forma, com base nisso, levantam-se e analisam-se as ameaças que pairam sobre a empresa.

Os pontos fortes servem de base para traçar as estratégias de desenvolvimento e delinear os objetivos a serem alcançados, com base no que a empresa tem de melhor e que, por conseguinte, poderia levá-la ao sucesso com a realização do plano. Já a análise dos pontos fracos serve para que a empresa trace a estratégia de defesa, procurando minimizar os ataques que, porventura, venha a sofrer por parte da concorrência sobre suas deficiências.

CAPÍTULO 1 | TECNOLOGIA DA INFORMAÇÃO: DO PLANO ESTRATÉGICO AO PLANO OPERACIONAL **9**

Com o passar do tempo, a compreensão do problema estratégico sofreu mudanças radicais, e as soluções encontradas para equacioná-lo e resolvê-lo foram ficando cada vez mais complexas. Hoje, com a economia globalizada, o problema estratégico assumiu tamanha magnitude que, para se preparar para enfrentá-lo corretamente, as empresas buscaram outras formas de prever o futuro. É o caso dos métodos de planejamento, que usam cenários como forma de elaborar um plano que possa estar preparado para enfrentar várias situações. Sobre cenários falarei mais adiante.

Segundo **H. Igor Ansoff**, ainda considerado autoridade mundial em planejamento e administração estratégica quase 20 anos depois de sua morte, o planejamento estratégico baseia-se na análise de três aspectos fundamentais: os problemas administrativos oriundos das situações operacionais, os processos que devem solucionar esses problemas administrativos e as variáveis que os envolvem. Assim, o planejamento estratégico teria como preocupação fundamental resolver apenas a parcela externa do problema chamado produção e não levaria em conta um aspecto mais abrangente de administração, justamente por não se preocupar em melhorar os pontos fortes nem minimizar os pontos fracos da empresa.

VOCÊ SABIA? ❓

H. Igor Ansoff nasceu na Rússia, em Vladivostok, em 1918, e faleceu nos Estados Unidos, em San Diego, em 2002. Formou-se na Brown University em Engenharia e Matemática e trabalhou na Rand Corporation e na Lockheed. Ainda hoje é conhecido como o pai da gestão estratégica. Ansoff contribuiu com o planejamento quando publicou, em 1965, Estratégia Corporativa. Idealizou o modelo Ansoff de planejamento estratégico, baseado na expansão e diversificação empresariais a partir de uma sequência de decisões.

Toda empresa interage com o ambiente que a cerca por meio de dois tipos de comportamento, que, embora distintos, complementam-se para dar o caráter holístico que toda organização deve ter.

O comportamento operacional, por meio do qual ela procura lucrar, realizando as operações de compra de matérias-primas e venda de seus produtos, aumentando a eficiência dos processos primários e secundários e conquistando mais e mais mercados.

O comportamento estratégico, que busca melhorar ou substituir os produtos produzidos atualmente por outros que lhe deem maior participação de mercado. Isso significa procurar resolver todos os problemas que possam afetar o futuro da empresa mediante ações cuidadosamente estudadas e criadas com bastante antecedência.

Com base nos estudos de Simon, Ansoff desenvolveu o modelo de processo decisório mostrado na Figura 1.1.

Figura 1.1 Visão esquemática do processo decisório na formulação de estratégias.

1.3 MICHAEL PORTER E AS FORÇAS QUE GOVERNAM AS EMPRESAS

Existem inúmeras outras abordagens no que tange a planejamento estratégico. Por exemplo: Michael Porter desenvolveu modelos que alinham estratégia e operação, buscando atingir objetivos previamente traçados, não só em âmbito empresarial, como também de nações. Entre esses modelos, está o das forças que governam a competição entre Organizações, composto de cinco elementos, como mostra a Figura 1.2. Para planejar os objetivos que as Organizações desejam alcançar, é preciso levantar e analisar cuidadosamente cada um desses elementos.

Os cinco elementos são:

1. **Fornecedores:** é preciso analisar como os fornecedores da Organização fazem negócio com ela. São eles cartelizados? São monopolistas? Têm força por estarem agrupados ou são poderosos, simplesmente, por deterem a exclusividade de alguma matéria-prima, equipamento ou conhecimento? Como a Organização deve relacionar-se com cada um de seus fornecedores? Como a Organização deve controlá-los por meio dos sistemas de informações?
2. **Produtos ou serviços substitutos:** existem produtos ou serviços que podem substituir os que a Organização produz? São melhores ou piores? Têm mais valor agregado ou são simplesmente cópias melhoradas dos próprios produtos?
3. **Potenciais concorrentes:** assim como podem existir produtos ou serviços que venham a concorrer diretamente com aqueles que a Organização produz, podem existir Organizações que estejam se preparando para concorrer no mesmo segmento de negócio. É preciso conhecê-los de antemão para, se possível, enfrentá-los.
4. **Clientes:** quem são os clientes? Quais são as faixas de renda que mais consomem os produtos ou serviços da Organização? Quais são as leis que regem as relações entre Organizações e clientes? O poder de compra dos clientes é mais fortemente sentido quando pressiona Organizações concorrentes para reduzirem seus preços, por meio da redução de suas margens de lucro ou do aumento do valor agregado sem aumento de preço.

5. **Concorrentes:** a concorrência direta deve ser conhecida de forma tão radical que eu diria igual ou melhor que a própria Organização. Com base nesse conhecimento, é possível estabelecer *benchmarkings* que ajudem a aumentar o grau de eficiência dos processos de negócio e a qualidade do produto.

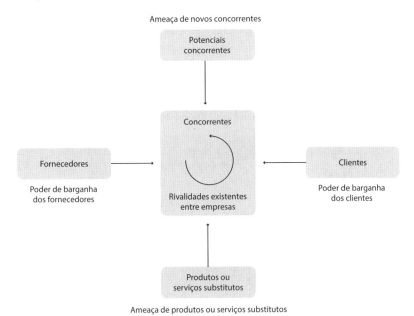

Figura 1.2 Forças que governam a competição entre organizações.

> **CONCEITO**
>
> *Benchmarkings*, do inglês, significa padrões de referência. São pontos de comparação que as empresas estabelecem com concorrentes ou semelhantes, buscando ser melhores que as empresas que serviram de modelo e evitando incorrer nos mesmos erros.

1.4 ETAPAS PARA O PLANEJAMENTO ESTRATÉGICO

São as seguintes as etapas para o planejamento estratégico:

1. **Definição da Visão, da Missão e dos Valores da Organização:** nesta etapa, deve ser criada uma identidade para a empresa, se ela ainda não a tiver. Mesmo que haja essa identidade, é bom revisá-la. Serão definidas uma visão, uma missão e uma política da qualidade. Isso permitirá desenvolver, no futuro, as melhorias nos processos de negócio. Uma empresa tem que saber o que quer ser e para onde quer ir. Veja, por exemplo, que no desenvolvimento de um sistema de gestão empresarial é importante saber se uma empresa quer escoar sua produção por meio de canais de vendas diretos ou indiretos. Sem a definição estratégica,

pode-se gastar tempo e dinheiro, desenvolvendo, por exemplo, controles para canais de vendas indiretos quando, na verdade, a empresa, o dono os acionistas ou seu corpo diretivo já estão pensando em realinhar suas vendas para a empresa vir a ter somente canais diretos. Outra importante definição é a da essência, da natureza da empresa, pois isso orienta todas as ações e, consequentemente, os sistemas de informações que vierem a ser desenvolvidos.

2. **Análise SWOT:** SWOT é um acrônimo de Forças (*Strengths*), em português chamamos também de Pontos Positivos; Fraquezas (*Weaknesses*) ou Pontos Negativos; Oportunidades (*Opportunities*); e Ameaças (*Threats*) (Figura 1.3). Por meio desta ferramenta, serão analisados os pontos fortes e os pontos fracos da empresa. A partir daí, serão montados dois planos. O primeiro, o de oportunidades, para aproveitar seus pontos fortes e o segundo, o de ameaças, para reverter suas fraquezas ou prepará-la para conviver com elas o tempo que for necessário.

Figura 1.3 Elementos da análise SWOT.

3. **Análise de clientes e mercados:** é necessário analisar os clientes atuais e os clientes potenciais; e quais mercados a empresa atua ou tenha pretensão de vir a atuar; e curvas de demanda, custos e preços. Existem várias ferramentas para este tipo de análise ser feita. Podemos começar pela matriz do Boston Consulting Group (BCG) (Figura 1.4).

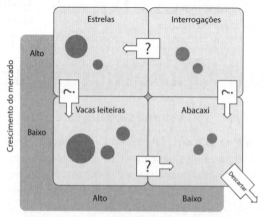

Figura 1.4 Matriz BCG.

CAPÍTULO 1 | TECNOLOGIA DA INFORMAÇÃO: DO PLANO ESTRATÉGICO AO PLANO OPERACIONAL **13**

Na matriz do Boston Consulting Group (BCG), os quatro quadrantes significam:

- **Baixo-Baixo:** o mercado não cresce e o produto estagnou. O produto tem baixa participação no mercado e o seu crescimento parou. Às vezes, há apenas um crescimento vegetativo. A literatura chama a estes produtos de "*dogs*". São produtos que estagnaram nos seus segmentos de mercado e, pior, podem começar a dar prejuízo caso a empresa decida mantê-los no seu portfólio. A orientação é o descarte de tais produtos.

- **Baixo-Alto:** o mercado cresce, mas o produto não consegue ter boas vendas nem aumentar sua participação nele. Os produtos também chamados, em inglês, de *question marks*, interrogação, ainda não "decolaram" nas vendas, mas podem vir a fazê-lo. O desafio é saber a hora de parar de investir em tais produtos e ou descartá-los. Muitas vezes, por diversos motivos, a organização continua apostando em produtos que não se viabilizaram, o que é um erro, pois continuar investindo em algo que já não se realizou como produto tende a aprofundar o prejuízo.

- **Alto-Baixo:** o mercado não cresce como antes, mas o produto tem excelente participação, embora esta mesma participação não cresça. São as chamadas "vacas leiteiras", em uma excelente analogia, continuam dando muito leite, lucro, com pouco gasto na sua manutenção e, por isso, devem ser mantidos na grade de produtos da empresa.

- **Alta-Alto:** para as empresas tudo o que todo produto deveria ser! Mercado em crescimento, muitas vezes acelerado, e produto também aumentando sua participação em seu segmento rapidamente, e muito, junto ao consumidor.

4. **Análise da concorrência:** nessa etapa, devem-se analisar os principais concorrentes, poder econômico dos mesmos, produtos, estratégias (se for de conhecimento público), e estipular planos de convivência, ataque ou defesa, a fim de permitir à organização manter-se preparada para tais investidas e lucrativa.

5. **Definição da declaração (*statement*) estratégica:** a definição do *statement* estratégico pode ser traduzida como a criação dos objetivos estratégicos para os próximos três, cinco anos, com a necessidade de revisá-los a cada 12 meses, ou sempre que surgirem fatos novos e/ou relevantes que nos obriguem a tal revisão.

6. **Criação do plano de três anos:** nessa etapa, deve-se desenvolver o plano para atingir os objetivos estratégicos estabelecidos anteriormente. Também será necessário revisá-lo nos primeiros seis meses e a cada ano a partir de então.

7. **Desdobramento do plano estratégico:** depois que o plano estratégico for definido, é necessário que se faça seu detalhamento a fim de alinhá-lo à realidade financeira da empresa na etapa seguinte.

8. **Análise financeira para adequação do plano estratégico:** com base no plano estratégico detalhado, será analisada a viabilidade econômico-financeira para que se possa colocá-lo em execução.

9. **Alinhar o plano estratégico ao plano operacional – Hoshin:** nessa fase, faremos o desdobramento do plano estratégico em plano operacional usando a Metodologia DOMP™, baseada na metodologia Hoshin Kanri. Este subconjunto da DOMP permitirá gerenciar a empresa com base nos objetivos estratégicos traçados para ela. Essa metodologia é empregada por empresas no Japão, Estados Unidos e Brasil com muito sucesso. Mais adiante há mais sobre o subconjunto da Metodologia DOMP™ para fazer Hoshin.

10. **Roteiro para a implantação dos planos estratégico e operacional:** elaboração do roteiro e cronograma de implantação do plano operacional. Isto deve obrigatoriamente incluir mapeamento, análise, modelagem, implantação e gerenciamento de processos de negócio.

Sobre Planejamento Estratégico no *site* do Sebrae: http://www.sebrae.com.br/sites/PortalSebrae/faq/como-elaborar-um-planejamento-estrategico,21d3d8e04c09d410VgnVCM1000003b74010aRCRD

Todos os dez passos necessitam ser feitos por qualquer tipo e tamanho de Organização. Ocorre que se fazer o planejamento estratégico já é difícil para Organizações grandes, por ser caro e demorado, para as pequenas e médias é algo quase impossível; mas com um pouco de paciência e boa vontade por parte dos responsáveis é possível realizar-se, senão todos os dez passos, pelo menos os mais importantes.

1.5 PLANEJAMENTO OPERACIONAL

O **planejamento operacional** nada mais é do que o desdobramento do plano estratégico em ações que serão realizadas no dia a dia, por meio das atividades que compõem cada um dos processos de negócio da Organização.

Assim como acontece com o planejamento estratégico, existem inúmeras metodologias que possibilitam ligar o plano de longo prazo (estratégico) às ações de curto prazo (plano operacional) e organizá-las de modo que possam ser cumpridas pela realização de cada meta atribuída a cada uma das atividades que compõem cada um dos processos de negócio da Organização.

1.6 COMEÇANDO A ESTUDAR TECNOLOGIAS DA INFORMAÇÃO

Devemos começar a estudar Tecnologia da Informação dentro das Organizações a partir do Planejamento Estratégico de Tecnologia da Informação. Isso é necessário para que a TI seja posta sobre uma base sólida, alinhada com o porquê da existência da própria Organização. É por causa do planejamento estratégico de Tecnologia da Informação que vimos anteriormente noções de planejamento estratégico e operacional. Esse tipo de abordagem é necessário para que todos os planos estejam alinhados e, com isso, a Organização possa investir com segurança nas tecnologias que irão conduzi-la à realização de ambos. Para ser mais explícito, o planejamento estratégico de Tecnologia da Informação só pode existir se a Organização tiver um plano estratégico.

Por exemplo: centralizar ou descentralizar as operações de informática vai depender do tipo de estratégia que a empresa vier a adotar para se manter no mercado, e isso vai determinar que tipo de tecnologia será adquirido.

VOCÊ SABIA?

É necessário saber se a empresa vai ou não usar *Cloud Computing*, como base tecnológica, para saber em que tipo de tecnologia investir.

1.7 RELAÇÃO DO QUE FOI PLANEJADO COM O DIA A DIA DA ORGANIZAÇÃO

A aquisição e o uso de Tecnologia da Informação desnecessária, sem utilidade, cara etc. podem ser evitados. Para isso, precisamos estabelecer a relação entre o que foi planejado e o que será executado. Em outras palavras, é preciso que o plano estratégico possa ser desmembrado em ações concretas (as metas), que, por sua vez, se bem executadas, levarão a empresa a atingir os objetivos planejados. TI, se alinhada com esses dois planos, terá uma vida útil mais longa e, definitivamente, terá sido comprada, visando a ajudar a Organização a alcançar os objetivos e metas estabelecidas.

Em Organizações de grande e médio portes, essa relação pode dar-se com base no planejamento estratégico, porque essas empresas, geralmente, têm esse tipo de plano, que, ligado ao plano operacional, mostra claramente o que, como e com o que se vai construir cada etapa que levará à consecução dos objetivos traçados para a Organização.

Já em empresas de pequeno porte, ou em todas aquelas que não tiverem planejamento estratégico formal, é possível estabelecer um plano para Tecnologia da Informação relacionado com metas de médio prazo. Mesmo porque, qualquer empresa que nos dias atuais não tiver pelo menos um esboço, um arremedo de plano estratégico, sequer vai saber o que fazer com qualquer Tecnologia da Informação.

Geralmente, duas informações estão disponíveis, mesmo para as menores empresas: a primeira é onde ela está; segunda é aonde ela quer chegar. Sem esse mínimo, nenhuma empresa vai saber o que fazer da própria vida!

Seus gestores estarão tão ocupados em apagar incêndios que dificilmente poderão salvar-se ou à empresa. Afinal, hoje não dá mais para agir como avestruz, enfiando a cabeça em um buraco e fingindo que a economia global diz respeito somente aos outros e que a concorrência jamais nos alcançará. Atitudes desse tipo são, antes de qualquer coisa, suicidas.

Para não correr esse risco, é necessário usar Tecnologia da Informação como instrumento de suporte ao desenvolvimento da Organização, ou seja, a tecnologia utilizada deve estar alinhada com o plano estratégico e diretamente ligada ao dia a dia da organização, como forma de garantir que cada atividade seja executada da melhor forma possível com o suporte de TI.

1.8 OPERAR

Para poder ajudar na tarefa de escolher a melhor Tecnologia da Informação, aquela que melhor se ajuste às necessidades da empresa (e não a que melhor queime como combustível na "fogueira das vaidades"), é necessário aprender uma metodologia que possibilite planejar e executar um plano de Tecnologia da Informação e agir nas correções necessárias. Vamos ver mais adiante sobre um subconjunto da Metodologia DOMP™ específico para esse fim. Esse subconjunto chama-se OPERAR – **O**rganizar, **P**lanejar, **E**xecutar, **R**evisar, **A**gir e **R**ealimentar –, com o qual será possível desenvolver um plano para fazer de qualquer Tecnologia da Informação uma alavanca para aumentar a produtividade e a competitividade de qualquer tipo de Organização.

As fases para o uso da Tecnologia da Informação são, resumidamente, as seguintes:

- **Organizar** as necessidades para que cada uma delas possa ser considerada dentro de um contexto de importância e prioridade.
- **Planejar** cada uma das soluções com base na análise das necessidades.
- **Executar** o plano sem atropelos.
- **Revisar** periodicamente a execução do plano para que as correções de rumo sejam feitas imediatamente para atender às necessidades.
- **Agir** sobre toda e qualquer ocorrência. Jamais esperar que as soluções aconteçam por geração espontânea.
- **Realimentar** o plano original, atualizando-o com as correções que forem necessárias.

Antes, porém, cabe explicar o que vem a ser o princípio da motivação estratégica.

1.9 PRINCÍPIO DA MOTIVAÇÃO ESTRATÉGICA

Agora você já deve ter alguma ideia do que seja o princípio da motivação estratégica para Tecnologia da Informação. Mas vou explicá-lo para que possamos trabalhar baseados nele daqui para frente. Antes, porém, para que você tenha parâmetros de comparação com o que foi feito antigamente, vou explicar o que era chamado de **Plano Diretor de Informática (PDI) ou Plano Diretor de Sistemas (PDS)**.

Tanto um plano como o outro, que rigorosamente continham raríssimas diferenças, era desenvolvido com base nas necessidades dos usuários, e não com base nas necessidades da Organização. Isso fazia com que a taxa de mortalidade de um PDI fosse altíssima. **Qualquer Plano Diretor de Informática só conseguia ter 30% de seus requerimentos implantados**. O fator determinante da mortalidade era a falta de consistência do PDI com o planejamento estratégico da empresa. Quando um usuário saía da empresa, ou era transferido para outra atividade, o que ele tinha colocado no plano como necessário era relegado pelo novo ocupante do cargo, que com isso queria pôr sua marca pessoal no plano.

CAPÍTULO 1 | TECNOLOGIA DA INFORMAÇÃO: DO PLANO ESTRATÉGICO AO PLANO OPERACIONAL

CONCEITO

O princípio da motivação estratégica é o motivo pelo qual a Tecnologia da Informação adquirida foi escolhida ou desenvolvida.

Esse motivo é o alinhamento da tecnologia com os objetivos da empresa. Uma Tecnologia da Informação escolhida do ponto de vista da motivação estratégica tem dois dos principais predicados que qualquer tecnologia utilitária deve ter: oportunidade e funcionalidade.

1.10 OPORTUNIDADE E FUNCIONALIDADE

Justamente por estar alinhada com os objetivos da Organização é que qualquer tecnologia adquirida ou desenvolvida por qualquer empresa precisa ser dessa forma.

A **tecnologia oportuna**,[5] como o próprio termo define, está dentro das possibilidades de uso por ser apropriada ao processo e atividades para as quais se destina, ou, em outras palavras, por estar alinhada com os objetivos que a empresa espera alcançar por meio dela.

PENSE NISSO!

Tecnologia utilitária é a que se contrapõe à tecnologia de lazer. Uma, a utilitária, serve para a área empresarial; enquanto a outra, a de lazer, pode ser encontrada em qualquer parte e serve para divertir.

Oportunidade, aqui, tem duas conotações. Uma diz respeito à possibilidade de uso. É preciso saber se a tecnologia que vai ser adquirida pode ser utilizada pela atividade para a qual está sendo comprada; se as pessoas estão preparadas para usá-la corretamente e, se não estão, quais são o esforço e o investimento necessários para prepará-las. A segunda conotação diz respeito ao ato de convencer a pessoa, ou as pessoas, que têm o poder de mando em relação à aquisição de uma tecnologia. É preciso saber a hora e a forma de vender uma nova ideia dentro da Organização – mesmo que essa ideia venha a salvá-la.

É preciso saber ser oportuno!

Hoje em dia, temos que lutar para defender o óbvio!

A **tecnologia funcional**[6] é a que, tendo sido adquirida como oportuna, funciona! Pura e simplesmente funciona! E esse princípio serve tanto para o *hardware* quanto para o *software*. Eu costumava dizer para os analistas que trabalhavam comigo, e continuo a dizer aos meus

---

5 *Oportuno*. Adj. 1. Que vem a tempo, a propósito, ou quando convém; apropriado. 2. Cômodo, favorável (*Dicionário eletrônico Aurélio*, 2013. Disponível em http://www.dicionarioaurelio.com).

6 *Funcional*. Adj. 4. Em cuja concepção e execução se teve em vista atender à função, ao fim prático; prático (*Dicionário eletrônico Aurélio*, 2013. Disponível em http://www.dicionarioaurelio.com).

alunos, que a simplicidade deve ser a primeira preocupação de um bom analista. Somente as ideias simples funcionam corretamente, sem sobressaltos, sem incidentes, fazendo exatamente aquilo para o que tenham sido projetadas para realizar.

Mas, não é fácil pensar no óbvio, nem defender o óbvio, já que a maioria quer parecer genial!

> **CONCEITO**
>
> Einstein disse certa vez: *Devemos fazer o mais simples, não o mais fácil.*

Cabe aqui uma pergunta de sua parte, caro(a) leitor(a):
– **Como garantir que uma tecnologia seja adquirida sob esses dois princípios, o da oportunidade e o da funcionalidade?**
Simples: desenvolvendo um plano que alinhe a Tecnologia da Informação aos objetivos da organização.

A Tecnologia da Informação que se pretende comprar deve, também, assumir o papel de *solução* de cada obstáculo que possa impedir que cada uma das metas seja alcançada.

> **PENSE NISSO!**
>
> Na análise da cadeia dos fatores críticos de sucesso, chega-se ao ponto de estabelecer obstáculos depois de estabelecer as metas que, se atingidas, realizarão os Fatores Críticos de Sucesso e, por conseguinte, o próprio negócio.

1.11 CONCLUSÃO

Neste capítulo, vimos, à guisa de introdução, algumas definições importantes para podermos situar Tecnologia da Informação no contexto que nos interessa, que é o da utilização dos sistemas de informações dentro de uma abordagem essencialmente atual, comprometida com os objetivos da Organização.

Situar TI dentro das abordagens estratégica e operacional a faz aderente ao princípio da motivação estratégica, que situa tanto os sistemas de informação como a tecnologia correspondente no contexto necessário para que qualquer organização realize seus objetivos com economia e segurança. Esse princípio será explicado em detalhes quando da explanação da metodologia para planejar sistemas de informações.

O importante aqui é que qualquer Tecnologia da Informação usada no dia a dia da Organização esteja alinhada com o que tenha sido planejado, tanto em termos estratégicos, como em termos operacionais.

Por fim, foi introduzido o subconjunto OPERAR da Metodologia DOMP™, que possibilita desenvolver Sistemas de Informações integrados aos planos da Organização.

RESUMO GERENCIAL

Neste capítulo, aprendemos que:

- Inicialmente, a utilização das tecnologias da informação era considerada de caráter elitista.
- O planejamento estratégico é fundamental para que a Organização invista em tecnologias necessárias.
- A análise SWOT é uma importante ferramenta para a formulação do plano estratégico.
- O plano operacional nasce com a preocupação de trazer para o dia a dia da Organização o planejamento estratégico.

RESUMO ESQUEMÁTICO
TECNOLOGIA DA INFORMAÇÃO: DO PLANO ESTRATÉGICO AO PLANO OPERACIONAL

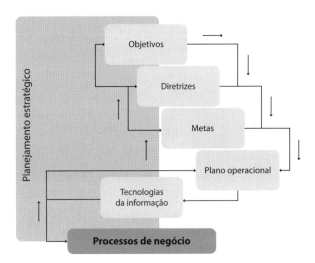

QUESTÕES PARA DEBATE

- O grupo deve discutir a utilidade do Princípio da Motivação Estratégica.
- Discutir o modelo de processo decisório criado por Ansoff para planejamento estratégico.
- Discutir o modelo BCG para posicionamento de produtos.
- Tomando por base o modelo BCG, analisar a vida de produtos da empresa onde cada um se encontra.
- Discutir a validade da frase: *Devemos fazer o mais simples, não o mais fácil.*

EXERCÍCIOS

1. No início da utilização das Tecnologias da Informação pelas empresas, havia um caráter elitista. Por quê?
   Qual alternativa está correta?
   a) A tecnologia era caríssima, problemática para manter, difícil de usar e causava muita dor de cabeça aos usuários.
   b) A tecnologia era desconhecida.
   c) A tecnologia era difícil de usar.
   d) A tecnologia não servia para nada.
   e) Todos tinham medo das novas tecnologias.

2. O plano estratégico, entre inúmeras outras ferramentas, pode ser construído por meio da análise dos pontos fortes e dos pontos fracos da empresa. Esta ferramenta chama-se:
   Qual alternativa está correta?
   a) BCG.
   b) SWOT.
   c) Hoshin.
   d) PDI.
   e) PE.

3. A metodologia BCG analisa:
   Qual alternativa está correta?
   a) Curvas de demanda, custos e preços.
   b) Falhas nos produtos.
   c) Custos de produção.
   d) Custeio baseado em atividades.
   e) Clientes atuais e os clientes potenciais, mercados em que a empresa atua ou tenha pretensão de vir a atuar, curvas de demanda, custos e preços.

4. A definição do *statement* estratégico pode ser traduzida como:
   Qual alternativa está correta?
   a) A decisão de produzir qualquer produto.
   b) A orientação sobre o futuro.
   c) A criação dos objetivos estratégicos para os próximos três, cinco anos, com a necessidade de revisá-los a cada 12 meses, ou sempre que surgirem fatos novos e/ou relevantes que nos obriguem a tal revisão.
   d) Visão, Missão e Valores.
   e) A base para o plano tático.

5. O planejamento operacional nada mais é do que:
   Qual alternativa está correta?
   a) O desdobramento do plano estratégico em ações que serão realizadas no dia a dia, por meio das atividades que compõem cada um dos processos de negócio da Organização.
   b) A ligação do plano estratégico com o plano tático.
   c) A ligação do plano estratégico com os processos de negócio da organização.
   d) A ligação do plano estratégico com o PDI.
   e) A ligação do PDI com o PDS.

CAPÍTULO 2

PROFISSIONAIS DE TI E SEUS RELACIONAMENTOS

OBJETIVOS DO CAPÍTULO

- Apresentar os principais conceitos relacionados com as operações de um departamento de sistemas nas décadas de 1960, 1970 e 1980.
- Discutir os principais papéis funcionais existentes: analista de O&M, analista de sistemas e programadores.
- Entender a importância do gerenciamento de mudanças para a implantação de TI.
- Compreender a visão estreita dos analistas de O&M de antes em face da visão holística dos analistas de processos de hoje.

PARA COMEÇAR

Enxergar a Organização apenas por meio de suas rotinas, formulários e leiaute não permitia que os analistas de O&M vissem o TODO! Esta visão só mudou quando se começou a falar de processos e de qualidade total, em meados da década de 1980.

Você já tinha pensado nisso?

2.1 OS PROFISSIONAIS DE TECNOLOGIA DA INFORMAÇÃO

Nas décadas de 1960, 1970 e 1980, três tipos de profissionais encontravam-se envolvidos na tarefa de mecanizar, por meio de computadores *mainframes*, as atividades que as organizações executavam.

Esses profissionais não mantinham um bom relacionamento entre si, porquanto um sempre achava que o outro não tinha razão naquilo que propunha e vice-versa. O relacionamento entre ambos só era facilitado pela atuação dos respectivos gerentes das áreas nas quais eles trabalhavam.

Refiro-me ao Analista de O&M, Organização & Métodos, ao Analista de Sistemas e ao Programador.

Tanto um como o outro trabalhavam no departamento de sistemas, mas a convivência mútua não era tarefa das mais fáceis. Muitas vezes, uma simples discussão sobre determinada ideia causava desentendimentos que, não raro, podiam chegar a sérios distúrbios organizacionais. Embora os dois profissionais trabalhassem sob gerências diferentes (uma, a gerência de O&M, encarregava-se de normas e métodos administrativos; a outra, a de desenvolvimento de sistemas, encarregava-se do desenvolvimento de sistemas, que deveriam ter como base o que supostamente O&M documentasse ou criasse e organizasse. A diretoria de ambas as áreas era, invariavelmente, a mesma: a Diretoria de Organização e Sistemas).[7]

Era comum se estabelecer um clima de antagonismo entre os profissionais de ambas as gerências. O analista de O&M achava que o analista de sistemas apenas se preocupava em mecanizar todo e qualquer fluxo de informação sem se importar com a organização do fluxo propriamente dita. O analista de sistemas dizia, por sua vez, que o analista de O&M só sabia fazer formulários e mudar as mesas de lugar, referindo-se às tarefas de leiaute que os analistas de O&M adoravam fazer.

A culpa, talvez, tenha sido sempre do diretor responsável pelo Departamento de Sistemas, Organização & Métodos.

Por quê?

Porque, antes de qualquer coisa, esse profissional, invariavelmente, sofria de deficiência visual crônica. Só enxergava uns poucos palmos adiante do nariz. Desculpe. Em outras palavras, o que estou dizendo é que esse profissional não enxergava outra coisa a não ser sua própria diretoria. Eram, geralmente, pessoas muito técnicas ou, no outro extremo, muito políticas. Ou estavam ali porque o conhecimento sobre informática, e apenas sobre informática, as tinha levado a ocupar o cargo, ou o ocupavam por serem somente políticas, o que as mantinha no posto por alguns anos e nada mais.

Esse tipo de contratação, ou nomeação, ocorria tanto na empresa pública quanto na do setor privado. Dificilmente, encontrava-se um gerente ou diretor de informática que tivesse livre trânsito junto a todas as áreas usuárias. Mesmo porque era comum faltar ao departamento de sistemas planejamento de atividades, o que tornava as relações com os usuários extremamente complicadas. Tudo o que o usuário pedia à área de informática ia sendo postergado em função das urgências ou das pressões políticas que os profissionais dessa área sofriam.

---

7 A diretoria de organização e sistemas era também chamada de diretoria de informática, diretoria de sistemas & métodos etc.

VOCÊ SABIA?

Naquele tempo, em todas as empresas, já se vão mais de 50 anos, o pessoal da área de informática falava uma língua e o usuário, de qualquer área, falava outra.

De um lado, havia a dificuldade de entender o "negócio" do usuário por parte dos analistas e programadores; de outro, os usuários não entendiam o "negócio" da área de informática. Relegado a um plano secundário ficava o "negócio" da empresa, objeto primordial e responsável pela existência de todas aquelas pessoas e seus postos de trabalho e das tecnologias.

2.2 O ANALISTA DE O&M

Jamais vi algum analista de O&M preocupar-se em racionalizar, melhorar ou criar um processo, e nesse ponto pelo menos o analista de sistemas tinha toda a razão em achá-lo dispensável. A visão do analista de Organização & Métodos era muito estreita, ou, em outras palavras, a O&M, como conheci, tinha preocupação muito compartimentada, muito estanque, o que limitava a abrangência da solução adotada (Figura 2.1). Talvez não fosse culpa exclusivamente do analista de O&M, uma vez que não era comum falar em processos fora da área industrial.

PENSE NISSO!

Não só o analista de O&M, mas toda a área de sistemas e métodos tinha uma visão extremamente míope da organização.

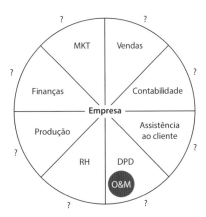

Figura 2.1 Visão míope de O&M.

Como, geralmente, não era possível resolver o problema de forma global, a turma de O&M simplesmente isolava-o. Dessa forma, esperava poder tratar e, por parecer mais simples, resolver o problema. O resultado é que a parte que era solucionada não atacava a causa, ou causas, apenas mascarava uma situação que surgiria novamente dali a algum tempo em outro departamento, em outra atividade, em outro lugar.

2.3 O ANALISTA DE PROCESSOS

A evolução do ambiente organizacional fez surgir outros tipos de profissionais, alguns muito mais preocupados em ter uma visão holística da empresa que seus antepassados, outros, contudo, despontaram das necessidades geradas pela evolução das tecnologias da informação. Esses novos profissionais emergiram na esteira das revoluções tecnológicas, que, além de disponibilizar os meios que permitiram às empresas dar saltos produtivos significativos, trouxeram a quebra de vários paradigmas existentes, não só no mundo empresarial, como em nossos lares e nas nossas vidas.

PENSE NISSO!

Só mais recentemente, do final da década de 1980 para cá, o analista de O&M foi substituído por outro profissional cuja preocupação era diametralmente oposta à dele, ou seja, enquanto o analista de O&M preocupava-se com o detalhe, o outro se preocupava com o todo. Este profissional atende pelo nome de analista de processos.

Esse profissional tem, erroneamente, sido confundido com especialistas oriundos dos cursos de engenharia, especialmente a de produção. Entretanto, a meu ver, a especialização deveria ser da carreira de administração de empresas, quer em nível de graduação, quer de pós-graduação, embora eu use profissionais de várias formações e especialidades. Uma das melhores analistas de processos que trabalhou comigo tinha formação em artes plásticas!

VOCÊ SABIA?

A função do analista de processo é o de criá-lo, quando o processo ainda não existe, ou documentar o processo existente, analisá-lo, organizá-lo cuidadosa e detalhadamente a fim de desenvolver melhorias que aumentem sua eficiência, velocidade e produtividade.

Quando um novo negócio é concebido, quer pelo analista de negócio, quer pelo marketing, ou por quem quer que seja, é o analista de processos que tem por atribuição sistematizar o fluxo que vai produzir o bem ou serviço recém-criado. Sempre que um novo produto, bem ou serviço é criado pelo marketing, ou por qualquer outro setor dentro da empresa, é preciso formular o novo processo de produção desse produto para que ele possa ser produzido em série. Quem faz esse trabalho é o analista de processos. Por outro lado, quando a empresa já faz algum produto e não tem o fluxo de produção detalhado e documentado, também é o mesmo analista que vai providenciar para que esse fluxo seja documentado. Com isso, é possível melhorar, otimizar, racionalizar o processo com o intuito de maximizar o uso dos recursos empregados para a fabricação do produto (Figura 2.2).

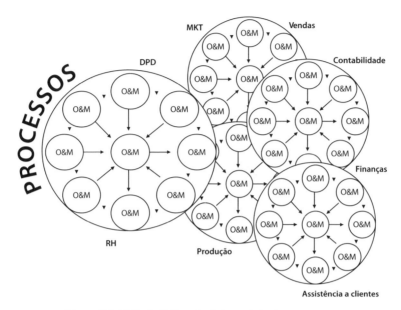

Figura 2.2 Visão holística atual do analista de processos.

Existem inúmeras metodologias para que o analista de processos possa criar, documentar, melhorar, recriar, otimizar um processo de negócio. Muitas são verdadeiras fábricas de loucos e de desperdício de recursos, mormente dinheiro e tempo (que também é dinheiro). Algumas são simples e objetivas. Algumas metodologias encaixam-se mais em empresas de pequeno porte, outras são mais adequadas para empresas de grande porte.

Para ter sucesso no trabalho, o analista de processos pode e deve conhecer as diversas fontes das especialidades que possam auxiliá-lo no tratamento dos diversos temas envolvidos com o trabalho que hoje é uma das principais preocupações de organizações de todos os tipos: conhecer e gerenciar adequadamente seus processos.

É por meio dos instrumentos metodológicos de pesquisa que o analista de processos constrói o resultado de seu trabalho, e é a partir da pesquisa que adquirimos e geramos conhecimento sobre cada um dos elementos que compõem os processos de negócio. Todo analista de processos deve sempre se lembrar que pesquisar não é a mesma coisa que reunir dados ou adivinhar e construir suposições que não correspondem à realidade do objeto da pesquisa. Também não é juntar desordenadamente um monte de papéis com anotações imprecisas ou inúteis e cuja coleta desgaste as relações entre os usuários e os analistas de processos. Por isso, precisamos escolher uma metodologia com a qual a pesquisa será executada. Os métodos de pesquisa nos ajudarão a ordenar a coleta e a análise dos dados obtidos para posterior processamento.

A falta de uma metodologia para suportar nosso trabalho de analistas de processos é outro ponto falho nas normas da qualidade. Nenhuma delas nos orienta sobre como abordar os usuários, como coletar os dados, que tratamento devemos ou podemos dar a estes, deixando à própria sorte alguns profissionais bem-intencionados em realizar um trabalho de qualidade, embora existam aqueles que, até por ignorância, estão sempre "juntando papel" sem saber por que nem para que o fazem.

O analista de processos deve estar atento às ferramentas de que precisa para coletar o conhecimento sobre processos existentes, quer estejam documentados formal ou sejam informalmente conhecidos. Entre essas ferramentas estão:

- **Folha de coleta, ou caderno de anotações**, para registrar tudo o que for observado, coletado, ouvido, visto, lido. Jamais um analista de processos deve se apresentar a uma fonte mostrando-se despreparado para receber o que ela irá lhe transmitir durante o contato entre os dois.
- **Formulários, previamente criados**, que, além de serem objetivos, ajudem ao analista de processos a abordar corretamente a problemática pesquisada.
- **Roteiro com perguntas** previamente elaboradas e que, de preferência, tenham sido discutidas com o grupo de trabalho.

VOCÊ SABIA?

Muitos profissionais que trabalham em consultorias de processos sequer têm uma metodologia para fazer o trabalho de documentação e análise dos mesmos. Outras consultorias usam pseudometodologias, que não têm sequer as quatro fases imprescindíveis para a condução de projetos desse tipo.

Conclusão: não havendo metodologia para análise, desenho, redesenho, modelagem, organização, implantação, gerenciamento e melhoria de processos de negócio, menos ainda haverá uma que oriente o profissional sobre o *modus operandi* dela. A falta de uma metodologia de pesquisa nos leva à perda de oportunidades e do foco na condução dos nossos projetos de mapeamento, análise, modelagem, implantação e gerenciamento de processos de negócio.

Para começar "com o pé direito" um projeto desse tipo, o analista de processos necessita:

- **Saber exatamente qual é o produto do processo**, caso ele já esteja produzindo algo. Se for um processo novo, é preciso saber com precisão qual será o produto a ser produzido.
- **Conhecer os objetivos do processo** em termos de tempos, atendimento a clientes, qualidade prometida.
- **Conhecer quem são os clientes externos** e onde eles estão.
- **Conhecer quem são os clientes internos** e onde eles estão.
- **Descobrir se a qualidade está sendo cumprida**, isto é, quais "promessas foram feitas" *versus* "que produto está sendo entregue", caso o processo já exista.
- **Ouvir, sempre que possível**, os clientes internos e externos do processo.

Outro fator decisivo para trabalhar processos, tanto os existentes quanto os novos, é sabermos separar duas grandes fases do nosso trabalho: a fase de criação e a fase de produção. Elas estão inseridas em um contexto que chamo de *diagrama dos quadrantes* (Figura 2.3).

Diagrama dos dois quadrantes, ou "Q^{2n}": Quadrante da Criação (QC) e Quadrante da Produção (QP). Ambos os quadrantes devem "produzir" alguma coisa.

Nenhum analista de processos deve nutrir a veleidade de pensar que vai encontrar a solução para algum problema sozinho. Esse é um trabalho que deve ser feito em conjunto com os funcionários da organização. Quanto mais cedo e melhor for o envolvimento de todos com o projeto, mais rápidas e maiores serão as chances de sucesso.

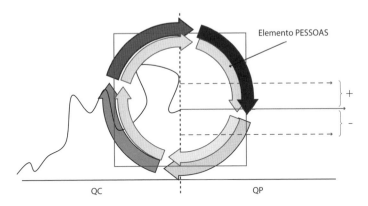

Figura 2.3 Quadrantes da criação e da produção.

Por isso, o analista de processos deve:

- **Discutir com cada ator** as especificações do papel que ele terá que representar.
- **Ouvir com atenção o que cada ator** tem a dizer.
- **Elaborar ou utilizar exercícios** que privilegiem a prática da criação coletiva.
- **Distribuir**, de preferência eletronicamente, todos os documentos que compõem o processo, compartilhando e gerando conhecimento.
- **Explicar** a todos os atores o que significa cada documento e qual é o significado das informações nele contidas.
- **Pedir** que cada ator leia com atenção a máxima quantidade possível de informações sobre o processo.
- **Pedir** que cada ator leia com atenção seu papel funcional.
- **Fazer** uma leitura pública do processo a fim de permitir que todos o entendam da mesma forma e com o mesmo significado.
- **Repassar** com cada ator o papel que lhe foi atribuído.
- **Não deixar** nenhuma pergunta ficar sem resposta.
- **Não deixar** que nenhuma dúvida persista.
- **Deixar claro** que, assim como todos decoraram os procedimentos executados antes, também eles irão decorar os novos procedimentos com a prática do dia a dia.
- **Esclarecer** que a documentação do processo, quer seja física ou eletrônica, estará à disposição de todos para dirimir qualquer dúvida.
- **Deixar claro** que os padrões de operação são os que estão na documentação do processo, e não os que forem eventualmente passados pela "rádio peão".
- **Acompanhar cada ator** nos primeiros dias da "estreia do processo", pois isso vai lhes transmitir segurança para representar os novos papéis.

- **Não permitir** que as discussões sobre o que funcionará e o que não funcionará, ou sobre o que necessita ser modificado ou não, se deem de forma particular.
- **Pedir que as questões** sejam discutidas nas reuniões públicas para a "leitura do processo".

A principal preocupação com a abordagem listada aqui é a de envolver corretamente os atores organizacionais, a fim de que eles participem o tempo todo comprometidos com seus papéis, evitando-se que eles se sintam sem saber como e por que estão participando do projeto.

A sistematização de qualquer processo tem duas fases distintas. A primeira diz respeito à criação ou à recriação do processo, com o detalhamento das atividades que o compõem. Já a segunda parte diz refere-se à colocação do processo sobre uma base tecnológica que o suporte e faça-o ser *constantemente* melhorado. Conseguir que essas duas fases sejam criadas e executadas é, sem dúvida, uma das tarefas mais difíceis, não por ser complicada, mas por ter que ser executada com o máximo cuidado. Esse profissional tem trabalhado em conjunto com outro especialista, o analista de sistemas ou o especialista em tecnologias, de forma integrada e harmônica, coisa que seu antepassado, o analista de O&M, não conseguiu fazer. Talvez por isso, entre outros motivos, a função de analista de processos seja tão requisitada e venha adquirindo tanto prestígio ultimamente, o que também tem seus riscos.

2.4 O ANALISTA DE SISTEMAS

Esse profissional sobreviveu e aprendeu várias lições importantes ao longo de todas as transformações pelas quais as Tecnologias da Informação passaram. Uma dessas lições é:

> Os dados e o produto oriundo do processamento dos mesmos pelos sistemas de informação são propriedade dos usuários, jamais do analista de sistemas ou do centro de processamento de dados.

No passado, o analista de sistemas tinha por responsabilidade entender as necessidades do usuário, seus problemas, as dificuldades para executar sua atividade e, por meio do projeto, do desenho e da programação de um sistema de informação, resolver todas elas. Entretanto, entre o que deveria ser sua função e o que de fato acontecia, havia enorme distância. O analista de sistemas, conhecedor do computador, partia do pressuposto de que o usuário não sabia o que queria e por isso não era confiável em suas colocações. Muitos até ouviam pacientemente o que os usuários lhes diziam nas intermináveis sessões de levantamento de dados, a primeira etapa de um sistema de informação, depois projetavam o sistema como bem lhes interessasse, dando pouca ou nenhuma informação de retorno ao usuário. O resultado eram sistemas malfeitos, brigas intermináveis, usuários insatisfeitos e muita, muita perda de tempo e dinheiro. Nos tempos em que o comportamento do analista de sistemas era esse, só existiam os computadores grandes, os chamados *mainframes*, que ficavam em um lugar chamado de "setor de operação" ou simplesmente "a operação", protegidos de tudo e de todos por portas que controlavam o acesso a seu interior. Tinham temperatura de 18°C e umidade de 60%, ambas eternamente controladas. O usuário tinha pouco ou nenhum contato com o computador, não existiam terminais, muito menos microcomputadores; os usuários se limitavam a preencher planilhas com os dados que coletavam e depois levavam essas planilhas ao setor de digitação, para que os dados nelas contidos fossem transformados em um meio e linguagem entendidos pela máquina.

O analista de sistemas tinha uma vida dura, pois, como era responsável pela execução dos sistemas que havia desenvolvido, ou que tinham sido passados para sua responsabilidade pela saída do analista original, era chamado pelo setor de operações a qualquer hora do dia ou da noite nos casos de:

- **Mau funcionamento** dos programas.
- **Ocorrências** de *abends*.
- **Inconsistência** nas informações.
- **Resultados diferentes** dos que eram esperados.
- **Reprocessamento**.
- **Necessidade de retomar o processamento** interrompido por um *abend*.

 VOCÊ SABIA?

Abend é a abreviatura de *abnormal termination*, que significa término anormal de um programa. Alguns profissionais também se referem a este termo anormal como programa abortado, em razão do mau funcionamento de *software* ou de *hardware*.

O analista de sistemas jamais se preocupou em melhorar um processo, mesmo porque, salvo raras exceções, nem ele nem ninguém dentro da área de informática tinha a preocupação de melhorar o que o usuário estava fazendo ou como estava fazendo, limitando-se a automatizar o erro.

Nesse ponto, havia semelhança entre o comportamento do analista de O&M e o do analista de sistemas, pois ambos não tinham a preocupação de entender o processo para melhorá-lo, mas o resultado do trabalho do analista de sistemas era mais "palpável" que o do analista de O&M.

Como o usuário não tinha qualquer forma de por si próprio interagir com o computador, a situação era favorável ao pessoal de processamento de dados.

 VOCÊ SABIA?

Foi contra essa prática que Michael Hammer escreveu o artigo "Refazendo o trabalho, não automatize, destrua-o", publicado na *Harvard Business Review*, em 1990.

Presenciei inúmeras "brigas" entre usuários e analistas de sistemas. Aqueles, por se recusarem a utilizar uma tecnologia que, na maioria das vezes, não estava de acordo com o *modus operandi* de seu dia a dia e para a qual não haviam sido discutidas melhorias ou mudanças; os analistas, por julgarem ter a solução para todos os males que afligiam os usuários e, por conseguinte, a organização. Eram confusões que acabavam envolvendo os gerentes de ambas as áreas e, às vezes, até as respectivas diretorias. A situação só começou a mudar com o aparecimento dos microcomputadores. Foram eles que deram ao usuário a consciência e o efetivo poder sobre seus dados e informações, uma vez que o paradigma a respeito do poder da informação mudou seu eixo de atuação do "ter a informação" para o "saber usar a informação". Isto é: o usuário aprendeu que o poder está com quem gera e sabe usar a informação, não com quem simplesmente a detém!

Assim, a segunda lição aprendida por todos, analistas e usuários, foi que:

O poder oriundo da informação está em saber usá-la, não em possuí-la!

Espera-se que o novo analista de sistemas trabalhe muito próximo ao analista de processos, para que ambos se preocupem em orientar a criação e a automação do fluxo de produção. Muitas vezes, em função do tamanho da empresa, o analista de processos é também o analista de sistemas e, embora isso não seja o ideal, é preferível a não se ter um dos dois.

Qual deve ser então o perfil desse novo profissional?

Os novos desafios exigem que antigas profissões assumam novos padrões de comportamento, ditados por uma série de fatores, que vão desde a evolução da tecnologia com a qual interagem à transformação pela qual passa o mundo dentro do qual agem.

Os novos padrões de comportamento não se restringem aos analistas de sistemas. Ao contrário, muitos, se não a maioria, estendem-se a todos os tipos de profissionais existentes nas organizações. O profissional que as empresas buscam contratar, hoje, deve estar preocupado, e preparado, em assumir uma nova postura na organização. Em resumo, o novo analista de sistemas deve estar preocupado com os seguintes pontos:

- **1ª Mudança de paradigma:** é preciso considerar o processo em sua totalidade quando os novos sistemas tiverem que ser desenvolvidos ou, até mesmo, simplesmente implantados. Em outras palavras, não mais existem os sistemas construídos para uma única função, como, por exemplo, o sistema de compras ou o sistema de vendas ou o sistema financeiro. Já há algum tempo, ambos os sistemas, de compras e vendas, por exemplo, são um só produto, oriundo da abordagem integrada que temos que ter hoje sobre uma empresa.

    Assim, deixam de existir os sistemas financeiros, os sistemas de pessoal, o sistema de folha de pagamento e todo e qualquer outro sistema que individualize partes dos processos de negócio.

    É preciso pensar no todo para poder desenvolver cada parte dessa visão.

    Essa é uma mudança de paradigma, pois antes os analistas de sistemas desenvolviam as partes e as remendavam em uma colcha de retalhos que não conseguia fazer fluir o processo por meio dos programas criados dessa maneira. Atualmente, o analista deve estar preocupado em desenvolver o todo por meio de suas partes.

- **2ª Mudança de comportamento:** essa mudança ocorreu em razão das transformações tecnológicas, principalmente as ocorridas a partir de meados dos anos 1980. As novas plataformas de *hardware* e *software* fizeram com que o usuário passasse a deter parcela considerável de poder sobre todo o processamento da informação, e aí ele, usuário, pôde contratar quem bem entendesse para fazer o que ele necessitava.

O advento da tecnologia cliente-servidor possibilitou que os sistemas chegassem mais e mais perto de quem os utilizava, deixando para a operação dos computadores a tarefa de gerenciar a rede que integrou os sistemas e a execução dos trabalhos de salvamento e segurança dos dados.

O papel do novo analista de sistemas requer que ele saiba que, para fazer sua organização competir no mercado global, não basta produzir com qualidade e baixo custo. Toda organização precisa ser flexível, criativa e ter um poder inovador acima da média para manter-se lucrativa e aumentar sua participação no mercado. Não há outra forma de conseguir isso sem ser com a participação das modernas tecnologias de informação, ainda que elas continuem a ser apenas suporte.

- **3ª Mudança de padrão de desenvolvimento profissional:** o novo paradigma, aliado ao novo comportamento que as empresas esperam do profissional da área, gerou um novo padrão de desenvolvimento pessoal para o analista de sistema. Atualmente, o importante é aliar o desenvolvimento técnico com sólida visão organizacional. Daí terem surgido os analistas de negócio, que devem aliar o conhecimento tecnológico ao conhecimento do negócio propriamente dito, justamente para que os erros cometidos no passado não se repitam daqui para frente.

De um analista de negócios, esperam-se soluções harmônicas, que possam integrar o que existe de mais atual em Tecnologia da Informação com a forma mais oportuna e segura de fazer negócio.

2.5 OS TRÊS ANALISTAS E SEUS RELACIONAMENTOS

Hoje, existem três profissionais que devem trabalhar em harmonia (Figura 2.4):

- O analista de negócios.
- O analista de processos.
- O analista de sistemas.

Primeiro, o usuário recebe dados do mercado consumidor, querendo um novo produto (por intermédio de institutos de pesquisa de mercado), mostrando tendências ou, simplesmente, inventando algum produto novo. Passa a ideia para o analista de negócio, que a desenvolve baseado nas informações tanto dos usuários quanto do mercado. Estabelecido o novo negócio, ele passa as informações para o analista de processos, que vai desenvolver a ideia transformando-a em um ciclo contínuo de produção, a fim de que se torne um produto e possa ser comercializado. Esse analista passa, então, todas as informações sobre o processo concebido por ele para os analistas de sistemas, que irão automatizar o fluxo de produção do novo produto. Todos eles dão, de tempos em tempos, retorno a seus clientes, a fim de ajustar permanentemente o negócio, o processo e o sistema às solicitações e, em um âmbito maior, à ideia original.

O **analista de negócios** cria o produto, depois passa as especificações para o **analista de processos** criar os processos que irão produzi-lo e, então, esse analista passa as especificações dos processos para o **analista de sistemas** criar o sistema que suportará e automatizará os processos.

A Figura 2.5 mostra os relacionamentos do analista de negócios, sempre buscando novos negócios, novas oportunidades para a organização. Ou seja, ele conhece bem as potencialidades da Organização e busca maximizar os resultados com novos produtos.

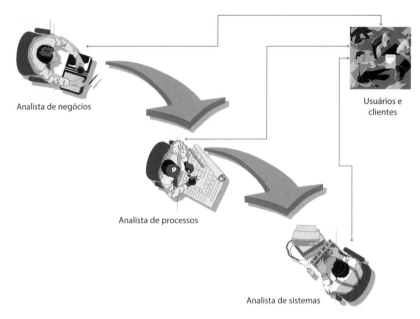

Figura 2.4 Os três analistas e os usuários.

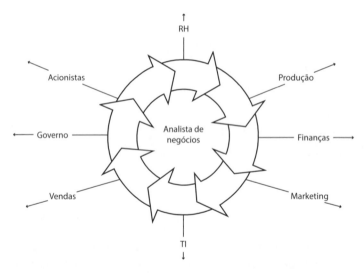

Figura 2.5 Relacionamentos do analista de negócios.

> **PENSE NISSO!**
>
> O **analista de negócios** cria o produto, o **analista de processos** cria os processos, o **analista de sistemas** cria os sistemas. Já os **programadores** programam todos os módulos.

A Figura 2.6 mostra os relacionamentos do analista de processos. Esse analista recebe solicitações de diversas áreas, sempre visando a mapeamento, análise, modelagem, implantação e gerenciamento de processos de negócio, quer esses processos já existam ou não.

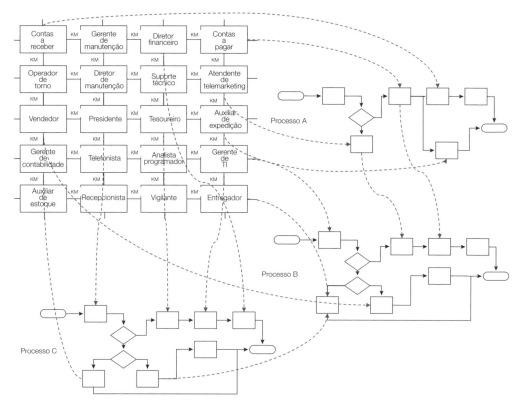

Figura 2.6 Relacionamentos do analista de processos.

2.6 DE GERENTE DE INFORMÁTICA A CIO[8]

Mesmo hoje, ainda vamos encontrar aquele gerente de informática que é (e age) da maneira como o conhecíamos lá atrás. Entretanto, uma mudança radical está ocorrendo no papel e nas responsabilidades desse profissional.

A exemplo da atuação do analista de O&M, o gerente de informática, a rigor, não tinha visão da empresa em sua totalidade. Ele limitava-se a tocar sua gerência, suprindo as áreas usuárias naquilo em que era solicitado por elas. Não havia atitudes proativas de sua parte. Todo o trabalho era feito sob demanda, até porque existia uma regra, não escrita, que dizia que jamais alguém da área de informática ficava sem ter o que fazer. Por isso, toda solicitação das áreas usuárias era

---

8 *Chief information officer* ou executivo-chefe da Informática na Organização.

colocada em uma lista de prioridades (quando existia a tal lista) que, invariavelmente, sempre aumentava, em vez de diminuir.

A gerência de informática ainda é, muitas vezes, subordinada ao diretor financeiro, ou administrativo, e isso, além de desvirtuar sua finalidade, causa atritos com todos os usuários, pois sua atuação dá-se sempre do ponto de vista da diretoria à qual se encontra subordinada, e não do ponto de vista da área à qual pertence o sistema desenvolvido por ela.

Com o tempo, o papel do gerente de informática vem transformando-se, passando da visão introspectiva à abrangência de uma ação que endereça o universo empresarial de modo geral. Isso tem contribuído para que mais Tecnologias da Informação sejam usadas, pois elas passam a estar diretamente ligadas ao sucesso da organização. Na verdade, hoje, ainda existe a figura do gerente de informática que olha eternamente o próprio umbigo, sem possibilidade de ajudar a empresa para a qual trabalha a encontrar meios de usar a tecnologia de forma proativa. Esse tipo de gerente está sempre preocupado com o programa que não funciona, o sistema que ele não consegue terminar nunca, os dados que o usuário não enviou, todas preocupações periféricas, que algum auxiliar poderia fazer com sucesso. Enquanto isso, ele poderia estar ocupando seu tempo com tarefas mais nobres, como, por exemplo: procurando novas possibilidades de fazer com que a organização desenvolva outras formas de ganhar dinheiro, economizar recursos, atender melhor aos clientes com TI.

O novo gerente de informática atende pelo nome de *chief information officer* (CIO), diretor de TI. Isso não é mera mudança de terminologia e, sim, muito mais, uma mudança de postura diante dos problemas da organização.

SAIBA MAIS

Sobre as nomenclaturas em inglês que se consolidam cada vez mais no mundo corporativo: https://olhardigital.com.br/noticia/voce-sabe-o-que-significam-as-siglas-do-mundo-corporativo/29847. Acesso em: 13 ago. 2019.

Essa nova forma de gerenciar um centro de informações exige de seu responsável a visão ao mesmo tempo estratégica e operacional do conjunto chamado empresa, inserido no âmbito da globalização, procurando sempre novas formas de fazer com que sua empresa esteja à frente de seus concorrentes diretos e indiretos.

É óbvio que esse profissional está agora em outro patamar organizacional. Ele não mais se subordina aos caprichos do diretor financeiro-administrativo, mas reúne-se com os outros diretores, com o poder e a obrigação de atender a todos segundo as prioridades da organização e dentro das possibilidades de investimento existentes. Quando a organização não tem porte suficiente para possuir um CIO, sempre sugiro que o gerente de informática se subordine ou à diretoria que encarna o fim precípuo da existência da empresa ou, na pior das hipóteses, ao mais alto dirigente ou até mesmo ao presidente ou dono. Em outras palavras, se uma empresa é do ramo de manufatura, por exemplo, não faz o mínimo sentido que a área de informática fique subordinada ao diretor financeiro. Isso impinge um atraso considerável na maneira como a TI pode ser explorada e usada pela organização.

É claro que essa conceituação não é tão facilmente compartilhada por todos os empresários. Muitos ainda são retrógrados e atrasados na maneira como encaram a necessidade de mobilizar dinheiro em TI. Acham que tudo o que gastam com TI é despesa em vez de investimento. Sem dúvida, tudo depende de como a tecnologia adquirida será usada, mas, se o empresário já parte desse pressuposto, certamente, o que ele gastar com TI será despesa e mal gasta.

Uma vez perguntei a um empresário, que queria a todo custo economizar em informática, se tudo o que ele fazia na empresa dele, desde a parte operacional até a parte administrativo-financeira, podia ser feito sem a Tecnologia da Informação existente na organização. Sua resposta foi:

– Não!

Ao que retruquei:

– O senhor precisa mudar de ideia quanto à TI. Ela é investimento se comprada e utilizada corretamente; e despesa se adquirida sem que o propósito de sua compra esteja alinhado com as necessidades estabelecidas no planejamento feito para operar a organização.

O resultado desse trabalho foi muito bom. O empresário mudou sua conceituação de informática e passou a investir corretamente em Tecnologia da Informação.

O CIO é um profissional que tem sob suas responsabilidades a tarefa de perscrutar o horizonte na busca de novas tecnologias que possam provocar o surgimento de novos *modus operandi*, novos produtos, novos saltos e quebras de paradigmas, que colocarão sua empresa na dianteira de seus concorrentes.

Por isso, esse profissional faz parte do conselho gestor da organização, que espera ouvir dele alternativas para manter a empresa na dianteira dos acontecimentos.

Se, por acaso, você está pensando que somente organizações muito grandes podem beneficiar-se desse tipo de profissional de informática, errou! É claro que em uma empresa pequena ninguém terá a petulância de querer ser chamado de CIO, mas isso não impede que a visão e a forma de atuação do profissional de informática estejam comprometidas com a essência do papel e das responsabilidades do CIO.

2.7 NOVOS PROFISSIONAIS DE TI

Novas categorias de analistas surgiram com o advento das tecnologias emergentes. Novos treinamentos, novas formações, que permitirão aos profissionais que irão trabalhar com essas novas tecnologias se preparar convenientemente para fazer o melhor uso possível de cada uma delas e, obviamente, permitirem às suas organizações que também o façam.

Entre as novas categorias de profissionais de TI, estão três imprescindíveis. Uma é a que eu denominei **analista de Workflow**. A outra é a que chamo de **analista de BPMS**. E a terceira é a que o mercado chama de **arquiteto de SOA** (*SOA architect*).

– O que são essas novas categorias de analistas?

– Quais são os conhecimentos, as competências e as habilidades que os profissionais que querem trabalhar com essas tecnologias devem possuir, desenvolver e aprimorar?

O motivo do surgimento dessas novas profissões está diretamente ligado aos níveis de detalhamento do processo sobre o qual cada uma delas trabalha em termos de levantamento, documentação, análise, melhoria e gerenciamento.

Sobre mapeamento, análise, modelagem, implantação e gerenciamento de processos de negócio: *Manual para gerenciamento de processos de negócio – Metodologia DOMP™*. São Paulo: Atlas, 2015. Disponível em: https://www.grupogen.com.br/e-book-manual-para-gerenciamento-de-processos-de-negocio. Acesso em: 13 ago. 2019.

2.8 DOCUMENTAÇÃO DE PROCESSOS

A documentação de qualquer processo pode ser feita em três níveis distintos, mas complementares. O motivo para o qual se está realizando o trabalho de levantamento e documentação do processo vai ditar o nível de profundidade requerida para o trabalho. Assim, temos:

- **1º Nível:** o primeiro nível de detalhamento da documentação de um processo serve especificamente para que possamos conhecê-lo por meio do mapeamento de suas atividades (eventos e microeventos), papéis funcionais e padrões de medição e controle de desempenho. Nesse nível, o trabalho de documentação não necessita descer a detalhes exigidos pelos outros dois níveis. Por exemplo: se não formos implantar alguma tecnologia de controle de processos, ou mesmo uma norma da família ISO, podemos obter como benefício desse nível de documentação a adequação dos sistemas de informações tradicionais (*legacy systems*) aos processos de negócio da organização. Dessa forma, os antigos sistemas e os novos a serem desenvolvidos estariam refletindo melhor a realidade dos processos primários e secundários da organização.

- **2º Nível:** o segundo nível de detalhamento da documentação de um processo está intimamente ligado à adoção de alguma norma, como as da família ISO. Para implantar essas normas e, consequentemente, obter o certificado da qualidade, uma organização necessita descer a um nível maior de detalhamento no mapeamento e na consequente documentação de qualquer processo, a fim de que o Manual da Qualidade possa refletir exatamente a maneira como um bem ou serviço deve ser produzido. Tanto a norma ISO 9001:2015 como a NBR 15100,[9] para citar apenas duas, são rigorosas nas suas especificações, exigindo que o *modus operandi*, os termos usados nos manuais da qualidade, os padrões de aferição de desempenho do processo e as rotinas de auditoria sigam o roteiro estabelecido por estas normas.

---

9 NBR 15100: norma específica para serviços aeronáuticos.

CAPÍTULO 2 | PROFISSIONAIS DE TI E SEUS RELACIONAMENTOS **37**

- **3º Nível:** o terceiro nível de detalhamento da documentação de um processo é o nível exigido para a implantação de *softwares* como Workflow, BPMS,[10] SCM,[11] ECR,[12] GED[13] etc. Aqui começa o trabalho do analista de Workflow, de BPMS, de GED e de todas as outras tecnologias emergentes. Para implantar essas tecnologias, é imprescindível conhecermos certos detalhes que os outros dois níveis de detalhamento da documentação não exigem, simplesmente porque para eles não há nenhuma necessidade de que desçamos a esse nível.

Alguns exemplos para que esse conceito possa ficar caracterizado com mais clareza.

- **1º Exemplo:** para a implantação de Workflow é imprescindível que o analista de tal programa detalhe papéis, regras de negócio e rotas, nesta ordem, a fim de poder programar o *software* com a inteligência necessária ao seu funcionamento. Quanto mais detalhadas e precisas forem as informações obtidas desses três elementos fundamentais, maiores serão as incumbências assumidas pelo Workflow. É a partir desse detalhamento que se estará tirando maior, ou menor, proveito da inteligência existente nessa classe de *software*.

- **2º Exemplo:** o analista de Workflow precisa tomar cuidado redobrado na hora de programar o processo que será automatizado, justamente para não correr o risco de estar simplesmente automatizando um processo "doente", pois isso impediria o máximo aproveitamento da tecnologia utilizada.

- **3º Exemplo:** custos e tempo de execução para cada ocorrência são duas outras categorias de informação que não são exigidas para os dois primeiros níveis de detalhamento do processo, mas o são para implantação de Workflow.

Alguns *softwares* já têm, como parte do produto, módulos que permitem a confecção de relatórios estatísticos de custo e tempo. Dessa forma, é possível, a qualquer momento, saber-se quanto custa e quanto tempo está levando o processo para produzir o seu objeto de custo, isto é: o bem ou serviço produzido por ele. A partir destes módulos é possível saber-se o tempo que levou cada ocorrência para ser tratada, consequentemente, quanto custou cada uma delas.

Se uma empresa desejar implantar Workflow terá, necessariamente, que fazer o trabalho de levantamento e documentação do processo a ser automatizado. O esforço requerido para isso vai variar em função dos níveis de detalhamento do processo já existente.

O analista de Workflow será, daqui por diante, um profissional imprescindível a toda organização que quiser se beneficiar dessa incrível tecnologia, pois é esse profissional que deve entender de processos e do *software*.

2.9 O ANALISTA DE WORKFLOW

O perfil do analista de Workflow, a rigor, não envolve a formação detalhada nem especializada em processos, levantamento, documentação, melhoria e reengenharia de processos de negócio, mas uma formação voltada à parametrização e à programação dessa classe de ferramenta.

---

10 BPMS: *Business Process Management System*.

11 SCM: *Supply Chain Management*.

12 ECR: *Efficient Consumer Response*.

13 GED: Gerenciamento Eletrônico de Documentos.

> O analista de Workflow precisa ser especializado em uma ferramenta de Workflow. Ele deverá, também, conhecer os princípios do modelo WfMC, que servirão de subsídios ao seu trabalho de automatizar processos por meio dessa classe de *software*.

Entretanto, o analista de Workflow deverá ter uma sólida formação matemática e em lógicas, uma vez que tanto parametrizar quanto programar *softwares* dessa classe exigem dele uma visão extremamente lógica do trabalho que ele, analista, está fazendo dentro da ferramenta. A lógica nem sempre será a clássica, mas uma mistura de várias lógicas, dependendo da utilização que o profissional vier a necessitar para representar os processos de negócio no *software* de Workflow.

O nível necessário de detalhamento da documentação que será usada pelo analista de Workflow é o terceiro nível, mas o mapeamento será objeto do trabalho do analista de processos.

2.10 O ANALISTA DE BPMS

Esse papel funcional é composto de conhecimentos, competências e habilidades encontrados nos seguintes papéis funcionais: analista de processos de negócio e analista de Workflow. Enquanto o papel funcional de analista de processos de negócio está mais voltado à organização, ao desenho, ao redesenho, à análise e à modelagem dos processos, o papel de analista de Workflow está diretamente ligado ao conhecimento sobre tecnologias da informação, principalmente as emergentes, seus componentes e como programá-las, parametrizá-las e implantá-las corretamente.

2.11 O ARQUITETO DE SOA (*SOA ARCHITECT*)

Muito provavelmente você ainda não ouviu falar, nem leu nada, sobre SOA e muito menos sobre o arquiteto do ambiente *Service-oriented Architecture*. Não se preocupe, e se você não é da área de TI, preocupe-se menos ainda, pois muitos profissionais da nossa área sequer estão preocupados com a adoção do SOA por parte das suas organizações e, por isso, ainda nem pensam em criar esse papel funcional já existente em muitas organizações nos Estados Unidos.

O crescimento da importância de TI nas organizações fez surgir a preocupação por uma disciplina que os norte-americanos chamam de *Enterprise Architecture Planning*. O EAP é, basicamente, o projeto, o planejamento e a implantação das Tecnologias da Informação, principalmente as de novíssima geração, como a BPMS e seus componentes. Para atender à demanda oriunda desse processo, no qual a tecnologia SOA é uma das mais importantes, e porque para implantarmos uma arquitetura como SOA nós precisamos estar atentos para a dinamicidade imposta às organizações pela economia mundial, é que surgiu um novo profissional: o arquiteto de SOA.

CONCEITO

O arquiteto SOA tem por função principal elaborar o mapa do caminho (*road map*), o projeto que irá permitir à organização interligar com segurança e flexibilidade processos executados em segundo plano com processos executados em primeiro plano, e estes ao negócio da organização.

Por isso, o perfil do arquiteto de SOA é complexo, necessitando que esse profissional tenha ou desenvolva sólidos conhecimentos organizacionais e tecnológicos.

O SOA *architect*, antes de qualquer outra tarefa, necessita resolver conflitos oriundos das necessidades organizacionais que provocam mudanças na infraestrutura de TI e nas aplicações, não raro chegando a mudar a própria arquitetura SOA, para permitir à organização acompanhar o dinamismo dos mercados onde ela atua. Como a arquitetura SOA se encarrega cada vez mais de processos de missão crítica, o arquiteto SOA precisa conhecer, entre outros, os seguintes padrões:

O arquiteto SOA terá por responsabilidade ser o gestor da governança dos serviços Web, cuidando para que os mesmos estejam alinhados ao negócio e ajustados às necessidades da organização.

2.12 CONHECIMENTOS E COMPETÊNCIAS

Muito temos lido e ouvido sobre conhecimento, especialmente sobre gerência do conhecimento, sobre competências, suas duas escolas, a americana e a europeia, e sobre habilidades. Embora não seja um livro sobre essa tríade, achei interessante incluir aqui essa contribuição sobre a formação desses novos papéis.

O que são competências?

CONCEITO

Rogério Valle *et al.* (2003) definem competências como: *A capacidade do trabalhador de ativar a cultura técnica de sua comunidade de trabalho para interpretar as inúmeras informações provenientes do contexto físico, social e subjetivo, sob a forma de sinais e signos, verbais (p. ex., frases, durante diálogos sobre questões técnicas ou **gerenciais**) ou não (p. ex., sinais provenientes de uma máquina).*

Para Zarifian, 2003, um dos maiores estudiosos do tema: *Por competência, compreendemos a inteligência individual e coletiva das situações trazidas pelos eventos, consideradas no conjunto de sua complexidade.*

PENSE NISSO! — (!)

Sendo analista de processos, analista de Workflow, analista de BPMS e arquiteto de SOA novos papéis funcionais, nascidos das novas metodologias e Tecnologias da Informação ligadas a processos de negócio, é fundamental encontrarmos ou formarmos corretamente profissionais para exercerem esses novos papéis.

O Quadro Sinóptico 2.1 é apenas uma ideia, passível e necessariamente aberta a mudanças. Está aqui para ensejar uma discussão e não para ser dado como definitiva.

Quadro sinóptico 2.1 Conhecimentos – competências – habilidades

	Papéis funcionais analista/arquiteto			
	PROC	WKFL	BPMS	SOA
CONHECIMENTOS				
Planilhas eletrônicas	I	I	I	I
Editores de textos	I	I	I	I
Técnicas de orçamentação	I	D	I	D
Gerência de processos	I	I	I	I
Gerência de projetos	I	N	I	D
Lógica formal	D	I	I	I
Lógica booleana	D	I	I	I
Lógicas multivaloradas	N	I	I	I
Língua pátria	I	I	I	I
Inglês	I	I	I	I
Espanhol	D	D	D	D
Bancos de dados	N	I	I	D
Telecomunicações	N	D	D	D
Riscos laborais	I	N	I	N
LER	I	N	I	N
Qualidade	I	N	I	N
5S	N	N	I	N
Noções de legislação ambiental	I	N	I	N
Noções de legislação trabalhista	I	N	I	N
Noções de sistemas da qualidade	I	N	I	N
Gestão econômica	I	N	I	N
Gestão financeira	I	N	I	N
Linguagens de programação	N	I	I	I
Linguagens BPMS	N	I	I	I
Tecnologia *web*	N	I	I	I

(continua)

(continuação)

	Papéis funcionais analista/arquiteto			
	PROC	WKFL	BPMS	SOA
COMPETÊNCIAS				
Visão sistêmica	I	I	I	I
Orientação para o desenvolvimento pessoal	I	N	I	N
Disposição para negociação	I	N	I	N
Visão multifuncional	I	N	I	N
Visão sistêmica	I	I	I	I
Raciocínio lógico	I	I	I	I
Relações interpessoais	I	N	I	N
Trabalho em grupo	I	D	I	D
Capacidade analítica	I	I	I	I
Capacidade de síntese	I	N	I	N
Capacidade de planejar	I	I	I	I
Capacidade de organizar	I	I	I	I
Gestão de crise	I	N	I	N
Gestão de tempo	I	I	I	I
Capacidade de abstrair	I	I	I	I
Promover mudanças	I	N	I	D
Gerenciar mudanças	I	N	I	D
Comunicação oral	D	D	D	D
Comunicação escrita	I	D	I	D
HABILIDADES				
Proatividade	I	D	I	D
Controle emocional	I	I	I	I
Controle de crises	I	N	I	D
Controle de tempo	I	D	I	D
Adequação técnica	D	I	I	I
Aprendizagem	I	I	I	I
Melhoria contínua	I	I	I	I
Orientado a resultados	I	D	I	D
Assumir compromissos	I	I	I	I
Assumir responsabilidades	I	I	I	I
Autocontrole	I	I	I	I

I = imprescindível / D = desejável / N = não aplicável

2.13 CONCLUSÃO

Neste capítulo, vimos como os principais profissionais relacionam-se no ambiente de Tecnologia da Informação dos dias atuais. Vimos alguns tipos inesquecíveis, não só pela contribuição que deram à informática, como também pelo papel que desempenharam no desenvolvimento de profissionais que hoje atuam no universo organizacional.

É o caso do analista de O&M, por exemplo, que deu sua parcela de contribuição para que existissem hoje os analistas de processos, embora, por tudo o que eu já tenha escrito, possa parecer que os considero dispensáveis. Não é bem assim, pelo menos aprendemos como não fazer análise organizacional.

Vimos, também, o novo perfil do analista de sistemas, e quero chamar a atenção para o papel de descobridor de novas oportunidades de negócio que ele deve assumir no atual contexto empresarial.

Vimos os novos profissionais de TI, o analista de Workflow, o analista de BPMS e o *SOA architect* e como eles são fundamentais para que as organizações utilizem corretamente as novas tecnologias da informação.

Por fim, pudemos comparar o papel do antigo gerente de informática com o novo papel do CIO. Aliás, o novo chefe da área de Tecnologia da Informação deve sentar-se numa cadeira de onde possa ver a empresa e na qual não sofra nenhuma restrição para agir ou expor suas ideias. Em outras palavras, há, atualmente, um profissional extremamente solicitado por qualquer tipo de empresa, o responsável pela área de Tecnologia da Informação, principalmente numa economia globalizada, em que o que conta para uma empresa é ser rápida e criativa no desenvolvimento de novos produtos, eficiente na produção, eficaz na comercialização e, sobretudo, maleável para enfrentar todo e qualquer tipo de desafio. Você conhece alguma outra forma de qualquer empresa ser tudo isso sem o apoio da Tecnologia da Informação?

RESUMO GERENCIAL

Neste capítulo, aprendemos que:

> Os profissionais que atuavam nos primórdios da TI dentro das Organizações não conseguiam integrar as áreas operacionais e administrativas das Organizações.

> Era míope a visão do pessoal de TI até metade da década de 1980.

> Com o surgimento da ISO e da abordagem processos de negócio mudou a visão do pessoal de TI.

> Com a evolução das Tecnologias da Informação, o papel do gerente de TI evoluiu para CIO.

RESUMO ESQUEMÁTICO
PROFISSIONAIS DE TI E SEUS RELACIONAMENTOS

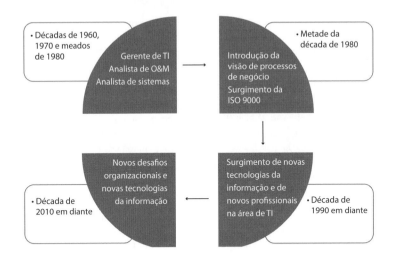

QUESTÕES PARA DEBATE

- Discuta como devem trabalhar o analista de negócios, o analista de processos e o analista de sistemas no novo modelo organizacional.
- Discuta quais são as vantagens em ter a área de informática ligada à área de principal competência da empresa.
- Discuta *core competence* (ou *core business*)[14] e informática.
- Discuta o modelo de informática que você conhece. Pode ser na empresa que você trabalha ou trabalhou. Aborde os seguintes aspectos:
  - A estrutura.
  - O papel dos componentes da área.
  - O relacionamento com os usuários.
  - A relação entre o responsável pela área de TI e o executivo ao qual ela se subordina.
  - A visão de TI do principal executivo da empresa.
- Discuta como atuam cada um dos profissionais aqui descritos na empresa onde você trabalha e se estão agindo corretamente, no seu entendimento.

---

14 *Core competence*, ou *core business*, é o negócio principal da empresa ou o que ela sabe fazer com qualidade e de forma criativa.

EXERCÍCIOS

1. Nas décadas de 1960, 1970 e 1980, dois tipos de profissionais encontravam-se envolvidos na tarefa de mecanizar as atividades que as organizações executavam. Quais eram eles?
   Qual alternativa está correta?
   a) Analista de O&M e Analista de Sistemas.
   b) Analista de Suporte e Analista de Sistemas.
   c) Analista de Operações e Analista de Sistemas.
   d) Analista Contábil e Analista de Sistemas.
   e) Analista de O&M e Analista de Produção.

2. Não só o analista de O&M, mas toda a área de sistemas e métodos tinha uma visão extremamente míope da organização. Por quê?
   Qual alternativa está correta?
   a) Como, geralmente, não era possível resolver o problema de forma global, a turma de O&M ignorava-o.
   b) Como, geralmente, não era possível resolver o problema de forma global, a turma de O&M simplesmente isolava-o. Dessa forma, esperava poder tratar e, por parecer mais simples, resolver o problema.
   c) Porque não sabiam como resolver os problemas.
   d) Porque não atuam integrados entre si.
   e) Porque não tinham conhecimento sobre processos.

3. A função do analista de processo é o de:
   Qual alternativa está correta?
   a) Desenhar todos os fluxos.
   b) Automatizar os processos.
   c) Desenvolver sistemas baseados em processos.
   d) Criá-lo, quando o processo ainda não existe, ou documentar o processo existente, analisá-lo, organizá-lo cuidadosa e detalhadamente a fim de desenvolver melhorias que aumentem sua eficiência, velocidade e produtividade.
   e) Implantar Workflow.

4. É por meio dos instrumentos metodológicos de pesquisa que o analista de processos constrói:
   Qual alternativa está correta?
   a) O resultado de seu trabalho.
   b) Os sistemas de informações.
   c) Os processos de negócio.
   d) Os manuais de O&M.
   e) O resultado de seu trabalho e é a partir da pesquisa que adquirimos e geramos conhecimento sobre cada um dos elementos que compõem os processos de negócio.

5. O analista de sistemas sobreviveu e aprendeu várias lições importantes ao longo de todas as transformações pelas quais as Tecnologias da Informação passaram. Uma dessas lições é:
   Qual alternativa está correta?
   a) Os dados são a menor parte do conhecimento.
   b) Os dados são a menor parte da informação.
   c) Os dados e o produto oriundo do processamento dos mesmos pelos sistemas de informação são propriedade dos usuários, jamais do analista de sistemas ou do centro de processamento de dados.
   d) Os dados são propriedade dos sistemas de informações.
   e) Os sistemas devem ser produzidos por ferramentas de programação autônomas.

CAPÍTULO 3

REGRAS BÁSICAS PARA ADMINISTRAR TI

OBJETIVOS DO CAPÍTULO

- Apresentar as principais regras para administrar Tecnologias da Informação.
- Discutir os custos de aquisição e operação de Tecnologias da Informação.
- Entender a importância do orçamento de investimentos e do orçamento operacional.
- Compreender como calcular o retorno sobre o investimento feito em TI.

PARA COMEÇAR

A Administração de TI é composta de um conjunto de regras que devem ser seguidas por quem quiser dar-se bem gerenciando uma área de informática e o relacionamento desta com seus usuários. É inadmissível que um gerente de informática não saiba quanto gasta sua área para operar e disponibilizar a informação na empresa (e existem gerentes assim). Ou, ainda, é inadmissível também ter um gerente que, sem qualquer previsão ou plano, atua por encomenda (também existem gerentes assim, e muitos outros são dos dois tipos).

Você conhece estes tipos de gerentes de TI?

3.1 CUSTOS

Vamos começar a falar em algo muito crítico e sensível para qualquer organização nos dias atuais: custos.

Por isso, devemos, antes de qualquer outra coisa, levantar e analisar com muito cuidado o custo de TI. Qualquer tecnologia é cara, se não for bem utilizada, e para ser bem utilizada é necessário que ela esteja vinculada ao planejamento estratégico e seu uso tenha sido planejado. Infelizmente, não é essa prática que se tem como estado normal de administração de TI. Muitas organizações, quando muito, controlam os custos de aquisição dos equipamentos e sistemas, mas não fazem a mínima ideia dos custos operacionais de cada um e da área como um todo.

Para controlar os custos de TI, existem dois instrumentos utilíssimos:

- O orçamento de investimentos.
- O orçamento operacional.

Ambos devem ser utilizados, mesmo que seja com o mínimo de sofisticação. Vamos começar, mais uma vez, pelo estratégico ou o de investimentos.

O **orçamento de investimentos** deve ser feito assim que o plano estratégico da organização for concluído e ser revisado no início de cada exercício fiscal, alinhado ao plano anual de realizações da organização.

Se sua empresa for pequena demais para ter um plano estratégico formal, não se preocupe; sempre é possível descobrir com o principal executivo da organização, ou com o próprio dono, o que pretendem fazer nos próximos, digamos, três anos (Figura 3.1).

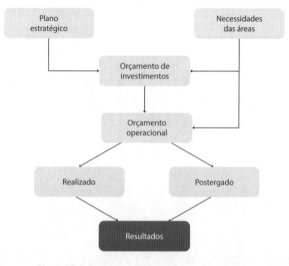

Figura 3.1 Relacionamento dos orçamentos.

O orçamento de investimentos deve levar em consideração, também, as necessidades de cada usuário cuja área esteja dentro das prioridades da empresa.

3.2 O PROJETO

> **VOCÊ SABIA?**
>
> O projeto será orçado por meio do Plano Estratégico de Tecnologia da Informação.

Além disso, se tivermos feito corretamente o plano estratégico de TI, esse projeto estará amarrado ao planejamento estratégico da organização.

Pode acontecer que, durante o ano, ou o período planejado (dois, três ou cinco anos), venham a ocorrer desvios com relação ao plano original. Esses desvios, que podem ser acréscimos ou supressão de projetos, devem ser tratados com os mesmos cuidados daqueles que tenham sido originalmente planejados. Não devemos pensar que os planos são imutáveis; pelo contrário, a existência de um planejamento possibilita que sejam realizadas mudanças com um grau de segurança muito maior do que se ele não existisse.

3.3 ITENS

Neste ponto, desdobramos cada projeto nos itens que o compõem. É importante listar as quantidades e fazer referência à interdependência que cada item tiver. Esse tipo de amarração é muito útil, principalmente porque mostra quais itens podem ser comprados sozinhos e quais têm interdependência com a compra de outros.

3.3.1 RESPONSÁVEIS PELOS ITENS

Cada parte de cada projeto tem um responsável por sua realização. Logo, cada item tem que ter um responsável por sua aquisição, implantação e utilização. Sem que sejam definidas responsabilidades por tudo o que se planeja e faz dentro de qualquer organismo, não há como tirar proveito dos investimentos, premiar os vencedores e punir os culpados pelos fracassos.

3.3.2 VALORES DE CADA ITEM POR MÊS

Nesse ponto, é bom frisar, ainda não estamos fazendo cotações para conhecer o fornecedor que tem o melhor preço. Aqui, simplesmente, prevê-se o custo do item. É óbvio que para isso vamos precisar fazer algumas consultas, mas nada muito formal nem demorado. A ideia é de que, quando formos adquirir o item, as cotações sejam mais formais e as negociações mais duras.

PENSE NISSO! (!)

O conjunto de formulários Orc_Inv, da Metodologia DOMP™, que podem ser baixados no *site* do GEN, serve como exemplo, caso você não queira usá-los, de como deve ser um conjunto de formulários para esse tipo de orçamento. Você pode escolher fazer um conjunto que mais se ajuste às necessidades de sua organização, usando este como modelo.

Ao fazer o orçamento de investimentos, você deve levar em consideração o retorno sobre o investimento (ROI) e o custo total de propriedade (TCO) que serão realizados ao longo do período de utilização do investimento. Esse ponto deve ser tratado com toda a atenção e cuidado por quem desenvolve um orçamento de investimentos, pois o ROI e o custo total de propriedade vão mostrar se há viabilidade econômica ou não para investir em determinada tecnologia, instalações etc. e em quanto tempo esse investimento se pagará.

Segundo Sakurai (1997), Custeio do Ciclo de Vida é *um método de apuração do custo de um produto ou de um equipamento durante toda a sua vida útil.*

VOCÊ SABIA? (?)

O conceito de Retorno Sobre Investimentos (ROI – *Return On Investment*) foi criado em 1977, por Gartner, disseminando-se quando os projetos de implementação de ERP (*Enterprise Resource Planning*) ganharam evidência na década de 1990. O ROI deve ser medido sempre em conjunto com o conceito de Custo Total de Propriedade (TCO – *Total Cost of Ownership*).

CONCEITO (Q)

Segundo Ellram e Siferd (1999), o Custo Total de Propriedade é *uma abordagem estruturada para se determinar os custos totais associados à aquisição e, subsequente, à utilização de determinado bem ou serviço de determinado fornecedor.*

Mas este não é um livro sobre contabilidade nem sobre custos. As abordagens sobre ROI colocadas aqui visam facilitar a vida do gestor de TI, dando-lhe alguma base para que ele busque conhecer melhor esse assunto e possa, assim, estar preparado para justificar, econômica e financeiramente, seus investimentos.

ATENÇÃO

A equação de ROI a ser montada é muito simples:

1. É preciso saber quanto custa o item que estará sendo substituído (*hardware* ou *software*).
2. É preciso conhecer quanto custará o item que estamos adquirindo. O custo novo contra o custo velho mostrará quanto tempo será necessário tanto para absorver o investimento quanto para esse investimento passar a ser lucrativo.

Existem inúmeras fórmulas para calcular o ROI. Vamos ficar aqui com as duas que são clássicas para esse tipo de cálculo:

> **Fórmulas para cálculo de ROI:**
> - **A primeira chama-se ROI tradicional: calcula o retorno sobre o investimento dividindo o lucro líquido depois dos impostos pelo total de ativos da empresa.**
> - **A segunda fórmula chama-se ROI DuPont.**

3.4 DEFINIÇÃO DA FÓRMULA ROI DUPONT

A fórmula DuPont divide o ROI em duas partes importantes:

- **Margem de lucro líquido**, que se obtém dividindo o lucro líquido após os impostos pelo total de vendas.
- **Giro do total de ativos**, que se obtém dividindo o total de vendas pelo total de ativos. Por fim, obtém-se o ROI pela multiplicação da margem de lucro líquido pelo giro do total de ativos.

A vantagem da fórmula DuPont sobre a original é a seguinte:

- Na fórmula original, não é dada a ênfase necessária às vendas, o que, na segunda fórmula, assume importância fundamental.
- A fórmula DuPont destaca a importância do giro do total de ativos como chave para calcular o retorno sobre o investimento.

3.5 QUANDO USAR O CÁLCULO DE ROI?

Geralmente, é o pessoal da área financeira quem mais se utiliza dos cálculos de retorno sobre o investimento. Para quê? Para:

- Reduzir despesas.
- Aumentar a produtividade.
- Automatizar as operações.
- Aumentar o lucro líquido.
- Reduzir os ativos fixos.
- Aumentar o controle sobre os ativos fixos.
- Melhorar o inventário.
- Aumentar as vendas, mantendo a margem de lucro.

> **PENSE NISSO!** (!)
>
> Não deixe de pedir ajuda ao pessoal de finanças sempre que tiver que calcular o ROI, a viabilidade econômica do investimento etc. Isso facilitará a "venda" da ideia de um novo projeto junto à diretoria ou a quem tem o poder de autorizá-lo.

As fórmulas para cálculo de ROI, com exemplos, encontram-se ao final deste capítulo.

Você vai notar, no seu dia a dia, que há uma verdadeira mania por ROI. Todo mundo fala em ROI e há fórmulas para calcular o retorno sobre qualquer tipo de investimento. Eu mesmo coleciono fórmulas de ROI, muitas por curiosidade, algumas por utilidade. A razão para isso é simples: quando determinada tendência ocorre, tanto "vendedores" quanto "compradores" passam a se comportar segundo as regras estabelecidas pelo "mercado", e isso nos obriga a estar preparados para perguntas do tipo: *em quanto tempo terei o retorno do capital investido nesse sistema?* Melhor seria que as pessoas estivessem preocupadas com outro tipo de retorno.

Por isso, atualmente, existe outro tipo de cálculo que leva o nome de Valor Sobre Investimento (*Value of Investment* – VOI), cuja preocupação é a de calcular o valor que o investimento trará para o negócio, em vez do tempo necessário para o retorno do capital investido. Por ainda ser novo, o VOI não tem o consenso da maioria, alguns acham até que seja mais uma invenção de "vendedor de TI".

Entretanto, quero chamar sua atenção para a necessidade de entender o negócio, o contexto dentro do qual se acham o negócio, os clientes e outros elementos, para que qualquer fórmula possa ser usada corretamente.

Visto o orçamento de investimentos, podemos passar para o orçamento que vai organizar e administrar as despesas.

3.6 ORÇAMENTO OPERACIONAL

O orçamento operacional é um pouco mais difícil de ser feito. Por vários motivos. Poucas empresas sabem o que realmente gastam nas operações do dia a dia, pois não costumam custear as atividades, limitando-se a encontrar um custo total de operação e a rateá-lo, igualmente, por todas as atividades ou centros de custos, se por acaso existirem. Essa prática dificulta o real entendimento sobre quanto custa a operação e, frequentemente, faz a empresa perder o controle dos gastos.

A esse método de custeio dá-se o nome de rateio. Com a metodologia de custear por rateio, soma-se o que todas as atividades gastam e divide-se igualmente pelo número de atividades, o que, na maioria das vezes, gera distorções.

O outro método, o *Active Based Costing* (Custeio Baseado em Atividades – ABC), é muito mais preciso, mas bem mais caro, por só poder ser feito após o mapeamento de processos de negócio, pois só assim temos como saber o que EXATAMENTE gasta cada atividade existente em cada processo.

SAIBA MAIS

Sobre Custeio Baseado em Atividades (ABC): https://www.grupogen.com.br/abc-custeio-baseado-em-atividades. Acesso em: 13 ago. 2019.

Em se tratando dos custos operacionais de TI, os absurdos podem ser até mais dramáticos, uma vez que, disfarçada de alicerce para promover ganhos de produtividade, essa mesma tecnologia pode estar drenando recursos vitais para a empresa.

Como?

Basta que a tecnologia adquirida esteja fora de proporção, a mais ou a menos, para a atividade que ela deve suportar; que o usuário não tenha sido treinado correta e suficientemente; que esteja ultrapassada etc.

Entretanto, com toda a dificuldade que a elaboração de um orçamento operacional possa ter, esse instrumento de administração é extremamente necessário, pois sem ele nenhuma empresa sabe quanto a área de informática está custando-lhe, e sem esse conhecimento não pode tomar nenhuma medida para aumentar sua eficiência.

Todo orçamento de despesas deve ser o mais preciso possível, desde que essa precisão não se torne fonte de mais despesas desnecessárias. Aí, é melhor que se tenha acuracidade[15] em vez de precisão nas informações levantadas.[16] De qualquer forma, quem deve decidir isso é a Organização. São seus executivos que devem dizer se querem exatidão ou perfeição nas informações de custos operacionais, não somente em Tecnologia da Informação, mas também em todas as outras atividades. Discutir o tipo de abordagem que será usado para o levantamento dos dados de despesa não é inútil. Essa discussão está ligada à profundidade com que se quer conhecer as despesas operacionais.

Essas despesas estão divididas em dois grandes grupos: as conhecidas e as desconhecidas. A Figura 3.2 mostra como devemos entender os dois tipos de despesa e como muitas vezes brigamos por coisas de pouco valor, enquanto desconhecemos aquelas que realmente fazem diferença no resultado final. Muitos especialistas usam a figura da ponta de um *iceberg* para retratar os custos conhecidos e o imenso bloco de gelo existente abaixo da superfície do mar para os custos desconhecidos.

- **Custos conhecidos:** entre os custos conhecidos estão: salários + encargos (diretos e indiretos), benefícios, manutenção de equipamentos, manutenção de *softwares*, terceiros, comunicações etc.

- **Custos desconhecidos:** são todos os custos que, por ignorância, desorganização ou qualquer outro motivo passam despercebidos aos administradores. Entre os custos desconhecidos estão alguns que jamais pensamos em controlar, como, por exemplo: energia, material de escritório, material consumível de informática, depreciações, ocupação do espaço físico com relação ao custo e à manutenção predial, material de limpeza, comunicações, absenteísmo, reposição de pessoal, treinamento etc. Organizações grandes, e transnacionais, geralmente, têm sistemas de custeio altamente eficientes. O mesmo nível de detalhamento não se encontra em organizações médias e pequenas.

---

15 Acuracidade é igual à exatidão.
16 Precisão no sentido de rigor, perfeição.

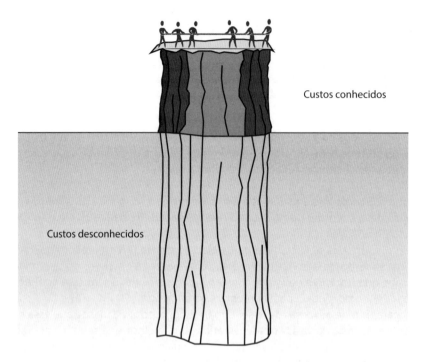

Figura 3.2 Custos conhecidos e desconhecidos.

Entretanto, todo administrador atualizado sabe que é possível ganhar mais gastando menos do que aumentando o preço final do produto.

PENSE NISSO!

Quando for montar o orçamento operacional, você não deve separar os custos conhecidos dos desconhecidos (mesmo porque, agora, você já sabe que eles existem). A divisão a ser feita não é essa.

O controle sobre o orçamento será feito de acordo com o tamanho e, consequentemente, com as necessidades da empresa. Tanto o orçamento de investimentos quanto, e muito mais, o de despesas necessitam ser revistos na exata medida das necessidades da área de informática (que é especificamente da área que estamos tratando neste livro), o que quer dizer que podem ser revistos a cada mês, a cada quinzena ou até mesmo semanalmente (Quadro 3.1).

Quadro 3.1 Exemplo de formulário para controle de consumíveis

Materiais	Un	\multicolumn{13}{c	}{CONSUMO DE MATERIAL}
		\multicolumn{12}{c	}{MESES}	T
		1	2	3	4	5	6	7	8	9	10	11	12	
Álcool 96	LT	1	1	1	1	1								5
Apontador para lápis-ferro	UN		9											9
Autorização de saída de serviço	BL		2											2
Borracha para lápis	UN		9											9
Caneta esferográfica preta	UN		9				6							15
Marcador de texto amarelo	UN				2									2
Cartucho color	UN	1												1
Cartucho preto	UN					1								1
Cesto para lixo armado 40 litros	UN		1											1
Cola Super Bonder grande	UN	1		1										2
Comunicação interna de/para	BL		2											2
Envelope saco pardo 260×360	UN					9						9	9	27
Envelope timbrado	UN			9				9						18
Estilete grande	UN		2											2

Lembre-se de que nenhuma qualidade pode ser pretendida se não tivermos o controle de quanto, de onde e com o que são gastos os recursos da Organização. A isso, também, dá-se o nome de *Custos da Qualidade*.

CONCEITO

Um dos mais influentes especialistas em programas da qualidade de todos os tempos, Philip Crosby (1984) escreveu em seu livro *Qualidade é investimento* que: *Custos da Qualidade são a única medida válida para a gestão da qualidade e constituem-se em um dos elementos fundamentais da Gestão Estratégica da Empresa.*

3.7 ABC – UMA PEQUENA INTRODUÇÃO

Uma das metodologias que podem ser usadas pela área de TI para alocar e controlar custos chama-se ABC. ABC não é a única que pode apurar com certeza quanto uma empresa gasta em cada atividade para produzir o que cada uma produz dentro da cadeia de valor. Existem algumas que, melhor ou pior que outras, continuam a ser usadas com resultados compensadores (embora certas abordagens sejam muito antigas, remontando a mais de 50 anos).

VOCÊ SABIA? ❓

ABC significa *Activity Based Costing*, ou Custeio Baseado em Atividades. Essa é uma técnica de alocação de custos oposta à comumente empregada, conhecida como *rateio*.

ABM significa *Activity Based Management*, ou Gerenciamento Baseado em Atividades.

O método oposto ao ABC chama-se *rateio*. Nele, somam-se todas as despesas (diretas e indiretas) e dividem-se igualmente por todas as atividades que compõem o processo. Quando se usam metodologias como a ABC, cada atividade pode ser administrada e cobrada somente, e justamente, pela parcela que gastou para produzir sua parte dentro do processo.

Activity Based Costing tem sido com frequência, principalmente por seus detratores, acusada de burocratizar demasiadamente a Organização ao pretender controlar os custos indiretos com muito cuidado. Entretanto, essa burocratização será maior ou menor, dependendo do grau de precisão com que se quiser tratar os custos da Organização. E a discussão para saber qual é o grau de precisão a ser utilizado passa obrigatoriamente pelo grau de organização e informatização que a Organização tiver.

ABC faz parte de uma abordagem gerencial conhecida como ABM, que tem duas vertentes:

- **Operacional:** tem por escopo agregar valor por meio da criação e da melhoria contínua dos processos primários e secundários, individualizando a ação desses processos em cada atividade que os compõe.

- **Econômica:** tem por objetivo controlar os custos em que cada parte produzida incorre como resultado da operação de cada atividade.

De um lado, ABM preocupa-se com qualidade, reengenharia, melhoria contínua; essa é a parte operacional da abordagem gerencial por atividade. De outro lado, mas não dissociado do primeiro, está o método de custeio que se preocupa com o que cada parte produzida gasta em cada atividade.

Segundo o Prof. Masayuki Nakagawa, no seu livro *Gestão de estratégica de custos*, as três principais preocupações de um sistema ABC são:

- **Centros de atividades:** reúnem atividades de diversos segmentos do processo, de modo a facilitar a análise e o controle das funções e operações a ela relacionadas, com vistas à redução do seu *lead time* (tempo que decore entre o recebimento e o atendimento de ordens), e, ao mesmo tempo, à melhoria da qualidade, produtividade e redução dos custos acumulados em cada um dos centros de acumulação de custos (*cost pools*).

- **Direcionadores de custos (*cost drivers*):** servem de mecanismos de desagregação de custos e ao mesmo tempo são utilizados para a descoberta da relação de causa e efeito na incorrência de custos por parte das diversas atividades anteriormente mencionadas. Assim, é possibilitada a análise das atividades que adicionam valor ao produto e das que não adicionam valor, com vistas à redução de custos, por meio da eliminação de todas as formas de desperdício.

- **Categoria de recursos:** reúnem as diversas contas do Livro Razão, cuja agregação ou desagregação dependerá, essencialmente, do uso alternativo de cada recurso e facilidade de coletar e interpretar a informação, em termos de associação com as atividades físicas realizadas em nível de chão de fábrica, a fim de facilitar a identificação dos respectivos direcionadores (*cost drivers*).

CAPÍTULO 3 | REGRAS BÁSICAS PARA ADMINISTRAR TI **55**

Outro ponto relevante: **o ABC opõe-se formalmente à prática de ratear os custos operacionais igualmente por todas as atividades**. Entretanto, para que isso seja possível, é preciso que a empresa tenha sido organizada de forma a espelhar essa realidade.

Aqui está um exemplo de custeio por atividade.

Vamos supor que a área de informática de uma organização é composta de três atividades – análise, programação e operação – que gastam por mês, digamos, R$ 75.000. Como não houve nenhuma preocupação em conhecer por qual parcela cada atividade é responsável, a única forma de atribuir-lhes custo é dividir R$ 75.000 por três, o que daria R$ 25.000 para cada atividade.

Esse método é bom?

É. Na falta de outro, "até que serve", mas ele não é nem exato, nem preciso e nem justo.

Já pelo método ABC, a primeira coisa que temos que conhecer é:

a) Na atividade de ANÁLISE:

Número de funcionários: 5

■ Salários + encargos	17.653,10
■ Benefícios	1.159,20
■ Total	18.812,30

b) Na atividade de PROGRAMAÇÃO:

Número de funcionários: 7

■ Salários + encargos	15.750,90
■ Benefícios	1.622,88
■ Total	17.372,88

c) Na atividade de OPERAÇÃO:

Número de funcionários: 2

■ Salários + encargos	5.253,10
■ Benefícios	463,68
■ Total	5.716,78

Se não existissem outros custos, já teríamos aqui uma visão clara do erro que estaríamos cometendo ao achar que todas as atividades custam a mesma coisa. Só no item salários e benefícios, já vimos que as distorções podem ser sensíveis se ratearmos o montante entre análise, programação e operação. Os R$ 41.901,96 gastos com esse item não podem ser divididos igualitariamente entre as três atividades, pois elas não gastam igualmente. R$ 41.901,96 divididos por três dariam exatos R$ 13.967,32 para cada atividade, o que é completamente falso, pois:

■ Análise gasta	R$ 18.812,30.
■ Programação gasta	R$ 17.372,88.
■ Operação gasta	R$ 5.716,78.

Fora salários e benefícios, que variam sensivelmente de atividade para atividade, existem ainda custos como:

- ■ Depreciações.
- ■ Aluguéis.
- ■ Seguros.
- ■ Terceiros.
- ■ Móveis.

- Viagens.
- Educação.
- Treinamento.

Quando somamos todas essas despesas e, simplesmente, as rateamos pelo número de atividades que compõem a área de informática, estamos distorcendo a realidade.

Se você está pensando que isso é um virtuosismo gerencial, está muito enganado. Sabe por quê?

- **Porque quando somamos** a conta salários e rateamos igualmente por todas as atividades existentes, não temos como saber se há gente demais ou de menos, se estamos pagando dentro de parâmetros de mercado etc.

- **Porque quando somamos** as contas com os custos indiretos, não temos como controlar o que cada atividade efetivamente gasta, e daí fica difícil uma atitude controladora mais eficaz.

- **Porque quando não sabemos** quais são os direcionadores de custos de cada atividade, não há possibilidade de tomarmos ações gerenciais que tenham eficácia.

- **Porque somente sabendo** o que se gasta podem-se criar mecanismos que reduzam ou evitem os desperdícios, tão comuns quando não se tem controle sobre o que se está fazendo.

Entretanto, devo frisar, mais uma vez, que o grau de precisão ou até mesmo de acurácia está diretamente relacionado com o nível de organização que a Organização tiver. Se ela for pouco organizada, se seus processos não forem documentados, se suas atividades não tiverem procedimentos claramente definidos e, por conseguinte, os empregados não souberem o que, como e quando devem fazer, se a Organização não for suficientemente informatizada, de nada adiantará querer maior ou menor precisão ou acurácia. Será apenas um desejo impossível de realizar.

O ato de controlar os custos referentes às atividades responsáveis por Tecnologia da Informação utilizada pela Organização segue um padrão que se insere no que eu chamo de Regras Básicas de Administração de TI.

Essas regras são simples e objetivas, visando justamente sua operacionalidade, pois não adianta elaborarmos regras complicadas de operacionalizar.

Por que usar ABC?

Para melhor entender os custos que incidem sobre um bem ou serviço, além de auxiliar em:

- Decisões de Preços.
- Decisões de escolha de fontes.
- Decisões sobre Canais de Distribuição.
- Decisões de seleção de Produtos.
- Análise de Atividades.
- Estratégia de Marketing.

Para entender as relações existentes entre Recursos, Atividades, Custo de Produto, o que leva a:

- Melhores Planos de Produção.
- Melhores Orçamentos.
- Exercício de Alternativas.
- Melhor Gerenciamento de Recursos.

Para prover informações de custo sobre Processos e Atividades, a fim de:

- Priorizar projetos de melhoria.
- Priorizar projetos de reengenharia.
- Controlar Programas da Qualidade.
- Entender o Custo da Qualidade.

Para, por meio da análise de Processos e Atividades:

- Minimizar, ou eliminar, atividades que não agregam valor.
- Documentar e Simplificar o Processo.

Para realizar análise de Causa e Efeito entre Custo e Atividade, a fim de:

- Descobrir as oportunidades de redução de custo.
- Otimizar os *Drivers* de Custo.

Fórmulas para cálculo do **ROI** (*Return On Investment*)

Fórmula tradicional

$$ROI = \frac{\text{LL após os impostos}}{\text{Total dos ativos}} = \frac{18.000}{100.000} = 18\%$$

Fórmula DuPont

$$ROI = \frac{\text{LL após os impostos}}{\text{Vendas}} \times \frac{\text{Vendas}}{\text{Total de ativos}} = \text{Margem de LL} \times \text{Giro do total de ativos}$$

$$\text{Margem de lucro líquido} = \frac{18.000}{200.000} = 9\%$$

$$\text{Giro do total de ativos} = \frac{200.000}{100.000} = 2 \text{ vezes}$$

$$ROI = 9\% \times 2 = 18\%$$

3.8 CONCLUSÃO

Neste capítulo, vimos várias regras para administrar corretamente a área de informática em qualquer organização.

Independentemente do tamanho, do tipo, do modelo, de quanto fatura, do que produz, do número de funcionários que tenha a Organização, as regras que vimos devem ser introduzidas como forma de fazer com que a Tecnologia da Informação seja um suporte eficaz para consistentemente alcançar altos índices de produtividade.

Vimos que a base de qualquer administração se chama *organização*, e que ela começa pelo cuidado com os gastos necessários ao funcionamento da informática. Para isso, temos os orçamentos de investimento e operacional.

Sabemos agora que é preciso tomar muito cuidado com os custos desconhecidos, pois eles podem ter um peso considerável nos gastos da área de informática, como, de resto, em qualquer área da empresa.

A partir do conceito de ABC,[17] na introdução deste capítulo, pudemos aprender que somente com o controle sobre cada atividade dos processos de negócio é possível saber com certeza quanto custa produzir o produto fruto desse processo. ABC é a parte econômica de uma metodologia chamada ABM,[18] que tem do lado operacional ferramentas como Kaizen,[19] JIT,[20] TQM[21] etc.

RESUMO GERENCIAL

Neste capítulo, aprendemos que:

> É muito importante que o orçamento de investimento em Tecnologias da Informação esteja alinhado com o planejamento estratégico da Organização.

> Ao montarmos o orçamento operacional de TI, não podemos nos esquecer dos custos, que, na maioria das vezes, passam despercebidos.

> A metodologia ABM tem uma abordagem econômica e outra parte operacional.

> Existem, entre outras, duas fórmulas para cálculo do ROI.

---

17 ABC: *Activity Based Costing*, ou Custeio Baseado em Atividades.

18 ABM: *Activity Based Management*, ou Gerenciamento Baseado em Atividades.

19 *Kaizen*: metodologia para o desenvolvimento de projetos de melhoria contínua.

20 JIT: *Just in Time*, método de fabricação cujo controle se dá pela demanda da linha de produção.

21 TQM: *Total Quality Control*, ou Controle Total da Qualidade.

RESUMO ESQUEMÁTICO
REGRAS BÁSICAS PARA ADMINISTRAR TI

QUESTÕES PARA DEBATE

- Discuta em grupo a afirmação: *ora, se eles não são organizados, como é que querem organizar-nos?*
- Se você é usuário de informática, discuta em grupo sobre suas relações com os profissionais da área.
- Se você é profissional de informática, justifique a posição da área perante os usuários.
- Discuta em grupo qual é a importância da metodologia ABC em qualquer empresa.
- Discuta o papel do executivo de informática na atualidade.

EXERCÍCIOS

1. Devemos, antes de qualquer outra coisa, levantar e analisar com muito cuidado o custo de TI. Qual alternativa está correta?
   a) Qualquer tecnologia é cara, se não for bem utilizada.
   b) Toda tecnologia é cara, se não for bem utilizada.
   c) Nenhuma tecnologia é cara, se não for bem utilizada.
   d) Alguma tecnologia é cara, se não for bem utilizada.
   e) Não existe tecnologia cara.

2. Para controlar os custos de TI, existem dois instrumentos utilíssimos. Quais são eles? Qual alternativa está correta?
   a) O orçamento de investimentos e o orçamento estratégico.
   b) O orçamento operacional e os cálculos de ROI.
   c) O orçamento operacional e o orçamento de despesas com Tecnologia da Informação.
   d) O orçamento de investimentos e o orçamento operacional.
   e) O plano estratégico e o plano tático.

3. O orçamento de investimentos deve ser feito assim que...

Qual alternativa está correta?

a) Os pedidos dos usuários forem recebidos.

b) O plano estratégico da organização for concluído.

c) O plano tático for concluído.

d) O PDI for concluído.

e) O PDS for concluído.

4. Segundo Sakurai (1997), Custeio do Ciclo de Vida é...

Qual alternativa está correta?

a) É um método de apuração do custo de um produto ou de um equipamento durante toda a sua vida útil.

b) É um método de apuração do orçamento de investimentos.

c) É um método de confecção do PDI.

d) É o orçamento de investimentos aplicado na prática.

e) É um método de apuração da vida útil de um produto.

5. Segundo Ellram e Siferd (1999), Custo Total de Propriedade é...

Qual alternativa está correta?

a) É uma abordagem estruturada para se determinar os custos de determinado fornecedor.

b) É uma abordagem estruturada para se determinar os custos totais associados à aquisição e, subsequente, à utilização de determinado bem ou serviço de determinado fornecedor.

c) É uma abordagem estruturada para se planejar a abordagem estratégica.

d) É uma abordagem estruturada para se determinar bens e serviços de determinado fornecedor.

e) É uma abordagem estruturada para se determinar os custos totais associados à aquisição de produtos.

CAPÍTULO 4

AS ONDAS DE TI E SUAS IMPLICAÇÕES

OBJETIVOS DO CAPÍTULO

- Apresentar a evolução das Tecnologias da Informação nestes quase 60 anos de uso pelas Organizações.
- Discutir os principais pontos de diferenciação das Eras de TI.
- Entender como a evolução das Tecnologias da Informação se deu e qual o futuro imediato delas.
- Compreender o alcance e o impacto das Tecnologias da Informação em nossa vida.

PARA COMEÇAR

Desde o início de vida nas organizações, período que chamo de computação comercial, as Tecnologias da Informação chegam até nós em ondas, da mesma forma como as do mar!

Então, como você imagina que estas ondas impactam no nosso dia a dia pessoal e profissional?

As Tecnologias da Informação chegam à nossa vida, e à das organizações, em movimentos cíclicos e, na maioria das vezes, regulares. Basta que cada onda de TI se espraie sobre a "nossa praia" para que logo haja um movimento de refluxo formando outra onda, que continuará a nos atingir de forma continuada, sem nos dar tempo de absorver e utilizar corretamente cada tecnologia.

PENSE NISSO!

As ondas de TI chegam até nós exatamente como as ondas do mar!

As ondas de TI têm nomes variados, e o que elas nos trazem vão, ou foram, de *Mainframes* a *Grid Computing*, de *Office Automation* a SOHO,[22] de *Groupware* a *Business Process Management Systems*, de *Cloud Computing* a *Sky Computing*,[23] de Inteligência Artificial a Realidade Aumentada, e assim por diante, mas seus movimentos são sempre similares, pois surgem, suposta e pretensamente, para resolver problemas, muitos dos quais produzidos por outras ondas de TI, além de outros que nem sequer imaginávamos serem problemas. As ondas de TI arrebentam sobre nós (muitas vezes, literalmente), na praia e nas organizações (quando não arrebentam as próprias organizações), para logo em seguida refluírem a fim de formar novas ondas (Figura 4.1).

Assim como os surfistas das ondas do mar, a maioria dos profissionais da área de TI adora pegar essas ondas, adora surfar nas *buzzwords*,[24] que batizam cada uma delas da mesma forma como são batizados os furacões. Outros, mais desconfiados, preferem assistir da areia aos movimentos de altos e baixos que essas (r)evoluções provocam nas organizações antes de se decidirem se vão ou não surfá-las.

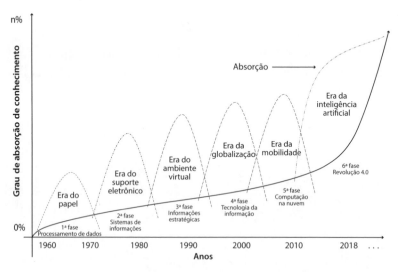

Figura 4.1 Ciclos evolutivos de Tecnologia da Informação.

---

22 SOHO: *Small Office/Home Office*. Respectivamente, pequeno escritório/escritório em casa.
23 *Cloud Computing*: computação na nuvem. *Sky Computing*: computação no céu.
24 *Buzzword*: palavra sonora, jargão, geralmente sem qualquer significado.

Preferi classificar as ondas de TI a partir da década de 1960 porque foi a partir desse momento que a TI efetivamente começou a ser usada pelas empresas. Antes dos anos 1960, somente os laboratórios de pesquisas, as instituições militares e as universidades (poucas) tinham acesso a computadores.

> O *Electronic Numerical Integrator and Computer* (Eniac), em 1946, foi o primeiro computador digital eletrônico de grande escala. Muitos comentam que o primeiro foi o Mark I, mas este era apenas eletromecânico. O Eniac foi criado pelos cientistas norte-americanos John Presper Eckert e John W. Mauchly, da Electronic Control Company.

Entre os anos 1960 e 1970, a ligação dos usuários com as Tecnologias da Informação dava-se apenas por meio de suporte de papel. Os usuários levavam pilhas de formulários preenchidos até um local chamado de CPD, que eram digitados por um setor denominado digitação, e tempos depois voltavam para pegar os resultados que, invariavelmente, eram pilhas de listagens impressas em formulário contínuo. A partir dos anos 1970, começaram a surgir os primeiros terminais de computador. Na aparência, eram semelhantes aos microcomputadores de hoje, só que não tinham capacidade de processamento local e por isso eram ligados a um *mainframe* central (nós os chamávamos de terminais burros).

Sobre o Eniac: https://www.youtube.com/watch?v=6X2B8Z_DCo0. Acesso em: 13 ago. 2019.

Na década de 1980, surgiram os microcomputadores, que, embora limitados, transferiram dos *mainframes* para o usuário final o poder de processamento dos seus dados, ainda que elementar. A partir da década de 1990, a globalização, baseada no avanço dos meios de comunicação e nas novas Tecnologias da Informação, transformou completamente os usuários, e eles passaram de passivos a ativos rapidamente, o que viria a exacerbar-se com a liberação da Internet para a sociedade em geral a partir do início dos anos 1990.

Dertouzos (2001) divide as Eras de TI da seguinte forma: *A Revolução da Informação começou de maneira inocente nos anos 1950 com um punhado de curiosidades de laboratório dedicadas a cálculos matemáticos. Os anos 1960 trouxeram os computadores de tempo compartilhado, usados sequencialmente por dezenas de pessoas para distribuir o alto custo da máquina. As universidades e outras organizações logo descobriram que o verdadeiro benefício não era o dinheiro economizado,*

> *mas as informações compartilhadas por meio do correio eletrônico e das transferências de documentos dentro de cada grupo que dividia a máquina. Os anos 1970 trouxeram a Arpanet, que interligou dezenas de máquinas de tempo compartilhado, principalmente em universidades. Novamente, isso foi feito para dispersar os custos de computação e, outra vez, o benefício real mostrou ser a expansão da comunidade que compartilhava informações, dessa vez alguns milhares de pessoas. A chegada do computador pessoal na década de 1980 tornou o poder da informática acessível a milhões de pessoas, que usavam suas máquinas para trabalho de escritório e para brincar em casa. A Ethernet, que chegou na mesma época, possibilitou a interconexão de centenas de PCs em redes locais, principalmente dentro de organizações. A Internet, já desenvolvida como um método de interconexão de redes de computadores, voltou-se para a demanda crescente de interligação dessas milhares de redes locais. Tais mudanças aumentaram a comunidade de pessoas que podiam partilhar informações por meio do correio eletrônico e da transferência de arquivos para alguns milhões de pessoas. Então, nos anos 1990, quando os avanços da interligação em rede estavam se estabilizando e não parecia possível nada muito grande acontecer, houve a maior mudança de todas: chegou a World Wide Web como uma aplicação de softwares para computadores ligados pela Internet. Ela atingiu a comunidade sempre crescente de usuários interconectados com um salto quantitativo e qualitativo. A criação e a navegação de websites cativou o mundo de tal maneira que o número de usuários interconectados subiu rapidamente até 300 milhões no fim do século XX, conforme eles e o restante do mundo começaram a experimentar o impressionante potencial socioeconômico do mercado de informações.*

Muitas Tecnologias da Informação fracassaram ou fracassam antes de completarem um ano de vida. Algumas fracassam mais, outras menos, principalmente em se tratando de *softwares*. Cada tecnologia criada e colocada à disposição do mercado, em cada um dos ciclos evolutivos de TI, tem uma curva de vida como a que apresento na Figura 4.2. Ou seja, cada um dos ciclos representados na Figura 4.1 carrega dentro de si centenas, milhares de curvas iguais à da Figura 4.2.

As tecnologias compradas pelas organizações são representadas pela "curva das tecnologias que foram 'adotadas' pelo mercado"; e as que não foram compradas ou tiveram vida muito curta são representadas pela outra curva, a "curva das tecnologias que não foram 'adotadas' pelo mercado".

A porcentagem de tecnologias "*hardware*" aceita pelo mercado é, pelas nossas pesquisas, dois terços maior do que a porcentagem das tecnologias "*software*" aceitas. Entre outras causas, a explicação pode estar na palavra "amigável". Inúmeras foram as tecnologias "*hardware*" que permaneceram iguais desde seu nascimento, enquanto o *software* que as faz funcionar mudou, às vezes radicalmente, a cada nova versão colocada no mercado.

Exemplos?

O CD é uma mídia que está rapidamente caindo em desuso, foram, quase, substituídos pelo disco *blu-ray*, que também já está deixando de ser usado, enquanto as novas mídias ganham espaço, tais como as SSD,[25] *pen drives* e as gravações, simplesmente, na nuvem.

Nesses quase 50 anos, como assíduo frequentador dessas praias, por vezes sofrendo os efeitos da arrebentação das ondas de TI, em outras participando diretamente de suas causas e efeitos, acostumei-me às marés tecnológicas assumindo-as como inevitáveis. Entretanto, mesmo considerando-as inevitáveis, também aprendi a defender-me das arrebentações de suas ondas

---

25 SSD: *Solid-State Drive*, ou unidade de estado sólido é um tipo de dispositivo, sem partes móveis, para armazenamento não volátil de dados digitais. Semelhante às utilizadas em cartões de memória e *pen drives*.

e aprendi também, sempre que possível, a defender os que, de alguma forma, dependiam ou dependem das minhas atitudes perante a (r)evoluções de TI.

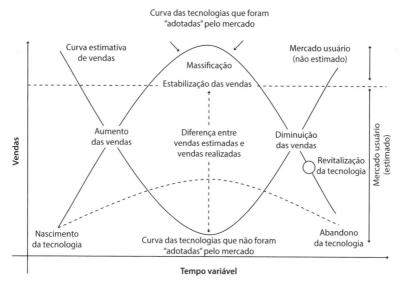

Figura 4.2 Curvas de introdução e aceitação de inovações tecnológicas.

Embora a metáfora das ondas já tenha sido usada por outros autores, uso-a por adequar-se perfeitamente à nossa área de atuação, pois como as do mar, as ondas de Tecnologia da Informação também são recorrentes. O efeito desse movimento é análogo ao das ondas do mar, que leva embora o que encontra pela frente para tempos depois trazer tudo de volta, depositando na areia tanto coisas novas como refugo que o mar rejeita de outras ondas, das quais, na maioria das vezes, nem nos lembramos mais.

Há um grande número de tecnologias que "as ondas de TI trouxeram e levaram embora" e que, de uma hora para outra, foram ou estão sendo trazidas de volta até nossas praias. São tecnologias da informação que não deram certo no passado por diversos motivos, ou porque não cumpriram com o prometido ou porque prometeram, por elas, mais do que elas poderiam fazer.

4.1 TECNOLOGIAS DA INFORMAÇÃO QUE NÃO DERAM CERTO

Entre as tecnologias de TI que não deram certo, mencionamos algumas:

- **Executive Information System (EIS):** este *software*, que nos primórdios dos microcomputadores, por volta dos anos 1980 e 1990, prometia aos executivos possibilitar a elaboração de relatórios gerenciais que lhes permitissem tomar rápidas decisões, não deu certo. Como a organização informacional (bancos de dados, integração de sistemas etc.) não era ainda suficientemente madura para permitir a geração das bases de dados necessárias ao seu perfeito funcionamento, o EIS não "vingou". Hoje, o EIS ressurgiu das cinzas e transformou-se. Agora ele atende pelo nome de *Business Intelligence System* (BIS), mais popularmente conhecido como BI.

- **Data Warehouse (DW):** é outra tecnologia que veio, foi e voltou. Aliás, foi e voltou inúmeras vezes. Hoje, ainda mantém o mesmo nome de *Data Warehouse* e trabalha em conjunto com o *Business Intelligence System*. Enquanto os módulos de DW organizam e executam a estratificação e a extração dos dados existentes nos bancos de dados corporativos, o BI trabalha sobre os dados extraídos resultantes dessas rotinas, isto é, sobre os bancos de dados estratificados, para gerar os relatórios gerenciais.

- **Material Requirement Plan (MRP):** já foi e voltou inúmeras vezes até os dias atuais, transformado agora no "fantástico" *Enterprise Resource Planning* (ERP), que, agora travestido de repositório das melhores práticas organizacionais e administrativas do universo, impinge às organizações sofrimentos até então inimagináveis por nós.

- **Customer Relationship Management (CRM):** cuja onda foi, literalmente, devastadora para algumas organizações, com projetos que devoraram milhões de dólares e reais por terem sido implantados sem análise, desenho, redesenho, modelagem e melhoria dos processos de negócio que capturam informações de clientes e que volta agora com cuidados redobrados por parte das organizações que pretendem utilizá-la.

- **Tecnologias da Informação que substituirão o papel:** vão e voltam na crista de suas próprias ondas e, algumas vezes, são surfadas por gurus que não se cansam de decretar a morte da pasta, mistura de celulose, *pinus* ou eucalipto, que chamamos de PAPEL. Uma das mais recentes promessas vem da Amazon, a ex-maior livraria eletrônica do planeta, agora a maior vendedora eletrônica de bugigangas (*gadgets*) do planeta, que lançou um dispositivo denominado Kindle: *The Amazon's New Wireless Reading Device*, que, entre outras funcionalidades, permite que se comprem livros e jornais eletrônicos pela Internet e que se possa baixá-los e lê-los no Kindle.

- **Grid Computing:** promete o compartilhamento da capacidade de processamento ociosa da rede mundial de computadores, a Internet, mas que ainda não realizou suas promessas por questões como segurança e, paradoxalmente, direitos de uso de compartilhamento dessa mesma capacidade ociosa.

- **Network Computer:** esse era o nome da promessa! Um PC de baixa capacidade de processamento, pouca memória e quase exclusivamente dedicado à Internet e muito barato, a fim de permitir, entre outras coisas, a tão falada inclusão digital. Bom, a promessa jamais se concretizou.

- **Cloud Computing:** promete livrar todos os usuários, pessoais ou corporativos, da incômoda necessidade de ter um HD[26] em sua máquina.

Muitas vezes, as ondas de TI aparecem trazendo não somente tecnologias, mas o *modus operandi* destas.

É o caso do antigo *bureaux* (lê-se birô) de processamento de dados, desconhecido pelos que não viveram as ondas de TI dos anos 1960 e 1970. Os birôs eram centros de processamento de dados terceirizados, que trabalhavam para vários clientes que não tinham recursos para comprar ou alugar um computador. Eles praticamente sumiram quando as máquinas baixaram de preço e se popularizaram, permitindo que um número cada vez maior de empresas pudesse adquirir seus próprios computadores. Pois bem, os birôs estão de volta e são chamados agora

---

26 HD: *hard disk*, disco rígido.

de centrais de operação, centrais de *outsourcing* e de *data centers*. Mesmo o *outsourcing* (terceirização) já passou por várias idas e vindas; foi operacionalizado "fora de casa", "dentro de casa", completo, seletivo, quarteirizado, em movimentos de fluxo e refluxo característicos do mundo de TI, até chegar aos dias atuais com o nome de *Business Process Management* (BPM) e *Knowledge Process Management* (KPM).

Há aproximadamente 20 anos, a vida útil de qualquer tecnologia era medida entre cinco e dez anos. Esse era o tempo que um computador levava para tornar-se obsoleto. Hoje, a obsolescência dos computadores aparece em torno dos três anos (e o tempo continua diminuindo). É claro que qualquer máquina pode continuar a ser usada mesmo depois que outra de tecnologia mais avançada tiver decretado sua obsolescência, entretanto, existe um preço a pagar por querer continuar a usar uma tecnologia ultrapassada.

Por um lado, não se conseguirá executar os novos *softwares*, que misteriosamente requerem mais espaço em disco, em memória RAM[27] e mais velocidade de processamento. Por outro lado, tecnologia ultrapassada muitas vezes leva a empresa à perda de competitividade e, consequentemente, de lucratividade. Por isso, é preciso medir cuidadosamente os ganhos e as perdas por continuar usando determinada tecnologia, ou trocar por uma nova.

Isso não é tarefa fácil!

Tomemos como exemplo uma empresa que vende seus produtos de forma tradicional, isto é, por meio de uma loja, estabelecida em uma rua qualquer, e que fica aberta uma quantidade de horas por dia. Essa loja tem vendedores para atender aos clientes, mostruários com grande variedade de itens. Gasta luz, água, telefone etc. Quer essa loja esteja na rua ou em um *shopping center*, qualquer usuário começa a reclamar da distância que fica de sua casa, da dificuldade para estacionar o carro, da violência, do frio, do calor etc.

Um dia, a empresa descobre que é atual e muito vantajoso montar uma loja virtual, eletrônica, na maior rede de computadores do planeta: a Internet.

Grande ideia, se não fosse por um pequeno detalhe: a empresa passa a vender por meio da Internet com a mesma estrutura de apoio a vendas que tinha para atender à loja tradicional. Resultado: não vai funcionar.

Se a empresa mudar apenas a tecnologia e continuar a realizar as atividades da mesma forma como elas eram realizadas com a tecnologia antiga, além de não garantir o sucesso do investimento, pode ir à falência.

No caso da empresa que quer passar a vender por meio da Internet, uma das principais preocupações deve ser com o apoio que esse tipo de venda deve ter internamente. Por exemplo:

- É preciso que o programa criado para vender pela Internet seja de fácil manuseio por parte de quem quiser fazer uso dele. Por exemplo, que, entre outras facilidades, tenha uma cesta de compras em que o cliente vai acumulando os itens comprados automaticamente.

- Que a *home page* da empresa seja atraente, sem poluição visual e de fácil navegação para qualquer tipo de usuário.

---

27 Memória RAM, em inglês, significa *Randomic Access Memory*. Em português, memória de acesso randômico. É a memória principal de qualquer computador.

68 SISTEMAS DE INFORMAÇÕES GERENCIAIS E OPERACIONAIS | CRUZ

- Que essa mesma HP[28] seja programada corretamente, sem um número exagerado de *gifs* animados, nem *applets* Java que sobrecarregam o tráfego na rede, para que não demore em aparecer no equipamento de usuário.[29]

- Que o processo de venda tenha sido organizado de forma a tratar e atender rapidamente aos pedidos dos usuários desse tipo de canal de vendas.

- E, principalmente, que seja um *site* seguro.

Esses são alguns pontos que devem ser resolvidos antes que a empresa exponha sua marca em um canal que, diferentemente dos canais tradicionais de distribuição e vendas, abrange literal e instantaneamente o mundo todo.

4.2 A EVOLUÇÃO DO HARDWARE

Existem diversos fatores que contribuem para criar as ondas de TI, mas indubitavelmente um dos mais importantes é a própria indústria de TI, embora deva reconhecer que pesquisadores ligados ou não à Academia também têm sua parcela de responsabilidade pela formação de alguns *tsunamis*.

Em 1996, Nicholas Negroponte, do MIT, em uma entrevista à revista *Isto É*, nos mostrou um desses fatores e como as ondas de TI são formadas por sua própria indústria.[30]

> Isto É – É preciso microcomputadores cada vez mais rápidos como o Pentium Pro?
>
> NN – Não. Mas a coisa funciona assim. Andy Grove, (à época) o dono da Intel, lança um computador mais rápido. Em seguida Bill Gates, o da Microsoft, faz programas que precisam de mais capacidade. Então, Grove faz um *chip* mais potente, aí Bill Gates usa toda a velocidade disponível e pede mais. E assim por diante. O que se ganha com esses PCs e *softwares* cada vez mais poderosos? Quase nada! Cada atualização de um programa traz dezenas de aplicativos que ninguém usa, nem precisa.
>
> Isto É – Por que as empresas continuam lançando estes produtos e não micros mais baratos?
>
> NN – Os micros, mesmos os de última geração, poderiam custar US$ 200.[31] Mas seus preços são mantidos artificialmente em US$ 1.500, que é um preço acessível ao consumidor americano. Assim, os fabricantes vendem dez milhões de micros por ano nos Estados Unidos com enorme lucro. Com o aumento da produção do 386, seu preço caiu abaixo de US$ 1.500 e a indústria lançou o 486. Quando a produção deste explodiu, veio o Pentium. E agora é a vez do Pentium Pro, como daqui a três anos acontecerá o mesmo com o Pentium 4, 5, 6, 7.

---

28 HP: *home page*, é a abreviatura universalmente usada no jargão da comunidade internauta.

29 Usuário da Internet não tem muita paciência para esperar. Quando uma HP está demorando para ser carregada, ele simplesmente interrompe sua carga e tenta carregar outra.

30 Reprodução de parte do meu livro *Manual de sobrevivência empresarial*. São Paulo: Atlas, 1996.

31 Em 2005, Negroponte, que continua no *Media Lab* do MIT, veio ao Brasil apresentar ao governo seu projeto de computador de US$ 100, que não deu certo.

CAPÍTULO 4 | AS ONDAS DE TI E SUAS IMPLICAÇÕES **69**

É necessário entendermos a evolução do *hardware* e como essa (r)evolução influenciou e continua influenciando a formação das ondas de TI. Por ordem cronológica, o *hardware* é o primeiro a ser criado, para só então o *software* ser desenvolvido.

Resumidamente, podemos dividir a história da vida dos computadores dentro das organizações, que chamo de Computação Comercial, em duas fases distintas, representadas pela capacidade de processamento dos computadores (Figura 4.3):

- **Máquinas monoprocessamento:** a capacidade de tratamento da informação era compartilhada de forma cronológica e sequencial por dezenas de usuários para distribuir o alto custo do equipamento. Esses computadores eram centralizados em um local chamado Centro de Processamento de Dados (CPD), para onde todos os usuários enviavam ou levavam seus dados por meio de formulários e planilhas preenchidas a mão para serem digitados e gravados em uma mídia (cartão perfurado, disquete etc.) que pudesse ser lida pelos computadores para serem processados.

- **Máquinas multiprocessamento:** a capacidade de tratamento da informação passou a ser compartilhada em tempo real por dezenas, centenas de usuários e cujos primeiros modelos ainda ficavam centralizados no CPD. Com o surgimento da computação distribuída ao final dos anos 1980, essas máquinas passaram a não mais estar centralizadas no CPD e cada usuário pôde enfim se libertar, até certo ponto, do domínio do pessoal da área de informática.

Embora existam inúmeras outras classificações, pois cada autor faz a classificação que melhor se ajuste aos seus propósitos de escritor, eu prefiro dividir as máquinas em mono e multiprocessamento, porque foi essa característica que, a meu ver, mudou o comportamento dos usuários de TI, as organizações e a própria computação comercial. Além disso, para o propósito deste livro, nos interessa caracterizar a história dos computadores pelo uso que as organizações fizeram e fazem deles.

As **máquinas monoprocessamento** foram os computadores que existiam nos primórdios da computação comercial. Aqueles computadores executavam sistemas operacionais *monotask* **e com** *pipeline* (execução da sequência de instruções básicas do sistema operacional) horizontalizado e sem sobreposição ou recorrência. Nessas máquinas, cada sistema tinha que ser processado em ordem estritamente cronológica, o que obrigava aos analistas de sistemas a criá-los de forma lógica e cronológica, uns após outros.

Quem dominava o mercado naquela época eram os assim chamados quatro grandes fabricantes de *mainframes* (décadas de 1960 e 1970): a IBM, a Burroughs, a Univac, todas norte-americanas, e a CII Honeywell Bull, francesa, mas que tinha participação do grupo americano Honeywell Information Systems (HIS). Hoje, a Honeywell Controllers, remanescente do grupo Honeywell, é a única empresa, das duas que existiam naquela época no grupo Honeywell, que se manteve e virou líder do mercado de automação.

Por serem computadores do tipo monoprocessamento, eles eram, também, monousuários. Essas máquinas tinham sistemas de arquivamento de dados simples, eram sequenciais, ou, tempos depois, no máximo, com indexação direta a partir do endereçamento físico dos arquivos nos discos magnéticos (por meio da referência espacial cilindro e trilha de cada disco). Essas máquinas, embora monoprocessassem os trabalhos a elas submetidos, podiam ser e eram usadas sequencialmente por vários usuários.

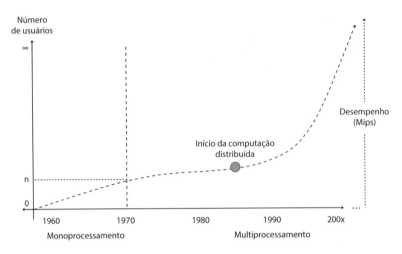

Figura 4.3 As duas fases da história dos computadores nas organizações.

As máquinas multiprocessamento foram os computadores que vieram nas "ondas de TI" posteriores. Máquinas com sistema operacional *multitask*, *pipeline* múltiplo. Além de processarem separadamente supervisores de redes de comunicação de dados, possibilitavam que centenas, em alguns casos milhares, de terminais fossem conectados a elas, permitindo com isso que incontáveis usuários usassem os sistemas de informações ao mesmo tempo.

Os sistemas de informações, por sua vez, chamavam-se sistemas transacionais. Isto é, processavam transações e tinham por base sistemas de arquivamento de dados bem mais sofisticados, como os bancos de dados que a princípio foram estruturais, hierarquizados, e depois evoluíram para os bancos de dados relacionais.

Por serem multiprocessamento, os computadores eram também máquinas multiusuários, concomitantes. Algumas das máquinas que iniciaram essa geração foram, entre outras, os sistemas 370 da IBM, a série 60/64 e 60/66 da Honeywell Bull e a série B6000 da Burroughs (não incluí aqui os sistemas da Univac por ter sido ela comprada pela Burroughs nos anos 1970).

Na computação comercial, a transição de uma fase para outra se deu de forma abrupta, pois as máquinas da fase monousuário foram substituídas pelas máquinas multiusuários quando a vida útil das primeiras expirou. Foi essa (r)evolução do *hardware* que, a meu ver, deu origem à situação em que nos encontramos hoje.

Situação que eu chamo de **Desorganização Informacional!**

Resumidamente, os acontecimentos foram os seguintes.

Primeiro, vieram os computadores construídos com milhares de válvulas, que faziam as vezes dos atuais circuitos impressos na função de computar dados. Dessa geração, os mais famosos representantes foram o Eniac e o Edvac. Não era uma computação disseminada por grande número de organizações, pois eram máquinas muito caras e apenas os organismos militares e os institutos de pesquisa universitários e governamentais a utilizavam. Embora tenha sido uma

CAPÍTULO 4 | AS ONDAS DE TI E SUAS IMPLICAÇÕES **71**

geração de computadores de importância fundamental para os nossos dias, não provocou nenhuma revolução na administração e na operação das organizações, simplesmente porque eles não foram usados pelas organizações. Consequentemente, também não contribuíram para a Desorganização Informacional dos nossos dias.

A segunda geração de computadores trouxe algumas (r)evoluções tecnológicas, pois estes passaram a possuir memória de núcleo magnético em vez de válvulas. Essa geração foi a primeira a ser usada por organizações, independentemente do tipo da empresa, embora a quantidade de computadores existente nas organizações fosse muito reduzida, uma vez que as máquinas eram caras, complexas e de operação e manutenção extremamente delicadas.

Logo que surgiram, algumas dessas máquinas eram "programadas" na própria placa[32] da CPU,[33] por meio de pinos que, ao serem "espetados", conectavam ou desconectavam os "circuitos" que processavam os dados contidos nas massas de cartões com as quais as máquinas eram "alimentadas" para o trabalho. Eram máquinas que "engoliam" conjuntos de instruções e dados para processamento em um mesmo lote (processamento *batch*) de cartões e o máximo que faziam eram cálculos básicos, além de classificar, intercalar e classificar dados, para depois imprimirem grandes listagens resultantes dessas operações.

No início da vida dos computadores dentro das organizações, eles eram chamados pelos usuários de "cérebros eletrônicos". O local onde os tais "cérebros" ficavam eram construídos com especificações rigorosas de temperatura e umidade. A temperatura só podia variar entre 18°C e 22°C, e a umidade relativa do ar devia ser de no máximo 60%. Esse tipo de máquina fazia muito pouco em comparação com os equipamentos atuais, mas foi responsável por uma das primeiras (r)evoluções que as organizações viriam a sofrer na forma de operacionalizar alguns "processos" administrativos.

Por exemplo, antes desses "cérebros eletrônicos", a folha de pagamento de qualquer organização era feita a mão! Assim como esta, algumas outras tarefas foram paulatinamente sendo assumidas por tais máquinas. A entrada de dados nesses computadores dava-se por meio de um dispositivo chamado leitora de cartões perfurados, que eram de dois tipos: os de 96 colunas (usados pela IBM) e os de 80 colunas (usados pelos outros fabricantes de *mainframes*).

Lembro-me que, no início, os cartões perfurados não tinham tradução literal dos furos contidos neles, e que uma das incríveis novidades daqueles tempos foi o aparecimento de uma máquina, apelidada por nós de "sorveteira", pela característica de seu tamanho e seu formato, que tinha a função de ler a massa de cartões e imprimir na borda superior de cada um a tradução literal dos furos contidos neles. Ah! Você não imagina que avanço e que alívio para nós, analistas e programadores daquela época, o que significou ter todos os cartões traduzidos, pois quando uma massa de cartões (que podia chegar a centenas deles) caía no chão e embaralhava-se era um suplício pôr tudo na ordem novamente sem a impressão do significado dos furos em cada cartão. Se bem que existia um dispositivo, chamado de intercaladora-classificadora, que fazia esse trabalho, mas tais máquinas eram caras e só se justificavam economicamente em clientes com grandes volumes de cartões e de processamento.

Computadores dessa época também monoprocessavam os "sistemas de informações" (que, a rigor, eram coleções de programas que apenas encadeavam cálculos simples e operações lógicas, além de classificação e intercalação dos dados neles contidos) que nelas eram introduzidos

---

32 Como o GAMA 10 da GE Bull.

33 *Central Processor Unit.*

72 SISTEMAS DE INFORMAÇÕES GERENCIAIS E OPERACIONAIS | CRUZ

por meio das massas de cartões. Além disso, todo o processamento era centralizado no CPD, que, também, era o responsável pelo correto sequenciamento dos programas que faziam parte dos sistemas.

Com o surgimento desse tipo de computador foram plantadas as primeiras sementes do caos informacional que vivemos hoje. Os usuários começaram a abrir mão de uma parte de seu conhecimento, e do domínio sobre ele, em favor do processamento dos dados que realimentava esse mesmo conhecimento após os dados terem sido processados. Assim, aqueles usuários que "processavam" dados enclausurados em suas escrivaninhas pouco a pouco passaram a prepará-los para serem processados pelos Centros de Processamento de Dados (CPD) da organização. Como consequência, houve o surgimento de dois tipos de dados e informações: os que ficavam na posse dos seus "donos" e os que eram enviados para processamento no CPD; isto é, dados que a partir daí caíam em domínio público nas organizações. O problema é que, muitas vezes, o usuário sonegava informações, com medo de "perder o emprego", e com isso provocava várias situações de estresse. Aliás, nada muito diferente do que vemos existir ainda hoje na maioria das organizações.

Muitas pessoas ainda não entenderam que poder tem quem sabe usar o conhecimento que tem, não quem o esconde.

4.3 A SEGUNDA FASE DA SEGUNDA GERAÇÃO

A segunda fase da segunda geração de computadores, na computação comercial, foi construída em cima de ideias avançadas, uma das quais possibilitou o processamento transacional dentro das organizações, disponibilizou alguns periféricos que facilitaram a vida dos programadores e operadores de computadores, como consoles centrais interativas e os discos magnéticos fixos e removíveis de grande capacidade para aquela época. A memória principal aumentou de tamanho, e começaram a aparecer máquinas com arquiteturas sofisticadas, com CPUs[34] modularizadas, o que possibilitava que fossem expandidas sem a necessidade de trocar todo o computador.

Os principais módulos daqueles computadores eram a própria Unidade Central de Processamento, chamada de *Central Processor Unit* (daí o termo CPU usado até hoje), a Unidade de Processamento Aritmético e Lógico (*Arithmetic and Logic Unit* – ALU), a Unidade de Tratamento de Entradas e Saídas (*I/O Unit*) e, em pouco tempo, apareceram as memórias cache, que agilizaram o processamento dos dados por permitir que eles fossem carregados dos discos para essa área de acesso muito mais rápido e daí fossem transferidos para a memória central (CMU)[35] para serem processados pelas instruções dos programas carregadas na CPU. A partir dessa arquitetura sofisticada, apareceram também os códigos chamados *firmware*, que são instruções gravadas em memórias não voláteis de acesso rapidíssimo cuja finalidade é processar outras instruções, como, por exemplo, as de supervisão e integração dos diversos periféricos do computador. O *firmware*, ainda hoje utilizado, é um tipo de memória pré-gravada

---

34 CPU: *Central Processor Unit*, ou Unidade de Processamento Central. Embora o termo CPU seja usado para designar genericamente o móvel central de qualquer computador, agora popularizado com o advento dos micros, essa unidade é a responsável por executar as instruções de *software* que devem processar os dados de qualquer programa.

35 CMU: *Central Memory Unit*, ou Unidade Central de Memória.

com instruções que se encarregam de ordenar o ambiente geral do computador. Por exemplo, controlar as entradas e saídas de dados e instruções de programas de/e para os periféricos de entrada e saída, para a memória central e a unidade central de processamento.

Esses computadores introduziram sistemas operacionais recorrentes (processamento repetitivo de instruções), que permitiam o multiprocessamento de sistemas de informações de forma paralela, possibilitando que vários usuários usassem ao mesmo tempo a capacidade de processamento da máquina.

A partir da introdução desses computadores, a Desorganização Informacional acentuou-se progressivamente, pois foram eles que possibilitaram a criação das *networks*, as redes de terminais "burros",[36] que, como tentáculos, estendiam-se por toda a organização. Então, o universo informacional existente nas empresas, que era "naturalmente organizado", uma vez que os dados eram preparados pelos funcionários para serem digitados e processados pelo Centro de Processamento de Dados (CPD), foi gradativamente se desorganizando na mesma velocidade e proporção com as quais os dados passaram a ser introduzidos (preparados, digitados) e processados sob a supervisão direta dos próprios usuários, isto é, sem qualquer controle da organização, a não ser as programadas nos sistemas de informações. Entretanto, por serem centralizadores, porque os dados ficavam em discos compartilhados por todos os sistemas, tais computadores ainda possibilitavam alguma coerência informacional entre todos os usuários de um mesmo sistema, e até mesmo entre usuários e sistemas diferentes, mas mutuamente complementares.

4.4 A TERCEIRA GERAÇÃO

Essa geração de computadores introduziu dois novos tipos de máquinas: os computadores *superminis* e os microcomputadores.

Os computadores chamados *superminis* introduziram duas variáveis até então inexistentes no mundo de TI: a possibilidade concreta de mais e mais empresas possuírem um computador *general purpose*,[37] e o processamento distribuído, possibilitado pela arquitetura de *software* que ficou conhecida como cliente-servidor (*client-server*). O surgimento desse tipo de arquitetura, aliado à popularização dos microcomputadores, expandiu as fronteiras da indústria de *software*, que antes restringia-se aos produtos dos fabricantes de *mainframes* e/ou aos produtos desenvolvidos sob estrito controle destes para serem executados nos *mainframes*, uma vez que os sistemas operacionais (SO) das grandes máquinas eram proprietários, ou seja, eram exclusivamente feitos para cada fabricante ou por ele, para cada tipo de máquina, diferentemente do que é o Windows hoje, que pode ser executado em máquinas de qualquer fabricante, até porque a arquitetura básica dessas máquinas, os microcomputadores, é a mesma (salvo raríssimas exceções) para todos os fabricantes de micros.

---

36 Os processadores desses terminais, conhecidos como z80 e z8080, só processavam instruções pertinentes às suas próprias funcionalidades. No Brasil, esses terminais eram fabricados pela Scopus e, depois, também pela TDA.

37 Assim chamados porque podiam ser usados para qualquer propósito.

4.5 RESUMO DAS DUAS FASES DA COMPUTAÇÃO COMERCIAL

- **Fase monoprocessamento:**
  - Baixa capacidade de processamento.
  - Sistemas construídos com módulos encadeados por dependência lógica.
  - Baixa utilização de meios magnéticos para arquivamento de dados.
  - Usuários ligados indiretamente aos computadores.
  - Entrada e saída de dados e informações por meio dos centros de processamento de dados (CPDs).
  - Baixo volume de dados e informações processadas.

- **Fase multiprocessamento:**
  - Alta capacidade de processamento.
  - Sistemas construídos com módulos encadeados por dependência lógica, cronológica e funcional.
  - Alta utilização de meios magnéticos para arquivamento de dados.
  - Usuários ligados diretamente aos computadores.
  - Centros de processamento de dados passaram a ser responsáveis apenas pela operação e manutenção dos recursos computacionais.
  - Alto volume de dados e informações processadas.

4.6 A COMPUTAÇÃO DISTRIBUÍDA

Essa foi uma das causas que mais contribuíram para o agravamento da Desorganização Informacional (DoI), tanto nas organizações, como na nossa vida particular. Sem outras análises, é possível atribuir à computação distribuída a exacerbada proliferação de dados e informações que nos afligem atualmente (sem falarmos na Internet, que introduziu novos paradigmas para a DoI).

É fácil entender o porquê dessa minha afirmação.

Pense, de forma análoga, o que acontece com qualquer um de nós, dentro de nossa casa, quando não somos organizados o bastante ou quanto deveríamos ser para colocarmos tudo em ordem.

O que acontece?

Nunca sabemos onde está a chave do carro, simplesmente porque há muitos lugares onde podemos colocá-la.

E as gavetas, então?

Quantas temos e quantas usamos para espalhar tudo o que queremos ou necessitamos guardar?

E todos aqueles documentos importantes, como as certidões, os diplomas, as cópias reprográficas do CPF, do RG, o título de eleitor etc.?

Onde estão eles quando necessitamos?

Pois é!

No mundo das organizações, acontece a mesma coisa, mas com um agravante: a gente não consegue procurar a olho nu tudo o que queremos ou necessitamos encontrar nos computadores, e isso torna a nossa busca extremamente difícil, muitas vezes complexa, demorada e, por isso, cara.

A computação distribuída foi desenvolvida por fabricantes como a Hewlett-Packard (HP), a Digital Equipment Corporation (DEC) (adquirida pela Compaq, que depois foi comprada pela HP), para fazer frente, entre outros objetivos, à hegemonia da IBM, praticamente a última dos grandes fabricantes de *mainframes* que existiram no passado.[38]

Foi a computação distribuída que proporcionou aos usuários finais de TI o "completo domínio (?)" sobre seus dados, informações e conhecimentos funcionais (e pessoais), mas, em contrapartida, acelerou a Desorganização Informacional, provocando o maior caos documental de que a raça humana tem notícia até hoje.

Entretanto, além de possibilitar aos usuários o domínio sobre seus dados e informações, a computação distribuída, por descentralizar os recursos computacionais, foi uma das responsáveis por revelar à própria organização seu *modus operandi*, ou seja, foi a partir dela que os processos de negócio passaram a ser vistos, reconhecidos, entendidos e gerenciados.

Não foi por acaso que Michael Hammer lançou, em 1990, o libelo em favor da reengenharia e, pouco tempo depois, juntamente com James Champy, escreveu o famoso livro sobre o tema. E nem foi por acaso que Davenport embarcou na pregação em favor da organização e da melhoria dos processos de negócio. Todos são oriundos da área de TI e se basearam na computação distribuída para reforçar as ideias que já haviam sido defendidas por outros, principalmente por Deming, com o ciclo PDCA, e Juran, com a espiral da qualidade.

Assista a uma excelente explicação, lúdica, sobre reengenharia de processo neste exemplo do filme Monstros S.A.: https://www.youtube.com/watch?v=O0JDTb9UZSM. Acesso em: 13 ago. 2019.

Convém relembrar que, na computação centralizada, todos os usuários estavam ligados a um computador central, dependiam dos analistas de sistemas e dos programadores para desenvolverem e para programarem "seus" sistemas de informações, mesmo os mais simples, e o CPD tinha total domínio sobre os recursos computacionais disponíveis na organização. Esse *modus operandi* impedia que as organizações enxergassem a si mesmas como um todo, pois cada funcionário em cada área enxergava somente o seu pedaço. Salvo, é claro, raras exceções,

---

[38] Sem nos esquecermos dos fabricantes japoneses, que continuaram a construir máquinas desse porte, mas que não tinham presença significativa junto ao mercado de computação comercial.

76 SISTEMAS DE INFORMAÇÕES GERENCIAIS E OPERACIONAIS | CRUZ

como a área de produção nas manufaturas discreta e de transformação, que desde a Revolução Industrial já havia entendido que sem processos, mesmo que informalmente organizados, não há como produzir nenhum produto.

Entre as décadas de 1960 e 1970, surge uma ideia que podia ter dado certo e, até mesmo, ter contribuído para organizar os processos, primários e secundários, e ter, quem sabe, evitado o descontrole que se seguiu a partir da computação comercial, mas aquela ideia não conseguiu, por inúmeros motivos, cumprir corretamente sua finalidade. Seu nome: O&M.

Então, enquanto os processos fabris se organizavam mais e mais a cada dia, os processos administrativos se desorganizavam, muitas vezes, em uma proporção maior.

No início da computação distribuída, não havia *softwares* que permitissem às organizações colocarem os conceitos de *office automation* em prática. Esse fato, se, por um lado, retardou a proliferação de um tipo de ocorrência que hoje se encontra espalhada por toda a organização e é uma das piores manifestações da Desorganização Informacional – os chamados "arquivos do usuário" – por outro, fez com que o conceito cliente-servidor demorasse a ser adotado pelas organizações. Entretanto, a partir do surgimento dos aplicativos que permitiram a criação dos "arquivos do usuário", manifestação importante da DoI, vários estudiosos e pesquisadores começaram a tratar de um tema bastante atual: as informações desestruturadas, aliás, estudos ligados ao surgimento do BPM.

A computação centralizada, com máquinas multiprocessamento, introduziu o contato direto dos usuários com os *mainframes*, por meio de terminais chamados por nós de "burros", porque estes não tinham capacidade de processamento; mas foi somente com o surgimento da computação distribuída que os usuários passaram a ter maior liberdade em relação ao domínio do CPD para assumirem de vez o controle sobre os recursos computacionais que as organizações passaram a possuir.

Claro, os grandes fabricantes de Tecnologias da Informação não somente fomentaram e incrementaram, como também pressionaram as organizações para que elas adotassem o modelo computacional de computação distribuída – arquitetura cliente-servidor. Isso porque possibilitou à indústria de TI a venda de milhões de computadores em todo o mundo. Para tanto, os grandes fabricantes de tecnologias "criaram", "desenvolveram" e encorajaram o surgimento de formadores de opinião que pregavam que a computação distribuída era "A" revolução, "A" solução, que possibilitaria às organizações quebrarem paradigmas, estarem à frente de seus concorrentes, serem inovadoras. E todos nós sabemos que não é nada disso; que nenhuma tecnologia servirá para alguma coisa se não tivermos, além de uma ideia na cabeça e um computador na mão,[39] planejamento e soubermos nos organizar para implantar e utilizar a tecnologia.

Também não foi por acaso que empresas como a HP investiram em especialistas que escreveram livros nos quais pregavam as maravilhas desse novo (à época) tipo de computação e chamavam a atenção das organizações para a quebra de paradigma que a computação distribuída – arquitetura cliente-servidor – iria proporcionar-lhes.

Lembro-me, pois ainda trabalhava na HP, quando a computação distribuída foi lançada em escala comercial, na década de 1980, que começaram a surgir também diversos *softwares* que exploravam o conceito de cliente-servidor, ou computação em três camadas (*three tier computing*). Essa divisão na utilização dos computadores por tipos diferentes de processamento

---

39 Parafraseando o cineasta Glauber Rocha, expoente do Cinema Novo, que dizia que fazer filme era fácil: bastava ter uma ideia na cabeça e uma câmera na mão!

exigia novos e constantes investimentos em *hardware* e em *software*, o que, por algum tempo, salvou muitos resultados financeiros e operacionais dos fabricantes de tecnologias da informação, além de ter alavancado a carreira de muito executivo da área.

Nós, no Brasil, na década de 1980, ainda sofríamos os efeitos de uma política de informática que premiava uns poucos em detrimento da maioria e, principalmente, do desenvolvimento do País. Por isso entramos muito lentamente na era da computação distribuída, o que, de certa forma, deixou vários e importantes segmentos industriais defasados em relação aos concorrentes estrangeiros. Esse tipo de "proteção", que o Brasil deu à indústria nacional de computadores, foi determinante para a falência de muitas empresas, em vários segmentos industriais, e perdurou até o início de 1990, quando Fernando Collor de Mello decidiu abrir os portos às importações.

4.7 NOVAS TECNOLOGIAS DA INFORMAÇÃO

As novas tecnologias da informação impõem novas e constantes mudanças de atitude às organizações. Não existe escapatória: ou as organizações adotam e usam corretamente essas novas tecnologias ou estarão fadadas a desaparecer, dando lugar para empresas que as saibam usar. Com isso, certamente estas últimas irão alavancar seus negócios.

Entre as novas tecnologias da informação, destacam-se:

- **Robotic Process Automation (RPA):** a RPA é basicamente uma inteligência artificial, um *software*, aliado a uma máquina capaz de executar um processo de negócio (*business process*), de maneira automática. Dentro destes processos, as tarefas devem ser repetitivas, escaláveis, com regras de negócio rígidas e muito bem definidas. Tais processos devem processar grandes volumes para que a implantação da RPA seja economicamente rentável. Nesse caso, automação de processos, os robôs são as máquinas controladas por essa inteligência artificial, que envia informações sobre o que deve ser feito e como. No caso de uma esteira de produção, por exemplo, a RPA pode controlar a velocidade da esteira e a precisão de corte, além de definir os parâmetros de parada e demais detalhes do funcionamento.

- **Impressoras 3D:** as impressoras 3D são capazes de "imprimir" qualquer objeto. Literalmente, elas criam modelos 3D de órgão do corpo humano ou de qualquer animal, aviões, barcos, armas de fogo que atiram de verdade... Tudo pode ser impresso em um modelo 3D. Ainda custam muito caro e, por algum tempo, não serão para uso doméstico, mas o preço está caindo na mesma proporção que a qualidade das impressoras 3D aumenta.

- **Edição dos genes humanos:** existem várias doenças que já nascem conosco. São as doenças transmitidas pelos genes de nossos pais e de nossas famílias. Graças ao melhor entendimento do genoma humano e das mutações genéticas, médicos e cientistas já podem detectar sinais de diversas doenças com antecedência. Agora, busca-se aprimorar a técnica de "consertar" estes genes ou, como os especialistas estão chamando esta atividade, editá-los, como editamos qualquer texto no Word, no Facebook etc. Várias empresas de biotecnologia já receberam fundos para pesquisar possíveis tratamentos, como a Bluebird Bio e a Juno Therapeutics, já beneficiadas com US$ 116 e US$ 120 milhões, respectivamente.

- **Estoque e produção de energia solar:** ainda não podemos estocar vento, mas já é possível produzir e armazenar energia solar. A maioria dos painéis solares só alcança 44% de eficiência, e grande parte ainda sequer alcança esse número. Muita coisa ainda precisa ser aperfeiçoada para que os painéis solares possam ser usados em larga escala, algo previsto para 2025. De acordo com o cientista David Mills, a energia solar tem potencial para competir diretamente com os combustíveis fósseis em um futuro muito próximo. Além disso, o custo dos painéis vem diminuído drasticamente, e isso contribui para seu uso em larga escala. Segundo Mills, os painéis solares podem realmente mudar o modo como o mundo consome energia. Em breve, será possível estocar energia solar por meio de novas tecnologias de armazenamento de energia.

- **Drones:** os *drones* vieram para ficar, passando de moda a utilização normal em diversos setores da economia. Seu uso vai do esporte a atividades na área de ciência, agricultura de precisão e segurança. O termo correto para se referir a eles é veículo aéreo não tripulado (*unmanned aerial vehicle* – UAV). Os *drones* popularizaram o que de mais atual existe no domínio da aeronáutica e da robótica, realizando ações que nenhum ser humano poderia realizar.

E, por fim, mas não menos importantes:

- **Internet das Coisas (*Internet of Things* – IoT):** a promessa da Internet das Coisas é acelerar a revolução que deu origem à globalização da era contemporânea: o desenvolvimento das TICs, ou seja, as tecnologias da informação e da comunicação, que serão providas de sensores *wireless* e dos produtos da avançada nanotecnologia. Espera-se que, em 2025, os carros, as casas e os diversos tipos de aparelhos estejam diretamente conectados, e já popularizados, em inúmeros países. Até 2022, prevê-se que mais de 50 bilhões de objetos se liguem à Internet desse modo. Quando tudo estiver conectado, imagina-se que teremos um grande avanço no campo de inteligência artificial e da robótica – e os robôs se tornarão muito mais acessíveis e baratos. Os objetos irão se ligar de modo sensorial e inteligente, trazendo todos os benefícios da informação integrada.

- **Inteligência Artificial – IA (*Artificial Intelligence* – AI):** é um ramo da ciência da computação que se propõe a elaborar dispositivos que simulem a capacidade humana de raciocinar, perceber, tomar decisões e resolver problemas, enfim, a capacidade de ser inteligente. Esta área da ciência foi impulsionada com o rápido desenvolvimento das Tecnologias da Informação, permitindo que novos elementos sejam rapidamente agregados à IA.

Iniciada dos anos 1940, as pesquisas eram desenvolvidas apenas para procurar encontrar novas funcionalidades para o computador em projetos para uso militar. Com o advento da Segunda Guerra Mundial, surgiu também a necessidade de desenvolver a tecnologia para impulsionar a indústria bélica. Com o passar do tempo, surgem várias linhas de desenvolvimento da IA, uma delas é a biológica, que estuda o desenvolvimento de conceitos que pretendiam imitar as redes neurais humanas. Na década de 1960, esta ciência recebe a alcunha de Inteligência Artificial, e os pesquisadores da linha biológica acreditavam ser possível máquinas realizarem tarefas humanas complexas, como raciocinar.

Hoje, ao final da década de 2010, vemos a IA sendo usada de forma corriqueira em aplicativos e situações do dia a dia. São várias as aplicações na vida real da Inteligência Artificial: jogos, programas de computador, aplicativos de segurança para sistemas informacionais, robótica, dispositivos para reconhecimentos de escrita a mão, reconhecimento de voz, reconhecimento facial, programas de diagnósticos médicos, entre muitas outras aplicações.

Os robôs são a personificação da aplicação da IA, embora haja cientistas e pesquisadores que alertem para os perigos de termos máquinas cada vez mais evoluídas e, até mesmo inteligentes, por meio de outra tecnologia chamada *Machine Learning*, que daria às máquinas a capacidade de aprender. Stephen Hawking foi um destes cientistas que nos alertaram para a possibilidade de a raça humana ser extinta por meio de suas próprias criações. O perigo seria as máquinas se revoltarem e passarem a nos dominar!

Veja como o Google remove milhões de comentários e avaliações falsas da Play Store usando IA: https://tecnoblog.net/272211/ia-google-play-store. Acesso em: 13 ago. 2019.

- **Realidade aumentada:** a realidade aumentada é um elemento das novas tecnologias que dispõe de uma visão diferente da realidade. Consiste na combinação de elementos de um ambiente real com outros elementos de um ambiente virtual criados em três dimensões. Ao mesmo tempo, esses dois elementos se combinam em tempo real e podem ser vistos por meio de dispositivos eletrônicos. A característica principal desta tecnologia é a visualização de um ambiente virtual (por exemplo, animais pequenos em maior tamanho) e sua interação com a realidade do ambiente real.

Na década de 1950, o cineasta Morton Heilig idealizou o sensorama para dar uma nova dimensão aos sentidos. Esta tecnologia foi aplicada, a princípio, no campo do teatro e, posteriormente, adaptada ao cinema. Inicialmente, o sensorama ou cinema 4DX brincava com os diferentes sentidos, desta forma, o espectador via imagens em um ângulo maior e, ao mesmo tempo, com som estéreo e intervenção de aromas. Tudo isso proporcionava um efeito multiplicador, ou seja, uma realidade aumentada.

Veja aplicações interessantes na área de varejo para a realidade aumentada em: https://portalnovarejo.com.br/2017/03/aplicacoes-realidade-virtual-varejo. Acesso em: 13 ago. 2019.

- **Computação na nuvem (*Cloud computing*):** é a utilização como serviço de tecnologias da informação, *hardware* e *software*, por meio de uma rede, entre elas, a própria Internet. A ideia principal que está por trás da computação na nuvem é a de eliminar, ou reduzir ao máximo, o custo de aquisições de TI. O princípio básico da computação na nuvem é o de não ter custo de aquisição, só de utilização. O único custo de aquisição é o da máquina que vai inserir o usuário na rede.

O nome *cloud computing* vem da forma indefinida e abstrata das nuvens, que representa com muita propriedade a complexa infraestrutura que suporta o conceito de computação em qualquer lugar. Claro deve estar para todos que o custo de aquisição será mantido para empresas, de todos os tamanhos, e para quem "vender" os serviços de computação na nuvem.

Sobre *Cloud computing* em: https://www.youtube.com/watch?v=FDFejm-ovtI. Acesso em: 13 ago. 2019.

Como a TI está sempre evoluindo, mesmo que por meio da reciclagem de antigas ideias, já estamos falando em computação no céu, o que significa dizer que todas as nuvens estariam em muito pouco tempo conectadas sob o mesmo firmamento.

Um dos projetos mais ambiciosos da Google é o Google X, que promete levar a Internet a todo o planeta Terra, literalmente. O Loon, da Google X, é o braço do Google responsável por diversas inovações, entre elas o novíssimo Google Glass. O Google X, o avançado laboratório de inovações da empresa, anunciou que irá oferecer Internet com o uso de balões. A ideia é levar Internet para lugares de difícil acesso por qualquer meio de transmissão física e terrestre ou onde a conexão é muito cara e limitada a poucas pessoas. Segundo o Google Discovery, a companhia dará foco a países do Hemisfério Sul.

Sobre Google X em: https://x.company. Acesso em: 13 ago. 2019.

Em poucas palavras, o Google quer enviar legiões de balões a 18,2 km de altura – o dobro da altitude de aviões comerciais –, onde estarão livres para aproveitar as energias naturais do vento e do Sol para criar uma rede mundial de conectividade. O imenso poder de computação do Google, misturado com dados do governo sobre a direção do vento, teoricamente ajudará a impulsionar os balões ao redor do mundo, oferecendo velocidades 3G (ou melhores!) para as massas, não importa onde elas estejam.

Google X Lab, também conhecido como Google X, é uma instalação semisecreta operada pelo Google e que tem o objetivo de fazer grandes avanços tecnológicos. Localiza-se próximo à sede corporativa da empresa, em Mountain View, Califórnia. O trabalho no laboratório é supervisionado por Sergey Brin, um dos fundadores do Google. O laboratório começou em 2010 com o desenvolvimento de um carro autoconduzido.

Veja o vídeo no YouTube: http://www.youtube.com/watch?v=m96tYpEk1Ao. Acesso em: 13 ago. 2019.

O que nós ganhamos com tudo isto?
Depende!

CONCEITO

A humanidade ganha a possibilidade de estar conectada permanentemente, e isso pode ser bom ou ruim, dependendo do uso que fizermos de todo esse avanço tecnológico.

É bom se soubermos usar – e utilizarmos – todas essas tecnologias para o progresso da própria humanidade.

É ruim se tudo isso cair nas mãos de governos, instituições, organizações que tenham intenções de controlar a humanidade. *Tablets*, *smartphones*, *cloud computing*, *sky computing* e outras tantas tecnologias existentes e que estão chegando são mesmo necessárias?

Como aproveitar corretamente, de forma pessoal e profissional, tudo isso? Essa deve ser nossa principal preocupação.

Com a computação na nuvem, todos nós, usuários, precisaremos apenas de um dispositivo que se conecte a ela e um *browser* que possa acessá-la.

Hoje, quase tudo o que é utilizado pelos *smartphones*, *tablets*, dispositivos móveis já estão sendo acessado na nuvem. Exemplos: redes sociais, Office 365 da Microsoft, Facebook, Craigslist, Yahoo, Google etc.

4.8 SOFTWARE AS A SERVICE (SAAS)

Por meio do *e-business*, você já pode usar e pagar apenas por aquela parte do *software* que precisa. Isso evita que você tenha que comprar *softwares* enormes (com 200 *megabytes*), ou mais, pagando pequenas fortunas para usar apenas uma pequena parte dele. Evitará, também, que você ocupe o espaço de seu disco rígido, que aliás também deixará de existir com a plena utilização da computação na nuvem, e que, mais importante, deixe de comprar todas as novas versões do *software* que forem lançadas pelo fabricante apenas para estar atualizado, embora, na maioria das vezes, use apenas 20% do *software*.

A esse serviço damos o nome de *Software as a Service* (SaaS), o que significa dizer que os *softwares* serão pagos como um serviço, não mais como uma aquisição de licença.

SAIBA MAIS

Sobre *Software as a Service* (SaaS) em: https://azure.microsoft.com/pt-br/overview/what-is-saas. Acesso em: 13 ago. 2019.

4.9 LIVRO IMPRESSO NA HORA

Já é possível, com a tecnologia existente hoje, comprar um livro pela Internet e recebê-lo imediatamente em casa, no formato original do livro que você comprou. Existem programas que copiam e formatam o livro dentro de seu computador como se ele estivesse para ser impresso. Você decide se quer lê-lo na própria tela de seu equipamento ou se quer imprimi-lo em sua impressora.

Citei apenas três oportunidades, mas existem inúmeras outras que irão aparecer naturalmente, à medida que a tecnologia da computação na nuvem for evoluindo.

4.10 OPORTUNIDADES DO *E-BUSINESS*

Segundo uma publicação especializada e de circulação restrita aos parceiros de negócios da IBM, a experiência mostra que as empresas têm destacado três áreas principais de oportunidades no *e-business*, mais bem descritas na sequência.

4.11 COMÉRCIO ELETRÔNICO

Vender pela Internet é a vantagem mais evidente da tecnologia *e-business*. Uma pequena loja de "fundo de quintal", literalmente, pode tornar-se grande em muito pouco tempo. Pelo *e-business*, ela ganhou milhões de consumidores que não teria como atingir e atender na forma tradicional de fazer negócio (veja mais adiante dois exemplos).

4.12 SERVIÇOS AO CONSUMIDOR

Por meio da Internet, é possível disponibilizar uma gama tão grande de serviços que seria necessário escrever outro livro só para falar de todos eles. Hoje, é comum qualquer cliente poder acessar seu banco comodamente instalado em sua casa (o serviço tem o nome genérico de *Home Banking*). Esse cliente pode consultar seu saldo, fechar contratos, fazer aplicações, resgatar aplicações, colocar a cobrança de sua empresa em dia, consultar quem pagou, quem não pagou, transferir dinheiro entre contas etc.

Um estudo da empresa de consultoria americana Booz-Allen & Hamilton, realizado nos Estados Unidos, em 1997, mostrava que atender a um cliente na agência bancária custava US$ 1,08. Pelo telefone, custa US$ 0,54. Pela Internet, US$ 0,13. Hoje, esses custos aumentaram muito, e por isso todos os bancos fazem um esforço descomunal para desencorajar a ida dos clientes às suas agências. Assim, eles poderiam fechar a maioria das agências e lucrar muito mais.

4.13 FERRAMENTAS PARA TRABALHO EM EQUIPE[40]

Estas ferramentas tornaram possível realizar o sonho de trabalhar em casa como se qualquer pessoa estivesse na própria mesa do escritório. Tornaram possível, também, montar equipes virtuais, que jamais se encontrarão algum dia, com pessoas que trabalharão sem que sequer estejam todas acordadas na mesma hora.

SAIBA MAIS

Conheça novas ferramentas grátis, entre muitas outras. Acesse algumas, relacionadas a seguir.

Para diagramação de fluxos:
https://drive.draw.io. Acesso em: 13 ago. 2019.

Para documentação de processos:
http://www.bizagi.com. Acesso em: 13 ago. 2019.

Para mapas mentais:
http://www.mindmeister.com/#all. Acesso em: 13 ago. 2019.

4.14 EXEMPLOS DE NOVOS NEGÓCIOS

O *e-business* permitiu o surgimento de novos tipos de negócios e fez a fortuna de muita gente que não tinha capital suficiente para abrir um negócio convencional. Vou dar alguns exemplos.

4.15 A EMPRESA QUE VALE 1 TRILHÃO DE DÓLARES

Ela foi fundada por Jeff Bezos, um ex-corretor da bolsa de Nova York, juntamente com sua então mulher. Hoje, a Amazon vende LITERALMENTE de tudo, www.amazon.com.br, e vale 1 trilhão de dólares.

---

40 Ferramentas para trabalho em equipe no meio eletrônico têm o nome genérico de *softwares Groupware*.

4.16 JORNAL ELETRÔNICO

Atualmente, todos os grandes jornais no mundo têm sua versão eletrônica, muito mais rápida e eficiente que a versão tradicional em papel.

4.17 TECNOLOGIAS EMERGENTES

Tenho me dedicado nos últimos anos a pesquisar e entender um conjunto de tecnologias ao qual dei o nome de emergentes. São Tecnologias da Informação Emergentes porque ainda são pouco entendidas e, por isso mesmo, pouco utilizadas pelas empresas, especialmente as brasileiras. Essas tecnologias são parte do que classifico como *Groupware*.

> **CONCEITO**
>
> Minha definição para *Groupware* é: um conjunto de ferramentas que têm por finalidade aumentar a produtividade do trabalho cooperativo.

Groupware é todo e qualquer sistema computadorizado que permite que grupos de pessoas trabalhem de forma cooperativa a fim de atingir um objetivo comum, aumentando-lhes a produtividade (eficiência + eficácia).

Groupware é um grande guarda-chuva debaixo do qual estão *softwares* e ferramentas que visam aumentar a produtividade do trabalho em grupo. Além disso, a utilização de tais tecnologias, aliadas aos sistemas de informações e, em especial, aos gerenciais, potencializa o uso dos dados e das informações como jamais se conseguiu antes.

4.18 *SOFTWARES* EMERGENTES

A seguir, listamos alguns exemplos de *softwares* emergentes:

- *Electronic Document Management System* (EDMS).
- *Knowledge Management* (KM).
- *Business Intelligence* (BI).
- *Data Warehouse* (DW).
- *Supply Chain Management* (SCM).
- *Efficient Consumer Response* (ECR).
- *Customer Relationship Management* (CRM).
- *Enterprise Content Management* (ECM).
- *Workflow* (Wkf).

- *Workgroup* (Wkg).
- *Enterprise Resource Planning* (ERP).

Vamos ver um resumo de cada uma delas.

ELECTRONIC DOCUMENT MANAGEMENT SYSTEM (EDMS)

Talvez você não tenha vivido nessa época, mas não custa tentar. Você se lembra dos sistemas de microficha? Esses sistemas depois evoluíram para os famosos sistemas COM. Pois bem, o Gerenciamento Eletrônico de Documento, como o EDMS é conhecido no Brasil, é o sucessor natural e tecnologicamente muito mais avançado dos antigos sistemas de microfichas.

A definição de Gerenciamento Eletrônico de Documento (GED), nome em português dos EDM, é:

> **CONCEITO**
>
> O conjunto de tecnologias e métodos que têm por finalidade armazenar, gerenciar e recuperar documentos.

É comum, quando começo a palestrar nas empresas que visito, escutar as pessoas dizerem: Workflow? Nós já temos Gerenciamento Eletrônico de Documento. Ou perguntarem: GED e Workflow são a mesma tecnologia, não são?

Enquanto o **Workflow** serve para automatizar processos de negócio, o **Gerenciamento Eletrônico de Documento** serve para mapear, analisar, arquivar e recuperar documentos. Já o *Enterprise Content Management* (ECM) serve para mapear, analisar, arquivar e recuperar documentos informações, como voz, sons, dados, desenhos, texto, imagem e quaisquer outros tipos existentes dentro de uma organização.

O GED vale-se de um conjunto formado por metodologia e tecnologia voltadas ao perfeito gerenciamento das necessidades documentais de qualquer empresa. Significa dizer que, se algum *software* de Workflow for capaz de gerenciar documentos, jamais terá todo o ferramental necessário para fazê-lo com a sofisticação necessária ao tratamento de grandes volumes e não poderá fazê-lo sem a ajuda do GED. Workflow e Gerenciamento Eletrônico de Documento são tecnologias complementares, que podem trabalhar integradas, potencializando a solução adotada, embora isso não seja condição *sine qua non* para que elas possam ser utilizadas.

Qualquer metodologia empregada para Gerenciamento Eletrônico de Documento deve ter as seguintes etapas:

- **Levantamento dos dados que serão gerenciados eletronicamente.**
- **Análise de sua abrangência.**
- **Projeto lógico envolvendo a criação:**
    - Tabelas de temporalidade.
    - Estrutura de índices de gravação e recuperação.
    - Direitos de acesso.

- **Projeto físico.**
  - Tabelas de temporalidade.
  - Estrutura de índices de gravação e recuperação.
  - Direitos de acesso.
- **Escolha das tecnologias da informação que irão suportar o gerenciamento eletrônico de documento:**
  - *Hardware*.
  - *Software*.
- **Construção do ambiente** *Electronic Document Management System* (EDMS).

4.20 KNOWLEDGE MANAGEMENT (KM)

KM pode ser traduzido em português como Gerência do Conhecimento.

No início, KM era apenas um conjunto de teses que alertavam as empresas para a riqueza que todas têm e não sabem como fazer uso: o conhecimento que cada empregado adquire ao longo de sua estada na organização. Esse conhecimento é muito mais importante que o dado ou a informação em si mesma. O conhecimento é a absorção da informação, sua compreensão e associação a outros conhecimentos, possibilitando ao empregado evoluir em suas ações e estar preparado para enfrentar novas situações no dia a dia dos negócios.

A *Knowledge Management* (KM) é composta por metodologias e tecnologias cuja finalidade é criar condições para identificar, capturar, integrar, guardar, publicar, recuperar e compartilhar conhecimento existente em qualquer tipo de Organização.

Existem tecnologias específicas para KM, que são conjuntos de ferramentas que se adaptam às tarefas de capturar informações e dados, de processá-los e disponibilizá-los, às vezes de forma combinada, para serem utilizados segundo as necessidades específicas de cada momento e pessoa, quer profissionalmente ou não.

4.21 DATA WAREHOUSE (DW)

A tecnologia *Data Warehouse* já teve uma estreia meio frustrada há mais ou menos 20 anos. Muitas empresas, e de novo a área governamental, mostraram-se muito interessadas, chegando, inclusive, a começar alguns projetos que, por falta de maturidade da tecnologia, não foram em frente.

Hoje, os produtos de *Data Warehouse* estão maduros e consistentes, o que propiciou a volta do interesse por sua adoção em empresas de todos os tamanhos.

Data Warehouse (DW) é o conjunto de *hardware* e *software* que constrói o lugar onde as pessoas podem acessar dados estratificados e consolidados de forma consistente e rápida, a fim de evitar buscas redundantes e dispersivas pelos diversos repositórios genéricos existentes na organização.

Um projeto de *Data Warehouse* envolve os seguintes elementos:

- Fontes de dados, que são os sistemas corporativos.
- Extração dos dados dos bancos de dados corporativos.
- Preparação dos dados a serem estocados.
- Estocagem dos dados nos diversos "depósitos".
- Consulta dos usuários.

4.22 SUPPLY CHAIN MANAGEMENT (SCM)

Agora que o mercado de ERP (*Enterprise Resource Planning*) está, praticamente, esgotado, os fabricantes de *softwares* voltam suas atenções para a implantação em seus produtos do conceito de *Supply Chain Management*, ou gerenciamento da cadeia de fornecedores.

CONCEITO

O que é *Supply Chain Management*? É a integração de todas as partes da cadeia produtiva por meio da Tecnologia da Informação, a fim de garantir ao cliente a satisfação de suas necessidades de bens ou serviços dentro do tempo e do custo acordados e à cadeia de produção sustentar a vantagem competitiva adquirida.

O SCM tem suas raízes no antigo MRP e depois no MRP II (*Materials Requirement Planning*), que evoluiu para a Gestão Empresarial, por intermédio dos ERPs, até envolver toda a cadeia de produção, chegando até o consumidor final.

4.23 EFFICIENT CONSUMER RESPONSE (ECR)

O ECR também é uma evolução das mesmas tecnologias apontadas em *Supply Chain Management*, só que sua sofisticação vai a ponto de "responder eficientemente ao consumidor", repondo os bens consumidos, por exemplo, nas gôndolas dos supermercados à medida que eles são comprados. É isso mesmo. Os grandes supermercados estão reduzindo seus custos com armazenagem, transporte e reposição de mercadorias, transferindo-os para os fornecedores.

Os *softwares* de ECR permitem o monitoramento do consumo de cada item existente em uma cadeia de supermercados.

Esses dois *softwares*, SCM e ECR, provocaram uma mudança radical na maneira como as indústrias, principalmente as de alimentos, passaram a atender a demanda por seus produtos.

O *software* da classe SCM tem por objetivo gerenciar todos os elos da cadeia de fornecedores, integrando-os à produção, facilitando a aquisição de matérias-primas, desde o fornecedor primário até o mais o integrador ou elo final, que pode ser um laboratório farmacêutico, um fabricante de alimentos, uma indústria química etc.

O *software* da classe *Efficient Consumer Response* (ECR), resposta eficiente ao consumo, tem por objetivo gerenciar a cadeia de distribuição, permitindo o acompanhamento em tempo real do consumo de qualquer produto.

A Figura 4.4 mostra o conjunto que permitiu que as indústrias passassem de produção empurrada para produção puxada. Vamos ver o que está por trás dessa figura.

Ainda hoje muitas fábricas dos mais diferentes produtos, tanto na manufatura discreta como na de transformação, produzem da maneira que chamamos produção empurrada. A produção empurrada é a que usa os fabricantes que não levam em conta a demanda, muito menos em tempo real, para produzirem o que fabricam. Esse tipo de empresa quase ignora completamente o consumidor, pois fabrica o que quer e quando quer. Geralmente usa, quando usa, estimativas de demanda baseadas em históricos de vendas quase defasados. Em outras palavras, produz, insere no mercado e, se vender, bom, se não vender, recolhe e dá um destino, quase sempre como perdas, às sobras.

Já a manufatura puxada produz de acordo com a demanda em tempo real, isto é, o consumidor compra e, ao pagar, o fabricante é informado, por meio da cadeia de distribuição, o que está vendendo, em tempo real. Isso se tornou possível porque a cadeia de distribuição passou a utilizar o *software* ECR em conjunto com a tecnologia de identificação por frequência de rádio (*Radio Frequency Identification* – RFID).

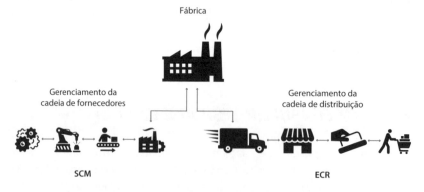

Figura 4.4 SCM e ECR para produção puxada.

A RFID lê um *tag*, uma espécie de selo, contendo um circuito impresso com informações sobre o produto no qual ele estiver colado, tão logo esse selo se aproxime, e nem precisa ser tão próximo, de um leitor de RFID, e transmite em tempo real as informações contidas nele para uma central.

Um exemplo?

O Sem Parar em estradas, *shoppings*, cemitérios, aeroportos, estacionamentos etc.

Essa tecnologia permite à indústria saber o que está sendo vendido e, com essa informação, programar as atividades de produção, por meio do processo Planejamento e Controle de Produção (PCP). Ao "rodar" o PCP e constatar que falta matéria-prima para atender ao programa de produção que visa a atender à demanda informada pelo ECR, a fábrica aciona o SCM para encomendar e receber o que está em falta. Tudo integrado.

Esse conjunto SCM-ECR-RFID é tão interessante que nos países nórdicos, Finlândia, Noruega, Suécia, o RFID já está até na casa do consumidor, na sua geladeira, por exemplo, de tal forma que quando as compras são colocadas no refrigerador o leitor de RFID lê o que está "entrando" e, à medida que cada item é consumido, vai dando baixa no estoque. Quando o item atinge o estoque mínimo, o fornecedor é informado, pela Internet, e imediatamente o repõe.

Fantástico, não é?

Bom, para implantar toda essa cadeia no Brasil ainda será preciso muita coisa. Por exemplo:

- Internet banda larga barata e acessível a todos.
- Internet banda larga realmente rápida.
- Toda a cadeia de distribuição interligada pela Internet.
- Equipamentos baratos, tais como geladeiras etc., ligados à Internet (a Brastemp começa a lançar tais produtos).
- E o principal: CULTURA.

Nos países nórdicos, as casas, muitas, nem são fechadas com chave; e o fornecedor entra, repõe o que tem que entregar e sai, sem mexer em nada.

Aqui, nós precisamos combinar com o fornecedor que é para ele repor, não para ele levar tudo o que encontrar na casa!

4.24 ENTERPRISE CONTENT MANAGEMENT (ECM)

Enterprise Content Management, ou, simplesmente, *Content Management*, é um conjunto de outras ferramentas que vão desde sistemas operacionais até linguagens de programação.

Enterprise Content Management (ECM) é o nome genérico de um grupo de ferramentas desenvolvido para possibilitar a criação, editoração, coleta, organização, contextualização, atualização e o acesso a múltiplos tipos de repositórios de conteúdo com a finalidade de compartilhar conhecimento independentemente de tempo e espaço.

Para que servem?

A melhor resposta seria: ferramentas que gerenciam conteúdos servem para possibilitar o compartilhamento de informações que possam garantir a eficiência e a eficácia dos processos de negócio por meio da transformação do conhecimento individual em conhecimento coletivo.

90 SISTEMAS DE INFORMAÇÕES GERENCIAIS E OPERACIONAIS | CRUZ

Essa nova classe de ferramenta eu divido quanto ao uso que se queira fazer. Assim,existem:

- Ferramentas genéricas.
- Ferramentas especialistas.

4.25 WORKGROUP (WKG)

Originalmente, *Workgroup* e *Groupware* foram a mesma coisa. Foi a Lotus Corporation, antes de ter sido vendida para a IBM, quem colocou no mercado seu mais famoso produto para trabalho cooperativo, o Lotus Notes, e deu-lhe o nome de *software* para *Groupware*. Entretanto, com o passar do tempo, duas correntes de especialistas opõem-se entre si sobre sua classificação. Defendo a ideia de Workgroup como um *software* existente dentro do conjunto *Groupware*.

CONCEITO

> *Workgroup é qualquer tecnologia que permita que grupos de pessoas compartilhem informações a fim de realizarem suas atividades, aumentando-lhes a produtividade e a eficiência. Para conseguirem isso, os usuários têm que ir até o documento que necessitam processar; por isso, Workgroup é, por concepção, estático.*[41]

Em rigor, o simples *e-mail* que milhões de pessoas usam diariamente é um *software* de Workgroup. Essas mesmas facilidades encontradas nos *e-mails* e outras, como ler e gravar arquivos, servem para fazer com que as pessoas trabalhem de forma mais organizada e, assim, aumentem a rapidez na execução de suas atividades, garantindo qualidade e produtividade.

O cuidado que se deve ter é não confundir Workgroup com Workflow, pois, embora sejam ambas da mesma família *Groupware* e sejam complementares, elas têm áreas de atuação bem definidas. Muitas empresas que, pensando em obter as vantagens da ferramenta Workflow, tentaram implantar *softwares* de Workgroup deram-se muito mal, gastaram muito dinheiro em vão e viram seus projetos fracassarem.

Adiante, há um quadro comparativo entre as duas tecnologias, Workgroup e Workflow, que permite traçar convergências e divergências entre ambas. Esses dois *softwares* provocaram uma mudança radical na maneira como as indústrias, principalmente as de alimentos, passaram a atender a demanda por seus produtos.

4.26 TECNOLOGIAS EMERGENTES E SISTEMAS DE INFORMAÇÕES

Os Sistemas de Informações, aliados a essas novas tecnologias, ganharam características muito mais poderosas que os antigos sistemas de informações. Antes, eles eram sistemas construídos

---

41 Definição extraída do livro, de minha autoria, *Workflow: a tecnologia que vai revolucionar qualquer processo*. São Paulo: Atlas, 1999 (esgotado).

sobre bancos de dados dispersos por inúmeros sistemas, e isso não lhes dava a consistência e a atualidade que passaram a ter com um *Data Warehouse*, por exemplo.

Em termos de gerenciamento de processos, nenhuma outra tecnologia propicia as informações que uma ferramenta de Workflow fornece, podendo chegar à sofisticação de apontar quanto tempo está levando um processo para produzir um bem ou serviço e quanto custa para produzi-los.

Por tudo isso, os novos Sistemas de Informações podem e devem integrar-se a uma ou mais tecnologias emergentes, como forma de dar à organização que os necessita poder de mobilidade com segurança.

4.27 CONCLUSÃO

Neste capítulo, vimos como as novas Tecnologias de Informação estão mudando radicalmente nossa vida, quebrando velhos paradigmas, transformando as relações pessoais em comunidades virtuais. Tudo isso requer, por parte de quem administra um negócio, altas doses de disponibilidade, vontade e interesse em se atualizar sobre o que há de mais avançado em se tratando de tecnologia. Por outro lado, obriga os técnicos, nas mais diferentes áreas tecnológicas, a uma busca frenética pelo dado mais atual, pela informação mais completa e sofisticada que possa colocá-los na dianteira das necessidades de seus usuários.

Como eu disse no início, isso é apenas um capítulo, que não tem nem pode ter a pretensão de ir além de uma introdução, mesmo porque envolve tecnologias das mais diferentes áreas de especialização.

Entretanto, quero reforçar que mais importante que qualquer metodologia é a maneira pela qual nós a empregamos em qualquer empresa.

Neste capítulo vimos, também, algumas tecnologias que transformaram a Internet de um simples meio de pesquisa e troca de mensagens entre universidades e órgãos do governo norte-americano no mais poderoso instrumento de comunicação já criado pelo homem.

RESUMO GERENCIAL

Neste capítulo, aprendemos que:

- As ondas de TI e suas implicações nos alcançam como as ondas do mar.

- As ondas de TI são cíclicas.

- Para melhor compreensão, a Tecnologia da Informação pode ser dividida, segundo a linha do tempo, em Eras de TI.

- Algumas das novas tecnologias são tão novas que ainda demoram um pouco para que delas possamos fazer pleno uso.

RESUMO ESQUEMÁTICO
AS ONDAS DE TI E SUAS IMPLICAÇÕES

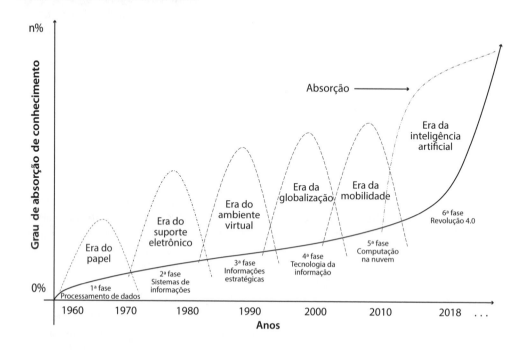

QUESTÕES PARA DEBATE

- Discuta com seu grupo sobre a seguinte afirmação: *Não basta mudar a tecnologia que a empresa usa para fazer negócios.*
- O que uma empresa ganharia fazendo negócios pela Internet?
- Quais são os principais cuidados que uma empresa deve tomar ao vender por meio da Internet?
- O que de mais importante a Internet pode fazer pelas empresas?
- Como serão as organizações do século XXI com todas essas tecnologias?

EXERCÍCIOS

1. Entre os anos 1960 e 1970, a ligação dos usuários com as Tecnologias da Informação dava-se apenas por meio de:
   Qual alternativa está correta?
   a) Suporte de papel.
   b) Especialistas em digitação.
   c) Operadores de *mainframes*.
   d) Analistas de sistemas.
   e) Programadores.

2. Por que as Tecnologias da Informação não dão certo?
   Qual alternativa está correta?
   a) Porque os usuários não sabem utilizá-las.
   b) Porque não há especialistas para operá-las.
   c) Porque são caras.
   d) Porque não cumprem com o prometido ou prometem, por elas, mais do que elas podem fazer.
   e) Porque os usuários não são envolvidos na compra.

3. O moderno *software Enterprise Resource Planning* é descendente de qual *software* do passado?
   Qual alternativa está correta?
   a) *Material Requirement Planning* (MRP).
   b) *Business Intelligence* (BI).
   c) Workflow.
   d) *Business Process Management Systems* (BPMS).
   e) *Grid Computer*.

4. Muitas vezes, as ondas de TI aparecem trazendo não somente tecnologias, mas também...
   Qual alternativa está correta?
   a) Manuais de utilização.
   b) O *modus operandi*.
   c) O código-fonte dos programas.
   d) A data de validade.
   e) A estrutura do banco de dados.

5. Memória RAM, em português, significa...
   Qual alternativa está correta?
   a) Memória de acesso principal.
   b) Memória *flash*.
   c) Memória de acesso randômico.
   d) Memória de acesso secundário.
   e) *Hard disk*.

CAPÍTULO 5

BUSINESS PROCESS MANAGEMENT & BPM SYSTEM

OBJETIVOS DO CAPÍTULO

- Apresentar os principais conceitos relacionados com BPM & BPMS.
- Discutir as principais utilizações de *softwares* colaborativos.
- Entender a importância do trabalho colaborativo.
- Compreender como o trabalho pode passar de manual para automatizado por meio de uma ferramenta de Workflow.

PARA COMEÇAR

A forma como trabalhávamos nas áreas administrativas e na indústria de serviços até quase o final do século XX impedia-nos de ver a organização como um todo. Isto é, enxergávamos apenas nossa própria atividade e, salvo raras exceções, outras poucas que estivessem ao alcance de nossas mãos e dos nossos olhos, ainda que muitas atividades não se relacionassem com a nossa própria atividade.

Na empresa onde você trabalha, que tipo de operação existe, manual ou automatizada?

5.1 TRABALHO COOPERATIVO POR MEIO DE PROCESSOS DE NEGÓCIO

Exceto as indústrias de manufaturas, discretas e de transformação, que desde cedo aprenderam o que são processos, todos os outros setores econômicos só vieram a descobri-los no fim da década de 1990. Aliás, embora hoje muito se escreva, fale e discuta sobre processos de negócio (*business processes*), raras são as organizações que, efetivamente, os gerenciam e são gerenciadas por meio deles.

Há ainda por fazer, pois o tema processo de negócio, mesmo sofrendo de uma "*overdose*" de exposição, ainda é mal-entendido por grande parte das organizações. Não raro, no decorrer de projetos de mapeamento, análise, modelagem, implantação e gerenciamento de processos de negócio, ouço de diretores e até mesmo de gerentes a seguinte afirmação:

— Eu não sabia que era assim que nós funcionamos!

VOCÊ SABIA?

Embora possa haver nas organizações trabalho cooperativo suportado por computador sem processos de negócio formalmente documentados, não raro esse trabalho teria baixa produtividade e sofrível qualidade?

Logo, os dois conceitos, trabalho cooperativo suportado por computador e trabalho por meio de processos de negócio, são naturalmente simbiônticos, mutuamente complementam-se para possibilitar um ambiente organizacional mais humano, mais produtivo e, consequentemente, com menos estresse.

A ideia principal por trás do conceito de *Computer-Supported Cooperative Work* (CSCW) é a de que as pessoas passem do trabalho individualizado, onde todos trabalham sem conhecer os processos nos quais suas atividades estão inseridas, para o trabalho em grupo, um trabalho efetivamente cooperativo, por meio do qual as pessoas possam desempenhar suas responsabilidades sabendo "por que" fazem o que fazem, "para que" serve o produto que fazem e "para quem" irá o produto de suas atividades. É bem diferente de como as coisas se desenrolam, hoje, na maior parte das organizações, onde todos fazem o melhor que podem, na maioria das vezes com muito estresse e aborrecimento, simplesmente porque, não havendo padrões de operação, não há como garantir a qualidade do processo nem a qualidade do produto.

As pessoas raramente sabem "por que" fazem, raramente sabem "para que" serve o produto que fazem e, raríssimo, sabem "para quem" irá o produto que suas atividades fazem.

Por trás dessa quase completa desinformação está, em primeiro lugar, a falta de conhecimento sobre o produto do processo. Em outras palavras, quase todos ignoram qual seja o produto que o processo no qual suas atividades estão inseridas produz, ou deveria produzir. Principalmente quando estão inseridas em processos primários industriais de serviços e em processos secundários administrativos.

5.2 O QUE É BPM?[42]

Business Process Management (BPM) não é algo, não é "uma coisa" só, mas um conjunto de múltiplos elementos, conceitos e metodologias que existem há algum tempo com a finalidade de tratar de forma holística processos de negócio. Aliás, nunca é demais ressaltar que *processo de negócio* é um termo traduzido diretamente do inglês *business process*. Entre nós, esse termo evita que façamos confusão com processos judiciais, por exemplo.

BPM tem duas linhas de pesquisa e concepção distintas, mas complementares entre si: a ORGANIZACIONAL e a FERRAMENTAL.

Eu defino BPM como: *conjunto formado por metodologias e tecnologias cujo objetivo é possibilitar que processos de negócio integrem, lógica e cronologicamente, clientes, fornecedores, parceiros, influenciadores, funcionários e todo e qualquer elemento que com eles possam, queiram ou tenham que interagir, dando à organização visão completa e essencialmente integrada do ambiente interno e externo de suas operações e das atuações de cada participante em todos os processos de negócio.*

Outras definições de *Business Process Management*:

- **Gartner Group:** BPM define, torna possível e gerencia a troca de informações nas organizações por meio da visão semântica de um processo de negócio, envolvendo empregados, clientes, parceiros, aplicações e bancos de dados.
- **Computerworld:** BPM permite que clientes mapeiem graficamente processos de negócio, como o de emissão e retirada de faturas, transformem este mapa visual numa aplicação ou conjunto de aplicações e gerenciem as mudanças no fluxo de trabalho (Workflow) até que suas solicitações estejam concluídas.
- **American Productivity & Quality Center (APQC):** *Business Process Management* é a abordagem gerencial que governa o fluxo de trabalho (Workflow) numa organização.
- **Business Process Trends:** BPM é o alinhamento de processos com os objetivos estratégicos da organização. Projeto e implantação de arquiteturas de processos, estabelecimento de sistemas de mensuração que estejam alinhados com os objetivos da organização e a educação dos gerentes para que eles efetivamente gerenciem os processos.

---

42 *Business Performance Management* e *Business Process Management* são dois significados para uma mesma sigla: BPM.

Qualquer que seja a definição escolhida para entendermos BPM, fica evidente que em todas elas as propriedades definidas para a sigla lhes atribuem responsabilidades e poderes que jamais tinham sido atribuídos antes a qualquer outra ideia, conceito ou metodologia, o que faz com que a vertente tecnológica do BPM, o *Business Process Management System* (BPMS), seja apresentado às organizações como totalmente abrangente, quase mágico ou milagroso, aliás, como é praxe do marketing da indústria de TI para vender novas tecnologias.

Business Process Management, literalmente gerenciamento do processo de negócio, é um conceito já sobejamente difundido e do qual fazem parte dois grandes subconjuntos de conhecimentos: o organizacional e o ferramental. Entretanto, a necessidade contínua de aprimoramento das organizações, na busca por serem mais produtivas e lucrativas, faz com que o conceito seja revigorado continuamente por estudiosos e pesquisadores que lhes proporcionam atualizações constantes, o que pode vir a confundir aqueles que desconhecem a história do *Business Process Management*, fazendo-os acreditar que seja algo totalmente novo, quando não é.

Dois grandes subconjuntos de conhecimentos sustentam o conceito BPM: o organizacional e o ferramental, como caracterizado na Figura 5.1.

O grupo dos conhecimentos intitulado por mim de organizacional engloba teorias, normas, políticas e metodologias pertinentes a análise, desenho, redesenho, modelagem, organização, implantação, gerenciamento e melhoria de processos de negócio.

O outro grupo é o do ferramental necessário para operacionalizar o primeiro grupo, o do conceito BPM e todos os seus elementos. Nesse segundo grupo, o das Tecnologias da Informação, encontra-se o *software* BPMS. Mas, como veremos mais adiante, os *softwares* que estão sendo vendidos como sendo *Business Process Management System* não se parecem uns com os outros a não ser por certas características obrigatórias, como, por exemplo, os motores de Workflow que cada um possui. Isso ocorre porque, diferentemente do Workflow, *software* que deu origem ao BPMS, esse não tem parâmetros estabelecidos e aceitos universalmente, que possam ser usados para comparações.

Figura 5.1 Dois grupos de conhecimentos sustentam o conceito BPM.

Isso significa dizer que todo e qualquer *software*, oriundo ou não de uma matriz ou do modelo conceitual Workflow, pode se autointitular um *software* BPMS, o que vai tornar a vida dos usuários que necessitarem escolher entre vários produtos algo desgastante.

Software, de maneira geral, se transformou em uma *commodity*, principalmente os "de prateleira", aqueles comprados prontos e que os norte-americanos chamam de "*out-of-box*". O fato de os *softwares* terem se transformado em *commodities* (salvo algumas exceções) de certa forma nos fez voltar ao passado, quando os fabricantes de computadores "davam de graça" o sistema operacional e os aplicativos que seriam utilizados para quem comprava ou alugava o *mainframe*. O *hardware* era tão caro que o preço do *software* invariavelmente vinha embutido no preço do *hardware*. Por isso eram "dados de graça". O desenvolvimento da microeletrônica, a invasão dos microcomputadores e a introdução de servidores mais potentes e mais econômicos baratearam demasiadamente o *hardware*, o que levou ao desenvolvimento da indústria de *software* e os *softwares* passarem a ser vendidos.

Nem o *hardware* nem o *software* conseguiriam sozinhos manter saudáveis empresas de TI. Então, a solução foi ganhar dinheiro (muito dinheiro) com a venda de serviços, embora nem o *hardware* nem o *software* tenham voltado a ser "dados de graça", como no passado, mas as empresas esperam ganhar dinheiro com os serviços que serão executados para que eles (*hardware* e *software*) sejam implantados e utilizados.

A ideia de ganhar dinheiro com serviços é tão forte hoje que já há empresas de *software* dando de graça, sem cobrar nada mesmo, o *software* produzido por elas somente para fazer o usuário adotá-lo e com isso ter que obrigatoriamente vir a comprar os serviços de implantação, manutenção e assistência.

Entretanto, essa situação tem um lado extremamente perverso. Se quem está comprando um *software* não souber com certeza e segurança o que dele quer obter e o que é necessário fazer para vir a usá-lo, vai, fatalmente, estar "amarrado" à "idoneidade" do fabricante e/ou vendedor do produto. Em se tratando de determinados *softwares*, como Workflow, BPMS, *Efficient Consumer Response*, *Supply Chain Management* e *Data Warehouse*, entre outros, a situação é extremamente perigosa pela necessidade de análise, desenho, redesenho, modelagem, organização, implantação, gerenciamento e melhoria de processos de negócio que tais *softwares* têm para serem implantados.

Por isso, BPMS pode vir a ser uma grande dor de cabeça para aquelas empresas que pretendem comprá-lo sem o conhecimento necessário para fazê-lo com segurança. Como aconteceu com o Workflow.

5.3 O MODELO AINDA INEXISTENTE

Business Process Management Systems vem ganhando popularidade junto a fornecedores de *softwares* interessados em vender seus produtos, principalmente os que foram desenvolvidos com o nome de Workflow e que não tiveram vendas no volume esperado para o retorno dos investimentos feitos no seu desenvolvimento.

Os fabricantes de *softwares* de Workflow foram os primeiros a se apoderar das ideias e conceitos do BPM, até como forma de revitalizarem seus produtos, uma vez que quem é da área sabe que as estimativas de vendas desse tipo de *software* nunca se concretizaram. Daí por que para tais "fabricantes" essa nova abordagem foi muito bem-vinda, pois pode ajudá--los a recuperar os investimentos feitos em pesquisa e desenvolvimento de seus *softwares* de Workflow.

Nesses quase 30 anos que estudo sobre *Groupware*, já vi muitas empresas falirem, vendendo *softwares* para automatizar processos, como Workflow, e outras tantas serem vendidas e incorporadas por empresas maiores, por não aguentarem o peso dos investimentos feitos sem retorno.

Sobre BPMS e Workflow:
https://kissflow.com. Acesso em: 13 ago. 2019.

Também não devemos nos esquecer de que o grande impulsionador do desenvolvimento e da aceitação do *software* de Workflow foi o seu modelo conceitual, aceito por toda a comunidade de estudiosos, pesquisadores, fabricantes e usuários. Esse modelo está fazendo 25 anos desde que foi criado, mas continua evoluindo. Além do modelo conceitual ou de referência do Workflow, o Workflow Management Coalition (WfMC), organismo que congrega todos os interessados no *software* Workflow, cuida também de estabelecer e manter padrões para vários componentes de *software* ligados ao Workflow.

O modelo conceitual (ou referencial) Workflow, reproduzido aqui na Figura 5.2, permite que:

1. Todos que queiram desenvolver *softwares* dessa classe o façam com aderência a princípios estabelecidos universalmente.
2. Todos que queiram comprar um *software* dessa classe o façam com base em um modelo aceito universalmente, o que facilitará o processo de compra por meio da comparação entre várias "marcas".

Sobre o modelo conceitual Workflow:
http://www.wfmc.org. Acesso em: 13 ago. 2019.

Um modelo de referência tem por objetivo permitir que o princípio estabelecido para determinado objeto seja entendido da mesma forma por todos aqueles que tenham algum interesse pelo objeto.

Infelizmente, ainda não há um modelo de referência para BPMS, a despeito de diversas tentativas, surgidas muito mais com propósitos comerciais do que com o objetivo de criar o "princípio da coisa". Todos os fabricantes de *softwares* têm seu próprio modelo conceitual de *Business Process Management System*, o que torna o trabalho de comparação extremamente perigoso e de resultados com alta carga de incerteza.

Em 2006, quando estive participando da conferência anual do WfMC na Filadélfia, na qual dei uma palestra e onde foi lançado o Workflow *Handbook* de 2006 (do qual participo com um artigo), tive a oportunidade de conversar reservadamente com vários membros dos comitês permanentes do WfMC. Vários deles concordaram com as minhas colocações, mas, evidentemente, não irão assumir tais posições publicamente uma vez que (sempre o pragmatismo estadunidense) existem outros interesses a serem preservados.

Todos os pesquisadores com quem tive contato naquela conferência entenderam minhas considerações: qualquer coisa não pode passar a ser nova apenas porque lhe foram agregadas funcionalidades que antes só existiam se fossem integradas intencionalmente, como acontecido com Workflow e EAI, entre tantos outros exemplos.

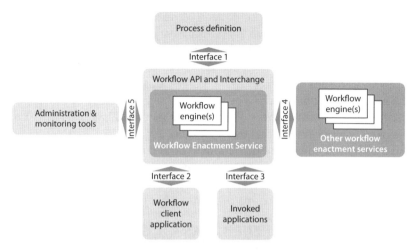

Figura 5.2 Modelo conceitual (ou referencial) do *software* **Workflow**.

Não é que eu esteja contra o BPMS, pelo contrário, acho-o imprescindível (até porque acredito ser ele uma evolução do Workflow), mas não gosto de ser iludido!

5.4 MODELO GENÉRICO DO BPMS

O Business Process Trends, um dos vários organismos que gerenciam as iniciativas sobre BPM e BPMS hoje no mundo, embora não chegue a ser uma coalizão como o WfMC, criou um modelo genérico de BPMS, reproduzido na Figura 5.3.

SAIBA MAIS

Sobre o *Business Process Trends*:
https://www.bptrends.com. Acesso em: 13 ago. 2019.

Cabe reproduzir a observação do BPTrends explicando, de certa forma, o modelo *Business Process Management System*.

O que devemos ter em mente quando olhamos a Figura 5.3 é que uma organização deve implantar um produto ou suíte BPMS por meio do desenvolvimento de suas próprias ferramentas, utilitários e motores; ou fazê-lo agregando produtos que foram desenvolvidos por outros fabricantes, incorporando-os à sua suíte ou aplicações BPMS.

Interessantíssima a observação transcrita aqui. Primeiro, porque coloca a questão do tamanho e da complexidade de um *software* BPMS ao afirmar que devemos pensar em montar uma solução a partir de módulos de vários fabricantes, algo que, no passado, ficou conhecido no nosso meio como *best of breed*, melhor da raça, em uma analogia que exprime a opção pela escolha da melhor parte dos diversos *softwares* conhecidos da classe de *software* que estamos implantando para ficamos com o que há de melhor entre os melhores. Segundo, porque reconhece, explicitamente, que como suíte composta dessa forma o BPMS ainda não é UM *software*, mas vários e diferentes, inclusive Workflow rebatizado.

Reproduzo a seguir, começando pelo modelo do BPTrends, alguns modelos gráficos de *softwares* de uma lista contendo mais de 30 fabricantes de BPMS com o intuito de mostrar que não será tarefa fácil, para quem quiser comprar um *Business Process Management System*, compará-lo a outros produtos da mesma classe de *software* (Figura 5.4).

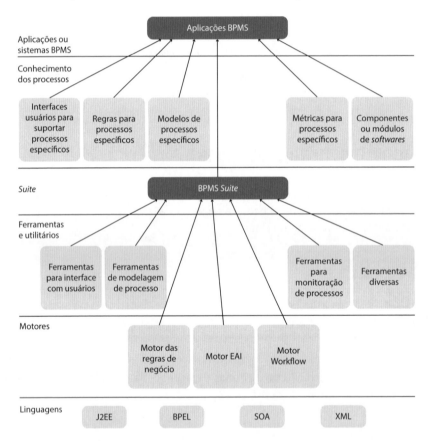

Figura 5.3 Modelo genérico do *software* BPMS.

Fonte: Adaptada de BPTrends. Disponível em: https://www.bptrends.com. Acesso em: 10 out. 2006.

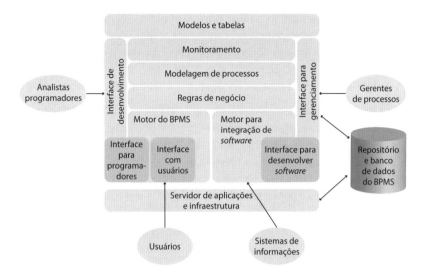

Figura 5.4 Modelo de uma possível arquitetura de BPMS.

Fonte: BPTrends. Disponível em: http://www.bptrends.com. Acesso em: 10 out. 2006.

Antes de apresentar o *software* conhecido genericamente como *Business Process Management System* (BPMS), ou Sistema para Gerenciamento de Processos de Negócio, acho conveniente recordar aqui a definição de *Business Process Management* (BPM):

Business Process Management é o conjunto formado por metodologias e tecnologias cujo objetivo é possibilitar que processos de negócio integrem, lógica e cronologicamente, clientes, fornecedores, parceiros, influenciadores, funcionários e todo e qualquer elemento que com eles possam, queiram ou tenham que interagir, dando à organização visão completa e essencialmente integrada do ambiente interno e externo das suas operações e das atuações de cada participante em todos os processos de negócio.

Agora, posso colocar a definição de *Business Process Management System* (BPMS) com a certeza de que as duas definições serão corretamente entendidas. É conjunto de *softwares*, aplicações e ferramentas de Tecnologia da Informação cujo objetivo é o de possibilitar a implantação do *modus operandi Business Process Management*, integrando em tempo real clientes, fornecedores, parceiros, influenciadores, empregados e todo e qualquer elemento que com eles possam, queiram ou tenham que interagir por meio da automatização dos processos de negócio.

Outras definições de BPMS:

- **Ten3 Business e-Coach:** *BPMS é uma nova categoria de* software *de gerenciamento que abre uma nova Era para a infraestrutura de negócios suportados por tecnologias da informação. BPMS permite que as organizações modelem, implantem e gerenciem processos de negócio considerados críticos por integrarem múltiplas aplicações, departamentos e parceiros de negócio, atrás do* firewall *e sobre a Internet.*

- **Business Process Management Initiative:** Business Process Management Systems *são softwares que contêm três partes principais: um motor que executa modelos de processos de negócio, um conjunto de ferramentas que suportam totalmente o ciclo de vida do processo de negócio na sua totalidade e conectores que permitem que o BPMS interaja com outros softwares e programas necessários à execução do processo pelo motor do BPMS.*

Todas essas definições são unânimes em afirmar que *softwares* BPMS são conjuntos de ferramentas que servem para executar (automatizar) processos de negócio. A palavra *automatizar* está entre parênteses porque entendo que todo *software* que executa processos de negócio o faz assumindo o controle operacional das regras de negócio definidas, implícita ou explicitamente, nas tarefas existentes nos procedimentos que orientam a execução das atividades que compõem o processo. E isso é para mim automatização de processos.

Sobre o *Business Process Management Iniciative* (BPMI): https://www.service-architecture.com/index.html. Acesso em: 13 ago. 2019.

Uma pergunta me tem sido feita com frequência:
– BPMS serve para automatizar qualquer tipo de processo?
A resposta é: Sim.
Serve para automatizar tanto processos primários quanto processos secundários.
– E serve para automatizar processos de qualquer natureza?
Sim e não. Explico.

5.5 BPMS (WORKFLOW) E OS PROCESSOS DE MANUFATURA

Os processos industriais de manufatura sempre foram, de uma forma ou de outra, os mais organizados. Embora essa organização fosse muitas vezes empírica, os profissionais envolvidos diretamente com o chão de fábrica cedo descobriram que sem processos (ainda que conhecidos informalmente) dificilmente alguma coisa poderia ser produzida. Mesmo no início da Revolução Industrial podemos ver a preocupação da área de produção com a forma e com o conteúdo do processo fabril.

Outro exemplo é o de Henry Ford e sua linha de produção de automóveis – os famosos Ford T. Sem organização, não haveria como tê-los exatamente iguais ao final da linha de montagem. Aliás, tão iguais que a célebre frase *"todo americano pode ter o carro na cor que quiser contanto que seja preto"* permanece até hoje como símbolo dessa igualdade.

A pergunta, então, é:
– Com tanta organização é possível obter-se algum benefício com a implantação de BPMS (Workflow) em tais processos?
E as respostas são:
– Sim, para processos de manufatura discreta; e

– Não, para processos de manufatura contínua ou de transformação.

Por quê?

Primeiro, porque o *software* de BPMS, a exemplo do seu antecessor, o Workflow, não agrega nenhum valor para os processos industriais de manufatura contínua ou de transformação ou, pelo menos, para não ser tão radical, não tanto quanto agrega a processos industriais de serviços ou aos processos secundários administrativos.

5.6 PROCESSOS DE MANUFATURA CONTÍNUA OU DE TRANSFORMAÇÃO

Os processos de manufatura contínua, também chamada manufatura de transformação, são os únicos que já incorporam uma inteligência de Workflow própria ao seu processamento.

Por isso, a adição de uma ferramenta de Workflow externa não acrescentaria nenhum benefício a esses processos industriais e, a rigor, isso nem seria possível, pela característica dos equipamentos que suportam tais processos.

Deixe-me dar um exemplo.

Todos nós já passamos, na estrada ou na cidade, por instalações industriais com milhares de tubos e silos de todos os tamanhos, que são plantas petroquímicas, instalações de indústrias químicas, fábricas de papel e celulose etc. Quem não está familiarizado com tais processos já se perguntou o que são todos aqueles tubos, dutos, torres, cilindros, silos e tanques. Pois bem, além de fazerem parte dos processos de produção, todos aqueles equipamentos são, em síntese, um Workflow físico gerenciado por um Workflow lógico. Em tais plantas, tudo tem um estrito motivo de ser. Cada reta, cada curva, cada válvula, cada processador lógico de controle (PLC) nesse tipo de indústria cumpre funções específicas (e importantes) para que o conjunto funcione sempre corretamente. O trabalho desses conjuntos muito se assemelha à execução de um *software* de Workflow, pois, por exemplo, cada mistura deve ser feita no tempo certo, sem atrasos e nas quantidades exatas. Cada parte deve ser controlada quanto ao momento e quantidade com que devem se misturar às outras. As "regras de negócio" são rígidas quanto a tempos, movimentos e quantidades e, quando não respeitadas, por qualquer motivo, acarretam consequências gravíssimas.

Nesse tipo de indústria, *softwares* de BPMS, *softwares* de Workflow só poderão beneficiar seus próprios processos administrativos, que, a rigor, têm a mesma essência que os processos administrativos de qualquer outro tipo de organização.

5.7 PROCESSOS DE MANUFATURA DISCRETA

O principal conceito embutido em um *software* de BPMS, por meio do módulo de Workflow, é o de automatizar processos e, com isso, assumir a realização de tarefas repetitivas, sem criatividade, que requerem repetição constante e segura e que causam alto nível de estresse nas pessoas. Isso significa que o *Business Process Management System*, por meio do módulo de Workflow, procura dar aos processos, principalmente aos secundários (administrativos), a

106 SISTEMAS DE INFORMAÇÕES GERENCIAIS E OPERACIONAIS | CRUZ

mesma automaticidade existente nos processos primários de ambos os tipos de manufatura. Afinal, é possível dar às ações inerentes aos processos administrativos o mesmo caráter de produção dos processos de manufatura discreta e até mesmo, em certas circunstâncias, o mesmo caráter dos da manufatura contínua. Por conseguinte, nada mais lógico do que esperar-se que tais ferramentas possam ser usadas para aumentar a produtividade dos processos primários da manufatura discreta.

Vale dizer que uma ocorrência dentro de um processo de manufatura discreta em nada difere de uma ocorrência dentro de um processo administrativo em ambas as manufaturas. Todas elas devem percorrer rotas, segundo regras preestabelecidas, dentro de determinado tempo de ciclo, para serem feitas dentro de um tempo de processamento preestabelecido e sob condições específicas em função do conjunto de dados que particulariza cada ocorrência, fazendo com que cada uma seja igual ou diferente das demais ocorrências de um mesmo processo.

Alguns dos fatores que fazem com que as ocorrências se pareçam em ambos os processos (primários e secundários) são:

- A pressão que as modernas organizações enfrentam por melhores tempos de respostas para clientes internos e externos.
- Redução dos tempos de processamento e de ciclo de cada atividade e, consequentemente, de cada processo existente na organização.
- Redução dos custos de produção.
- Eliminação dos gargalos e das restrições que aumentam os custos de produção.
- Aumento de produtividade para que os resultados sejam consistentemente melhores e maiores utilizando-se os mesmos recursos.
- A complexidade e, paradoxalmente, a imperiosa necessidade de adaptabilidade dos processos de manufatura, que procuram atender a cada cliente de forma diferenciada e singular, a exemplo do que já acontece com a indústria automobilística e de computadores, para citar apenas duas.
- A adoção das políticas de qualidade e, em particular, das normas ISO, que fizeram com que as empresas trabalhassem segundo procedimentos e tarefas preestabelecidas, como forma de evitar o desperdício e a perda de tempo.
- A globalização e a internacionalização da economia viabilizadas pela rede mundial de computadores.
- O *e-business*, o B2B, o B2C e todas as suas consequências, tanto boas quanto más.

Por tudo isso, e por inúmeras outras razões, uma ferramenta de BPMS (Workflow) pode vir a ser muito útil para processos de manufatura discreta, desde que se saiba usá-la corretamente. Afinal, qualquer processo só poderá ser melhorado e ter sua produtividade continuamente aumentada se puder ser gerenciado. Controlar, para BPMS (Workflow), significa não só ajudar as pessoas a trabalharem melhor e − por que não? − mais felizes, assumindo-lhes o trabalho repetitivo e burocrático sempre da mesma forma, como também usar os dados provenientes desse controle para medir e melhorar os processos automatizados pela ferramenta.

Como disse uma vez Ishikawa: *o que não pode ser medido não pode ser controlado.*

Um processo de manufatura discreta só poderá ser melhorado se for gerenciado e controlado. Para gerenciá-lo e controlá-lo é necessário monitorá-lo, medi-lo e avaliar o seu desempenho continuamente. Isso qualquer *software* de BPMS deve fazer por meio de seu módulo de Workflow, desde que, é claro, tenhamos feito o *"dever de casa"* corretamente, ou seja, desde que tenhamos feito a análise, o desenho, o redesenho e a modelagem (quando cada um desses verbos for aplicável) dos processos de negócio da organização.

Processos de manufatura discreta produzem bens em lotes ou individualmente. Os lotes compartilham de uma série de especificações comuns que têm por finalidade agregar valor ao que está sendo fabricado. Em termos simples, podemos dizer que qualquer processo de fabricação tem início com uma ocorrência chamada de "ordem de fabricação", que, por sua vez, tem sua origem na programação da produção realizada com base nos pedidos de clientes. Se a empresa tem um ERP implantado, o BPMS pode ser usado para automatizar qualquer ocorrência, independentemente do processamento que o sistema de gestão empresarial fará de cada pedido de cada cliente colocado no sistema.

5.8 INTEGRANDO BPMS (WORKFLOW) A UM ERP

Nenhum ERP tem a inteligência que uma ferramenta de BPMS (Workflow) possui. São ótimos produtos, mas carecem da tecnologia que lhes permitam automatizar processos, mesmo porque a finalidade deles é outra: a gestão dos recursos empresariais (*Enterprise Resource Planning*), e não a automatização dos processos de negócio.

A junção do BPMS (Workflow) com um *software* de ERP, ou outro *software* qualquer, pode ocorrer de duas maneiras (Figura 5.5).

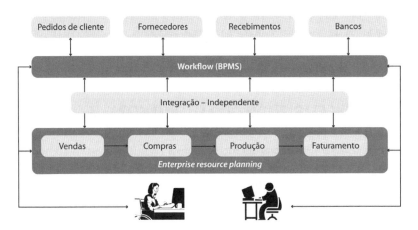

Figura 5.5 Integração entre Workflow e sistemas ERP.

108 SISTEMAS DE INFORMAÇÕES GERENCIAIS E OPERACIONAIS | CRUZ

A primeira por meio de agentes que se encarregarão da execução de transferências de dados do BPMS (Workflow) para o sistema ERP e do sistema ERP para o BPMS (Workflow).

Esses agentes podem ser simples e complexos. São simples se forem genéricos, como as *stored procedures* do SQL, e complexos como os do SAP, por exemplo. Eles podem ser programados para transferência, nos dois sentidos de direção, de *strings* (conjuntos) de dados; e de forma mais elaborada compostos de *instructions set* (conjunto de instruções), que teria como objetivo executar o tratamento dos dados "carregados" nos dois sentidos das tecnologias envolvidas.

Para mim, a exemplo de outras tecnologias já conhecidas, o famoso ERP[43] como ideia tecnológica já faz parte do passado, embora não queira dizer com isso que sejam menos importantes. Entretanto, qualquer ERP pode se beneficiar de uma ferramenta BPMS (Workflow) para aumentar e melhorar suas funcionalidades.

O ERP é descendente direto dos MRP[44] e MRP II, que já foram populares e úteis, principalmente no ambiente de manufatura, e como tal se beneficiou do conhecimento e da experiência acumulados pelos diversos sistemas (des)integrados que vieram antes dele, ERP, e dos sistemas *Material Requirements Planning I e II* durante quase três décadas de utilização por parte das organizações. Pois bem, mesmo assim qualquer ERP, por melhor que seja, não tem a inteligência que um BPMS (Workflow) possui (*the engine*) e, por isso, não tem como automatizar os processos que estiver suportando. Mas, quando aliamos as funcionalidades das duas tecnologias, podemos aumentar os benefícios auferidos pela organização.

VOCÊ SABIA? ❓

> ERP é a sigla para *Enterprise Resource Planning*, que, em português, significa Sistema Integrado de Gestão Empresarial. Trata-se de um *software* corporativo capaz de controlar todas as informações de uma empresa, integrando e gerenciando dados, recursos e processos, das áreas de Vendas, Finanças, Contabilidade, Fiscal, Estoque, Compras, Recursos Humanos, Produção e Logística, aumentando seu poder de tomada de decisão com maior agilidade e clareza proporcionadas por uma base de dados consolidada, contendo todas as variáveis dos processos.

O conceito é tão verdadeiro que, quando os fabricantes de sistemas de gestão de recursos empresariais (ERP) perceberam que esse potencial existia, passaram a "incorporar" aos seus produtos funcionalidades de "Workflow" que, na maioria das vezes, mostrou-se ser outra armadilha perigosa e cara para as organizações que acreditaram em tais promessas.

5.9 WORKFLOW EMBUTIDO OU AUTÔNOMO?

Para que qualquer *software* seja considerado Workflow há que existir um componente fundamental, chamado de motor (*engine*), que se encarregará de automatizar e administrar todos os processos que forem publicados ou instalados sob sua responsabilidade. Esse princípio exclui

---

43 ERP – *Enterprise Resource Planning*, Gestão de Recursos Empresariais.
44 MRP e MRP II – *Material Requirements Planning*.

da categoria Workflow todos os "Workflows" de todos os ERP que afirmam possuírem tais funcionalidades por não possuírem um motor.

Na verdade, o que os fabricantes fizeram foi incluir em seus produtos determinadas características do modelo WfMC,[45] o que não os torna completamente Workflow, embora pareçam Workflow. Essa solução pode até mesmo ser considerada uma evolução dos sistemas de gestão empresarial, mas, daí a dizer que o ERP tem Workflow embutido vai uma diferença muito grande.

BPMS, assim como seu módulo Workflow, nasceu para ser uma ferramenta independente e com isso pode ser integrada a, sem exceções, todas as outras ferramentas, *softwares* e sistemas, quer sejam emergentes ou não. Esse tipo de atuação, entre outras vantagens, nos permite atualizar o processo que estiver sob o BPMS sem a necessidade de fazê-lo na outra ferramenta que estiver sendo usada de forma integrada e vice-versa. Alguns ERPs são muito complexos, e a utilização de funcionalidades de Workflow existentes neles torna-se cara e demorada pelo volume de programação necessária para definir cada um dos elementos de cada processo que se queira automatizar por meio desses produtos. Esse é outro importante ponto a se considerar.

Existem alguns parâmetros pelos quais se pode analisar melhor a questão da independência *versus* integração a fim de decidir qual dos dois modelos devemos adotar, se o embutido ou o autônomo. Esses parâmetros, entre outras funções, definem o grau de interação do *software* com outras Tecnologias da Informação.

Por exemplo: disparar rotinas não caracteriza um ERP como Workflow, mesmo que esse ERP possa ser programado com outras funcionalidades inerentes a *softwares* de Workflow.

As classes, por meio das quais podemos analisar ferramentas (funções) de Workflow embutidas em outros *softwares*, são:

- **Solução proprietária:** são ferramentas com tamanho grau de integração que é impossível fazer-se uso independente e genérico de suas funcionalidades, sendo obrigatória a utilização delas a partir do sistema que as hospeda.

- **Soluções semiabertas**: são ferramentas que possibilitam integração com outros sistemas que não aquele que as hospeda. Por exemplo: com aplicações *client* ou de automação de escritório (*Office Automation*).

- **Soluções abertas:** essas soluções podem ser integradas a qualquer sistema externo. Soluções abertas podem ser acessadas tanto no sentido *"in"* (entrada) como no sentido *"out"* (saída). São as ferramentas que mais se assemelham ao modelo WfMC, justamente por manterem a essência da expressão *integração-independente*.

Convém salientar que a incompatibilidade entre essas três classes exclui a possibilidade de existirem *softwares* que possam ter ao mesmo tempo características de cada uma delas combinadas entre si, por isso elas são mutuamente exclusivas.

A Figura 5.6 e o Quadro 5.1 explicam cada um dos parâmetros que podem ser usados para comparação entre os dois tipos de Workflow, autônomo e embutido.

Embora alguns autores e pesquisadores possam enxergar benefícios em um Workflow embutido, eu sou mais purista, isto é, para mim, Workflow embutido tem mais desvantagens que vantagens, e as desvantagens superam qualquer vantagem que possa vir a existir com a utilização de um Workflow embutido.

---

45 WfMC: *Workflow Management Coalition.*

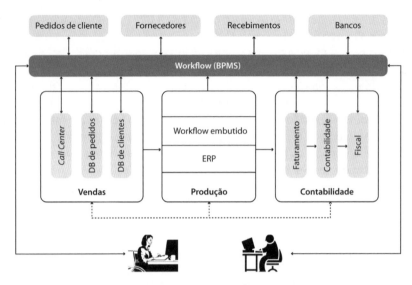

Figura 5.6 Comparação entre Workflow autônomo e Workflow embutido.

Quadro 5.1 Comparação entre Workflow autônomo, Workflow embutido e seus parâmetros

Parâmetro	Workflow autônomo	Workflow embutido
Uma única interface com o usuário	Cada ferramenta tem uma interface com visualização diferente	A visualização é a mesma para o sistema como um todo.
Graphical User Interface (GUI)	Diferentes para cada marca de Workflow	Única dentro da mesma marca
Integração com ODBCs	Limitado pela disponibilidade de interface da ferramenta	Integração completa
Modelagem	Diferente de ferramenta para ferramenta	Diferente de ferramenta para ferramenta
Aderência ao modelo WfMC.	Ferramentas mais aderentes por serem independentes	Ferramentas de difícil aderência
Integração com outras ferramentas	Integração manual	Integração automática
Integração com padrões CORBA, OLE, DDE etc.	Padronizado pelo modelo WfMC	De difícil utilização, por serem sistemas proprietários
Instalação e manutenção	Adicional	Adicional
Escalabilidade	Dependendo da ferramenta, muito simples	Quase impossível
Aplicabilidade	Completa e ilimitada	Limitada
Aprendizagem	Mais uma ferramenta para aprender	Mesma ferramenta já aprendida

A Figura 5.7 mostra como um *software* de BPMS, por meio do módulo de Workflow, deve ser utilizado levando-se em conta o princípio da integração-independente. Note que a camada de Workflow está completamente separada dos outros *softwares*.

É preciso ficar claro que o que estamos discutindo aqui é a característica de integração-independente que um *software* de BPMS (Workflow) deve ter para ser usado em conjunto com outras tecnologias. Quando o BPMS (Workflow) trabalha junto com outro *software* qualquer, a automatização e a supervisão dos processos estarão garantidas quanto a tempos, regras de negócio, rotas, alçadas, gerenciamento das exceções, sem risco de solução de continuidade e com ambos mantendo suas características originais.

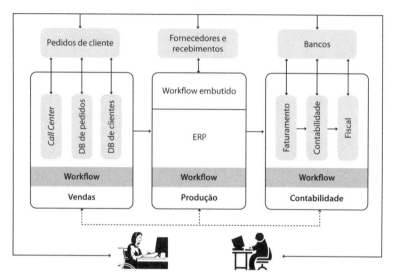

Figura 5.7 Workflow autônomo.

A Figura 5.8 mostra a utilização do Workflow embutido.

Note que o Workflow está dentro de cada *software*, impossibilitando, entre outras coisas, que ele seja utilizado para integrar outros *softwares*.

Além de todos os argumentos já apresentados, que poderíamos chamar de técnicos, há outro definitivo: o custo de um *"client"* de ERP é, em média, dez vezes maior do que de um *"client"* de Workflow puro.

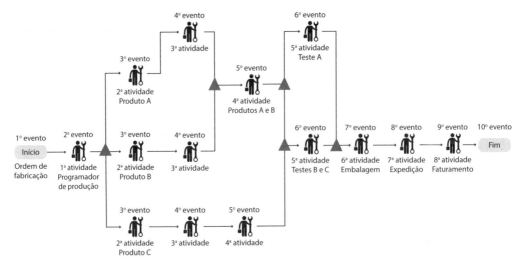

Figura 5.8 Workflow embutido.

Geralmente, a integração de uma ferramenta de Workflow com um ERP se dará a partir dos bancos de dados utilizados pelo segundo, entretanto, como regra de segurança sempre que perguntado a respeito, explico que existem dois momentos em uma integração desse tipo:

- O momento da leitura dos bancos de dados.
- O momento da gravação ou atualização dos bancos de dados.

Quando houver a necessidade de o Workflow ler algum dado de qualquer base de dados, pertencente ao ERP ou a qualquer outro sistema corporativo, acho seguro que isso seja feito diretamente sobre o banco de dados que o sistema precisa acessar e desde que respeitadas as regras de segurança do banco de dados. Em outras palavras, "*ler não tira pedaços*". Mas, quando o tipo de interação é a gravação ou atualização, invariavelmente, sou contrário que essa interação seja feita diretamente sobre o banco de dados. É preciso ter muito cuidado e total controle do que o sistema deverá fazer. Em se tratando de ERPs, sugiro que as gravações e atualizações sejam feitas em um DB intermediário e que, posteriormente, as próprias rotinas do ERP se incumbam de gravar ou atualizar seus bancos de dados, ou que se usem os próprios agentes ou APIs do ERP que estivermos integrando ao Workflow.

Entretanto, quando se tratar de qualquer outro sistema corporativo, do tipo que chamamos de "feitos em casa", o Workflow pode interagir diretamente com seus bancos de dados, desde que sejam tomados todos os cuidados com as regras de segurança de acesso ao banco de dados.

Preocupa-me o fato de os sistemas ERPs terem sido construídos com milhares de tabelas internas (afinal, é justamente por isso que eles servem para qualquer tipo de empresa). Alguns chegam a ter mais de 65.000 tabelas e, normalizadas em alguns e sem qualquer estrutura lógica em outros, isso exige do "programador" conhecimentos exatos sobre onde gravar ou atualizar um dado, o que não é tarefa das mais simples dentro de um ambiente como esse.

Apagar qualquer informação está fora de cogitação, tanto em sistemas ERP como nos demais sistemas corporativos, embora o Workflow não deva assumir essa responsabilidade.

CAPÍTULO 5 | BUSINESS PROCESS MANAGEMENT & BPM SYSTEM **113**

Exemplo 1. O primeiro exemplo de integração entre um Workflow e um ERP diz respeito à colocação e ao tratamento de pedidos de clientes. Essa é uma ocorrência extremamente crítica, pois cada vez mais o que conta nessa relação são características como acessibilidade, tempo e confiabilidade. Além, é claro, do tratamento de cada pedido com qualidade 100% na primeira vez. Em qualquer sistema, as ordens de clientes só começam a ser processadas quando o funcionário encarregado de fazê-lo entra no sistema ERP e aceita a ordem conferindo-a e, se for o caso, corrigindo-a, para, em seguida, passá-la à próxima atividade. Ocorre que, se o tal funcionário não entrar no sistema e/ou não tratar a ordem, ela permanecerá ali, à espera de que alguém o faça. Isso causa inúmeros problemas para a organização. Quando, entretanto, colocamos uma camada de Workflow sobre o ERP, o pedido do cliente passa a se beneficiar da automatização da ferramenta. Se o pedido do cliente não for tratado dentro das regras de negócio e do tempo estipulado para seu processamento, o Workflow tomará as providências de acordo com as regras de negócio que tenham sido parametrizadas no *software*.

Exemplo 2. Quando o setor de compras tem que fazer cotações utilizando um ERP, geralmente o faz por meio de papel ou, no máximo, por *e-mails*. A utilização de uma ferramenta Workflow pode automatizar o processo de compras a ponto de enviar ocorrências de Workflow para cada fornecedor cadastrado no sistema. Isso faz com que todos trabalhem sob as mesmas regras de negócio e com o tratamento do tempo para a resposta controlado pela ferramenta.

5.10 INTEGRANDO WORKFLOW À MANUFATURA DISCRETA

Para escolhermos a melhor forma de integrar um Workflow a um sistema ERP, é necessário que antes revisemos alguns conceitos inerentes a processos industriais de manufatura.

Os processos industriais são subdivididos em processos de manufatura e de serviço.

O termo **manufatura** é herança da Revolução Industrial, século XVIII, quando quase tudo o que se produzia era feito a mão ou tinha uma parcela considerável de intervenção manual humana para tanto. Hoje, embora o grau de utilização de tecnologias seja altíssimo, o termo *manufatura*[46] continua a ser usado para designar produção de coisas tangíveis. Dentro desse tipo de produção, há basicamente duas formas de se produzirem coisas tangíveis e isso deu origem a dois tipos de processos:

- **Manufatura discreta:** esse tipo de manufatura tem diversos subtipos que estão classificados por ordem crescente de volume e decrescente de variedade; basicamente, dizemos que os processos de manufatura discreta "são aqueles que produzem coisas que se pode contar". Essa classificação[47] é usada pela maioria dos especialistas em processos. São eles:

  - **Processos de** *jobbing*: a principal diferença entre esse tipo de processo e todos os outros aqui listados é que tudo o que é produzido neles é produto único, diferenciado dos demais produtos pela adição de características exigidas pelo cliente. Entretanto, diferentemente dos processos de projetos cujos recursos são alocados exclusivamente para produzir um

---

46 Trabalho executado a mão. Obra feita a mão. Estabelecimento industrial que fabrica seus produtos em grande quantidade.

47 Nigel Slack *et al.* (1997).

único produto, no de *jobbing* os recursos de produção são compartilhados com diversos outros produtos igualmente *customizados*, ou feitos sob encomenda. Vamos pegar o exemplo de um ferramenteiro que produz ferramentas diversas. Embora cada ferramenta seja única, sua produção compartilha recursos que produzem outras ferramentas. Outros exemplos de *jobbing* são processos de restauração de móveis, confecção de roupas sob medida, montagem de automóveis de alto luxo e até construção de aeronaves.

- **Processos de produção em lotes:** também conhecidos como processos de produção em batelada, produzem com níveis de variedade e quantidades que, de certa forma, os diferenciam dos processos de *jobbing*, pois não têm o mesmo grau de variedade que aqueles, uma vez que serializam a fabricação do produto enquanto um mesmo lote estiver sendo processado. Isso significa dizer que para aquele lote não variam as especificações nem as características do produto que estiver sendo processado, e todos os recursos empregados para tal fim estarão repetindo as operações e utilizando os mesmos recursos. Alguns processos de fabricação em lote são: produção de vestuário e produção de alguns tipos de motores.

- **Processos de produção em massa:** fabricação de grandes volumes e baixa variedade de produtos caracteriza o tipo de operação desse processo. A diferença básica entre ele e os outros listados anteriormente é que os volumes processados pelos recursos alocados para tal finalidade não sofrem qualquer tipo de variação, nem de quantidade nem de especificidade. Por exemplo, automóveis comuns são montados dentro de processos de produção em massa, diferentemente dos processos que montam automóveis de alto luxo, como os da Ferrari e Rolls-Royce. Produtos fabricados por processos de fabricação em massa são: televisores, geladeiras, (processamento de) carne de frango, de boi, entre outros.

- **Manufatura contínua:** a manufatura contínua, genericamente, produz coisas que pesamos e/ ou medimos. São processos que estão na base das indústrias petroquímicas, químicas, siderúrgicas, fábricas de papel e celulose, usinas de energia. Processos dessa natureza produzem continuamente, em geral, por longos períodos de tempo, e são basicamente "gerenciados" por tecnologias de processos, diferentemente dos processos de natureza discreta e de serviços, que são gerenciados por pessoas.

O evento que inicia o ciclo de manufatura pode ser de dois tipos:

- Individual.
- Lote.

Tanto individualmente como em lote eles compartilham de especificações que podem ser tratadas de forma igual. Essas especificações são mais consistentes em se tratando de produção em lotes, pois individualmente as diferenças podem chegar a ser maioria, o que inviabilizaria a adoção de especificações comuns pertinentes a vários "produtos".

Para os dois tipos de produção o primeiro evento chama-se Ordem de Produção, que é disparado por um Plano de Produção, que, por sua vez, teve origem no que chamamos de Pedido de Cliente.

Uma vez iniciado o ciclo de produção, segue um fluxo de trabalho que levará a ordem de produção para ser executada em cada atividade dentro de uma sequência lógica e cronológica (processo). De atividade em atividade, a ordem de produção segue sendo trabalhada até o final, quando o produto é inspecionado e liberado para embarque.

CAPÍTULO 5 | BUSINESS PROCESS MANAGEMENT & BPM SYSTEM **115**

Em cada atividade onde uma ocorrência tiver que ser executada, o formulário eletrônico poderá trazer informações, tais como:

- Especificações de manufatura.
- Características do produto.
- Números das peças que serão produzidas.
- Lista de tarefas.
- Número do cliente.
- Número do inventário.
- Instruções especiais de fabricação, se for o caso.

Além dessas, há a possibilidade de anexarmos documentos ao formulário eletrônico que complementariam as orientações da Ordem de Fabricação. Esses documentos podem ser plantas, esquemas gráficos, mapas, e serviriam para orientar os operários na linha de produção. Essa funcionalidade pode ser facilmente utilizada em uma ferramenta de BPMS (Workflow), possibilitando maior automaticidade e agilidade tanto em processos executados inteiramente dentro da mesma "planta", pela Intranet, como em processos executados em vários e distintos locais, por meio de uma Extranet e, até mesmo, pura e simplesmente, utilizando a Internet.

5.11 PREOCUPAÇÕES ESSENCIAIS

Existem vários elementos que precisam ser cuidadosamente conhecidos e analisados para que um processo de manufatura discreta possa ser automatizado por meio de um *software* BPMS (Workflow). Entre os mais importantes, estão:

- As rotas e as regras de negócio para o correto gerenciamento da sequência de fabricação no chão de fábrica.
- Quem irá rastrear as ordens de fabricação, desde a primeira até a última atividade do fluxo.
- Como serão rastreadas as ordens de fabricação, desde a primeira até a última atividade do fluxo.
- A cronologia das operações críticas do processo, para que elas sejam realizadas na sequência e nos tempos certos.
- As especificações que serão programadas para tratar qualquer ordem de fabricação atrasada.
- A carga de trabalho em todas as atividades, a fim de evitar, sempre que possível, a ocorrência de gargalos, folgas e restrições.
- Os documentos que devem fazer parte da ordem de fabricação e assegurar que estejam presentes em cada estação de trabalho, de modo a garantir a correta execução da atividade.
- Os tempos de ciclo e processamento e as probabilidades de ocorrerem retardos causados por gargalos, restrições e inadequação entre carga e capacidade instalada de produção.
- Os custos de produção do processo por meio do controle dos custos de cada atividade presente nele.

Por fim, mas não menos importante:

- **O *hardware* que servirá como ambiente para "rodar" o sistema BPMS (Workflow).** Incluir o *hardware* aqui pode parecer sem sentido, afinal, ele não faz parte do processo. Entretanto, todos os elementos e suas funcionalidades citadas anteriormente só poderão ser programadas e utilizadas se a capacidade instalada, tanto de servidores quanto de estações de trabalho, for cuidadosamente planejada. Quanto maior for o detalhamento das características dos elementos antes listados, mais poderoso necessitará ser o *hardware* utilizado.

5.12 EXEMPLO DETALHADO

Esse hipotético exemplo de integração entre um processo de manufatura discreta e uma ferramenta de BPMS (Workflow) se baseia na produção de três produtos, que passaremos a chamar de produto "A", produto "B" e produto "C". Cada um desses produtos percorrerá um fluxo de trabalho distinto para que possam ser manufaturados nas diferentes células de produção. Algumas dessas atividades serão compartilhadas para fabricar alguns produtos, enquanto outras não poderão ser compartilhadas em virtude da natureza de outros produtos. Outra característica importante desse processo é que nele existem células de trabalho que, embora estejam em rotas diferentes, executam a mesma função, o que torna o processo passível de implantação de uma metodologia para balancear a distribuição da carga de trabalho entre elas.

Como na totalidade dos processos de manufatura, este que estamos exemplificando inicia-se com o pedido do cliente e termina com a embalagem, a expedição e o faturamento.

A Figura 5.9 mostra como o fluxo do processo seria desenhado em um *software* qualquer de BPMS (Workflow). Cada uma das atividades contidas nesse fluxo representa uma atividade existente no processo de manufatura discreta, executada no posto de trabalho.

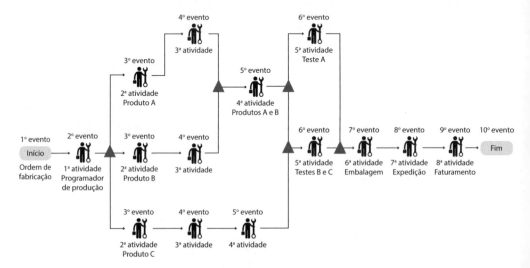

Figura 5.9 Processo genérico de manufatura.

5.13 A DESCRIÇÃO DO PROCESSO

1º evento: Pedido do cliente. O pedido do cliente dispara a ordem de fabricação. Aqui, temos já uma grande diferença com relação a processos não automatizados por BPMS (Workflow). Esse pedido de cliente pode ser introduzido no sistema de processamento de ordens de duas formas:

- Diretamente, por BPMS (Workflow), integrado com o módulo de processamento de ordens.

- Indiretamente, por meio de um funcionário da administração de vendas, para o qual chegam todos os pedidos de clientes e que, posteriormente, se encarrega de colocá-los dentro do fluxo de trabalho usando uma ferramenta BPMS (Workflow).

Claro deve estar que a primeira forma seria mais produtiva e muito mais aderente ao modelo B2C,[48] mas muitas empresas ainda relutam em abrir suas operações para clientes pela *web*, e muitas das que o fazem apenas simulam essa ligação direta.

Em resumo, essa atividade terá um formulário eletrônico que será usado para introduzir no sistema informações como:

- Tipo de produto.
- Quantidade.
- Datas.
- Recomendações especiais.
- Especificações de manufatura.

2º evento: 1ª atividade – Programação da produção. A ordem de fabricação vai para um programador de produção que tem por função assegurar que todas as partes e matérias-primas envolvidas na fabricação do produto sejam selecionadas conforme a lista de materiais do produto (*bill of material*) e nas quantidades corretas e de que elas existem no estoque. Se alguma não existir, o programador de produção irá disparar uma ordem de compra para garantir a sua disponibilidade no momento em que ela for exigida para a fabricação do produto. Além disso, o programador de produção, dependendo da empresa e da excelência do processo, tem também a responsabilidade por montar a composição, ou receita de fabricação, do produto especificado pelo cliente.

Essa atividade, quando automatizada por uma ferramenta BPMS (Workflow), pode disparar vários subprocessos que terão por incumbência disparar ordens de fabricação dos subconjuntos necessários à montagem do produto final.

O BPMS (Workflow) pode verificar o BOM[49] automaticamente, emitir a lista de materiais requeridos para a produção dos subconjuntos e encaminhá-la, juntamente com a ordem de fabricação para a produção.

3º evento: 2ª atividade – Fabricação. A ordem de fabricação segue para a 2ª atividade do fluxo de trabalho baseada no tipo de produto a ser fabricado, "A", "B" ou "C". Como mostrado na Figura 5.9, existem três diferentes células de trabalho para essa 2ª atividade, e a ordem de fabricação segue automaticamente para a célula apropriada de acordo com as características de

---

48 B2C – jargão da área para a abreviatura da expressão *Business to Consumer*.

49 BOM – *Bill of Material*, ou Lista de Materiais.

roteamento condicional (regras de negócio) definidas no BPMS (Workflow). Tanto por células quanto por atividades dentro de cada uma delas, é possível fazer o roteamento baseado na carga de trabalho de forma predefinida ou dinâmica, o que confere ao processo de fabricação total automatismo e ganhos de produtividade consideráveis.

4º evento: 3ª atividade – Fabricação. Tão logo o trabalho na 2ª atividade esteja concluído, a ordem de fabricação é enviada à 3ª atividade. Todas as considerações expostas no parágrafo referente à 2ª atividade são igualmente aplicáveis para esse ponto do fluxo de trabalho. Convém salientar que, nesse processo, existem diferentes atividades dentro de diferentes células de trabalho especializadas por produto.

5º evento: 4ª atividade – Fabricação. Nessa célula, os produtos "A" e "B" compartilham a mesma atividade, enquanto o produto "C" é trabalhado por outra atividade, dentro de outra célula. Isso se dá por questões de especialização do trabalho, pois nesse processo o produto "C" tem características especiais e, por isso, deve ser processado por essa atividade especializada.

6º evento: 5ª atividade – Testes. Tanto o produto "B" quanto o produto "C" são enviados para testes na mesma atividade, mas o produto "A", em função de características especiais, deverá ser testado em outra atividade.

Mediante a parametrização das regras de negócio e das "regras" para o tratamento das exceções o fluxo a ser percorrido por qualquer produto pode mudar sem intervenção humana e garantir que, sob as mesmas condições, todas as igualdades e diferenças serão tratadas conforme o planejado.

7º evento: 6ª atividade – Embalagem. Todos os produtos são enviados para a mesma atividade para serem embalados e, posteriormente, embarcados para o cliente.

Podem existir diversas atividades dentro dessa célula para realizar esse trabalho e, como todos os tipos não requerem nenhum tipo especial de embalagem, o BPMS (Workflow) pode ser programado para enviar as ocorrências a uma fila. Todas as atividades de embalagem vão até essa fila, retiram uma ocorrência e a tratam. Entretanto, a qualquer momento esse fluxo de distribuição pode ser alterado manualmente pelo supervisor da célula para tratar uma emergência ou qualquer outra eventualidade, redistribuindo dinamicamente a carga de trabalho.

8º evento: 7ª atividade – Expedição. Nessa atividade, os produtos são preparados para ser despachados para os clientes. Geralmente, aqui é feita uma relação dos produtos que serão embarcados para que o faturamento possa elaborar as notas fiscais correspondentes.

9º evento: 8ª atividade – Faturamento. Finalmente, são emitidas as notas fiscais para o envio dos produtos aos clientes.

10º evento. Este evento encerra o processo de manufatura.

EXPLICAÇÃO IMPORTANTE

Você, provavelmente, estará pensando:

– Não vi nenhuma diferença entre esse exemplo e qualquer processo de manufatura gerenciado por um *software* de ERP.

Se eu o estou subestimando, peço desculpas.

O fato é que, à primeira vista, pode mesmo parecer que não existem diferenças significativas entre um e outro. Entretanto, a principal delas está na palavra que define a ação de cada um desses *softwares*. Enquanto um ERP gerencia recursos, o BPMS (Workflow) automatiza o gerenciamento tanto dos recursos quanto dos processos que os utilizam!

O exemplo anteriormente mostrado se limitou a mostrar o básico.

Em um processo real, várias outras atividades estariam presentes.

Por exemplo, a Figura 5.10 mostra que, após o programador de produção ter feito seu trabalho e por meio dele ter detectado que certos materiais não constam do estoque, uma ocorrência seria automaticamente encaminhada ao comprador daquele tipo de material para que o mesmo pudesse ser adquirido.

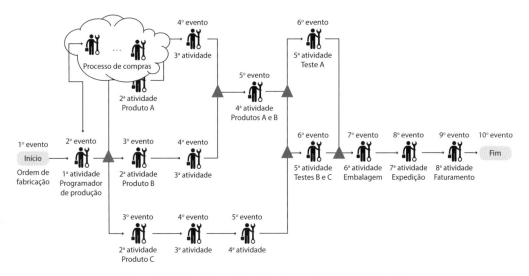

Figura 5.10 Pedidos automatizados por BPMS (Workflow).

A Figura 5.11 ilustra a ligação entre os processos de manufatura, primário, e o de compras e o de recebimento, ambos secundários. O vendedor dispararia ocorrências para os fornecedores já cadastrados, que, também via BPMS (Workflow), enviariam suas propostas de fornecimento. Os vendedores enviariam as mercadorias compradas, que seriam recebidas pelo processo de recebimento.

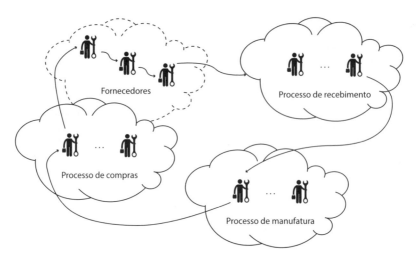

Figura 5.11 Integração entre os diversos processos.

Além dessas ligações entre processos primários e secundários por meio de ocorrências automaticamente geradas pelo BPMS (Workflow), há a funcionalidade que permite anexar qualquer tipo de documento a um formulário eletrônico, o que garante o envio de plantas, esquemas ou instruções de manufatura atualizadas a qualquer atividade de qualquer processo.

5.14 *SOFTWARES* PARA PROCESSOS DE NEGÓCIO

Divido os *softwares* para processos de negócio em três classes distintas entre si pelo tipo de abrangência, interação e automatização que têm sobre qualquer processo de negócio. As classes são:

1. *Softwares* para documentação, desenho, redesenho e modelagem de processos de negócio.
2. *Softwares* para documentação, desenho, redesenho, modelagem e *simulação* de processos de negócio.
3. *Softwares* para documentação, desenho, redesenho, modelagem, simulação e *automatização* de processos de negócio.

Não vou detalhar esses *softwares* como fiz no passado com alguns sistemas de Workflow, porque depois torna-se impossível manter este livro atualizado à medida que esses produtos evoluem e agregam novas funcionalidades a cada nova versão lançada.

SAIBA MAIS

Sobre modernos *softwares* de BPMS (Workflow):
http://www.ultimus.com. Acesso em: 13 ago. 2019.

Softwares para mapeamento, análise, modelagem, implantação e gerenciamento de processos de negócio são muito úteis, mas não encerram todas as verdades existentes no universo do processo de negócio. Isso significa dizer que, primeiro, é preciso aprender sobre processo de negócio para só então, depois de analisarmos quanto do universo do processo de negócio cada *software* consegue representar, comprarmos o produto que melhor atenda às nossas necessidades e ao nosso bolso.

5.15 COMPUTER-SUPPORTED COOPERATIVE WORK

Produtos aderentes ao conceito CSCW são produtos que, *sine qua non*, empregam tecnologias Groupware.[50]

Diferentemente de outros *softwares*, os da família Groupware empregam componentes cujo principal objetivo é o de possibilitar que as pessoas trabalhem naturalmente em grupo. Assim, qualquer *software* que empregue separadamente ou em conjunto alguns dos componentes listados a seguir é, em princípio, um *software* Groupware.

Categorias das aplicações *Groupware*:

- Aplicações baseadas em documentos e formulários.
- Aplicações baseadas em grandes volumes de dados e transações.
- Aplicações baseadas em comunicação organizacional.

Nos dois primeiros grupos, estão:

- Mecanismos e facilidades de comunicação.
- Gerenciadores de documentos.
- Controladores de fluxo de formulários.
- Controladores de fluxos de trabalho (Workflow).

Object Oriented Data Base Management Systems:

- Gerenciamento de imagem.
- Recuperação de dados e informações.

No grupo de aplicações baseadas em comunicação organizacional, estão:

- Calendário.
- Agenda eletrônica.
- Mecanismos de colaboração.
- Videoconferência.
- Workflow.

---

50 São sistemas computadorizados que permitem a grupos de usuários trabalharem de forma cooperativa em algum propósito ou objetivo comum.

5.16 O SURGIMENTO DO BPMS

Do ponto de vista dos interessados no tema BPMS e, principalmente, dos "fabricantes" dessa classe de *softwares*, o precursor desse *software*, o Workflow ainda não vendeu o quanto poderia ou deveria ter vendido no mercado estimado em nível mundial para esse tipo de Tecnologia da Informação, ou seja, o Workflow ainda não foi comprado pelas organizações (no mundo todo) com a mesma intensidade e nas mesmas quantidades que outros *softwares* o foram, como os ERPs, por exemplo.

Por que será?

Por que as empresas não compram Workflow como compram outros *softwares*, já que este tem uma proposta tentadora? Automatizar processos de negócio, garantir a execução das regras de negócio, controlar o tempo programado para que as tarefas sejam executadas são necessidades que toda organização tem. Então, por que tão pouco Workflow vendido até hoje?

As principais razões que, a meu ver, justificam as baixas vendas (e compras) mundiais de Workflow são:

- Os possíveis compradores acham o *software* Workflow caro por não conseguirem entender quais são os reais benefícios que o mesmo traria à organização.

- Também do ponto de vista dos compradores, há a imperiosa necessidade de contratarem e manterem profissionais especializados no produto para a implantação e atualização do mesmo.

- Mais que qualquer outro *software*, o Workflow necessita que a análise e a modelagem de processos de negócio sejam realizadas com detalhamento maior para poder ser implantado, e isso acarreta ao projeto custos que muitas vezes são ignorados (e cortados) quando da implantação de outros *softwares*, como o ERP, por exemplo.

- A necessária mudança cultural que o *software* de Workflow obrigará as organizações a encetarem se quiserem operar dentro do espírito *Computer-Supported Cooperative Work*. Talvez essa seja a parte mais difícil da implantação do *software*.

Não vou me estender procurando justificar aqui o porquê de as vendas de Workflow terem ficado aquém do esperado, embora possa garantir que a lista chegaria facilmente à casa dos 50 motivos. A meu ver, o que interessa é saber que, efetivamente, Workflow ainda não vendeu o potencial estimado. Por conta disso é que os "fabricantes" de *softwares* dessa classe de *software* decidiram que era chegada a hora de "incrementar" a ideia original na busca por aumentarem suas vendas, fazer o que os profissionais de marketing chamam de revitalizar a marca. Daí surgiu o *software* BPMS.

Outros autores têm outras versões para o surgimento do BPMS.

> Ao mesmo tempo, os sistemas do Workflow, popularizados em meados dos anos 1990, amadureceram e são usados agora extensamente. Essencialmente, quando falamos de sistemas de Workflow, falamos de sistemas que controlam a interação entre empregados e dados. No início, os sistemas de Workflow foram projetados para gerenciar o processamento de documentos. Os formulários eram digitalizados e armazenados em bancos de dados. Depois surgiram as versões eletrônicas dos formulários que passaram a ser distribuídas às estações de trabalho dos empregados de modo que podiam ser processados. Assim que um

empregado terminasse de processar um formulário, ele era distribuído automaticamente ao empregado seguinte dentro do fluxo de trabalho. No final dos anos 1990, os sistemas de Workflow tinham sido integrados nos sistemas de Planejamento de Recursos Empresariais para facilitar a interação dos empregados com aplicações de ERP. Entretanto, logo ficou evidente que a gerência de múltiplos "motores" de Workflow – um para cada aplicação de ERP – era uma tarefa demasiadamente complexa. Ficou claro que o melhor seria ter um único motor de Workflow que poderia controlar todos os empregados e todas as aplicações usadas em um processo de negócio completo. Esta necessidade – combinada com a necessidade de integração do *Enterprise Application Integration* (EAI) – levou os vendedores de ERP a adicionar elementos de Workflow a seus produtos e a uma movimentação similar por parte dos vendedores de Workflow para adicionar elementos de EAI a seus produtos – nascendo daí o *software* de BPM (MIERS; HARMON, 2005).

Há alguns pontos da citação transcrita que merecem algumas observações.

Primeiro, não é de todo verdadeira a afirmação que os primeiros sistemas de Workflow foram criados para gerenciar o processamento de documentos (*manage document processing***).** Todos que se interessam pelo tema sabem que o Workflow foi concebido para automatizar Regras de Negócios (*rules*) inerentes a tarefas sob responsabilidade dos Papéis Funcionais (*Roles*) existentes em processos (*routes*). Facilidades como definição de formulários eletrônicos e anexação de documentos dentro do *software* surgiram muito tempo (e várias versões) depois que o Workflow já existia. **Também é falaciosa** a afirmação de que nos anos 1990 os sistemas Workflow foram integrados aos sistemas ERP, embora alguns fabricantes tenham tentado fazer as organizações acreditarem que seus produtos embutiam sistemas "puros" de Workflow. Muitas das organizações que tentaram usar algumas funcionalidades do modelo Workflow embutidas em ERPs desistiram de fazê-lo após constatarem o elevado custo de programação, implantação e atualização dos mesmos.[51] **Outra afirmação sem qualquer fundamento técnico** (a não ser para justificar o injustificável: o *software* BPMS) é a de que gerenciar vários "motores" de Workflow transformou-se em algo extremamente complexo (*that the management of multiple workflow engines was too complex*), uma vez que não há tecnologia ainda para fazer um único "motor" de BPM processar um número infinito de transações.

O principal documento do Workflow Management Coalition traz o seguinte texto sobre esse assunto:

Workflow encarrega-se de automatizar procedimentos em que documentos, informações e tarefas são passadas entre participantes de acordo com um conjunto de regras definidas a fim de contribuir com, ou atingir, os objetivos do negócio. (WfMC. TC00-1003. Issue 1.1. Workflow Reference Model, Printed 19/11/1998).

---

51 Não vou aqui nomear as organizações que tentaram implantar Workflow utilizando os módulos existentes nos ERPs, mas posso assegurar que duas delas são usuárias do SAP e outras duas do Oracle.

124 SISTEMAS DE INFORMAÇÕES GERENCIAIS E OPERACIONAIS | CRUZ

A versão final do documento citado acima é de 1998, mas tanto ele como as definições nele contidas continuam atualíssimas.

Vários produtos Workflow que conheço já tinham, em 1999, capacidade para gerenciar vários motores de Workflow fazendo-os trabalharem de forma integrada e harmônica. Mesmo porque, todos os *softwares* de BPMS que conheço não diferem em nada nesse particular dos *softwares* de Workflow já existentes. Também em termos de capacidade de processamento de transações, já existiam antes do surgimento dos BPMS *softwares* de Workflow com grande capacidade diária para processá-las. Alguns *softwares* já processavam num único motor algo em torno de 100 mil transações por dia, e a capacidade do sistema operacional Microsoft XP atendia a um milhão de transações por dia. A capacidade total de processamento de alguns excelentes *softwares* de Workflow podia ser multiplicada pela adoção de vários motores trabalhando de forma concatenada pelos bancos de dados que os suportavam.

5.17 TECNOLOGIAS ENVOLVIDAS COM BPMS

Existem várias e diferentes abordagens sobre esse tema, assim como diversas classificações para as tecnologias que compõem o conjunto (suíte) *Business Process Management System*. Todas essas abordagens têm sempre algum ponto em comum entre si, e meu intuito aqui é o de elucidar, na medida do possível, como todas as abordagens, classificações e Tecnologias da Informação se intercalam, integram e interagem para formar e fazer funcionar um BPMS.

Para organizar melhor as ideias, e, consequentemente, manter uma linha de raciocínio que me permita explicar, e a você entender, o que está por trás do *Business Process Management System*, dividi as tecnologias envolvidas em três grandes grupos:

1. Grupo dos padrões de conformação.
2. Grupo das linguagens de programação.
3. Grupo dos componentes de integração.

Todos os especialistas em *Business Process Management System* falam dele como um conjunto de tecnologias cuja finalidade é a de facilitar a construção de sistemas que integrem *completamente* o ambiente de negócio de qualquer organização. É por isso que a arquitetura (*framework*) BPMS foi construída com tecnologias emprestadas de outros ambientes, pois salvo as linguagens que citarei a seguir, nenhuma foi inventada especificamente para o *Business Process Management System*. Essa estrutura, conhecida no nosso meio como BPMS Suíte, é mais uma tentativa de explicar por que o BPMS pode fazer mais que qualquer *software* de Workflow existente até então.

Cada uma das tecnologias listadas a seguir, no meu modo de entender, ou já estavam presentes no modelo Workflow do WfMC, ou poderiam ser integradas aos melhores *softwares* de Workflow existentes até então, com algum esforço de programação.

Por isso, dificilmente algum CIO conseguirá justificar o investimento necessário para adquirir as novas BPM *suítes* se já possuir algum bom *software* de Workflow, excluindo-se, claro, aqueles que estão sempre em busca de novidades como forma de garantir e justificar seu emprego e salário.

5.18 APLICAÇÕES BPMS

O que seriam aplicações BPMS? A julgar pelo que alguns especialistas já escreveram sobre isso, as aplicações BPMS seriam sistemas de informações construídos inteiramente com características BPMS, ou melhor, com características já existentes, no passado, no modelo Workflow. Características que têm em comum a dinamicidade e a automaticidade no tratamento das ocorrências processadas por qualquer processo de negócio.

Hoje, já podemos construir sistemas baseados nas características 3Rs (os mesmos 3Rs originais do modelo Workflow) sem que estejamos utilizando um *software* de Workflow ou BPMS. Basta, por exemplo, que a organização tenha adquirido o núcleo de algum *software* (um motor) de Workflow ou de BPMS (o que dá no mesmo) e construa sistemas, embutindo o motor (engine) do BPMS no núcleo deles a fim de dar-lhes características de sistemas Workflow, isto é, criando neles funcionalidades que processarão cada transação com o mesmo automatismo com que elas são tratadas em *softwares* BPMS (Workflow). Entretanto, esse tipo de utilização de motores Workflow atenta contra um dos princípios fundamentais do modelo WfMC: o da independência do *software* Workflow com relação a todas as outras aplicações e sistemas existentes na organização. Sei, por experiência própria, que quanto maior for a independência de um sistema Workflow e BPMS com relação a qualquer outro sistema ou aplicação, melhor, mais aderente e atualizada será a representação do ambiente de negócio automatizado pelo mesmo. O mesmo princípio deve valer para o *software* BPMS, pois deduzo que os princípios do modelo Workflow estejam contidos nele, uma vez que o *software* incorpora o motor de transações, tão necessário à automatização dos processos.

Muitas empresas "fabricantes" de *softwares* Workflow e BPMS desenvolveram sistemas genéricos, como o são os ERPs, tendo como núcleo o "motor" de seu *software* produto.

Por que e para quê?

Porque essas empresas pensam que oferecendo soluções prontas para serem usadas por qualquer empresa (sistemas genéricos) facilitam a aquisição e a implantação do Worflow e do BPMS por parte das organizações que não podem, não querem ou não têm como gastar dinheiro com a programação e a parametrização do *software* adquirido. Ao adotarem uma solução pronta, tais empresas se sujeitam a funcionar sob os princípios que nortearam a concepção desses produtos. Mais ou menos como funciona a adoção de um *software* de ERP, que, por ser genérico, obriga as empresas a adotarem, em menor ou maior grau, o padrão que eles carregam. Dessa forma, existem aplicações prontas para vendas, administração de carteira de clientes, telemarketing e contabilidade, entre outras.

As empresas donas de produtos Workflow e BPMS pensam que se chegarem na frente do futuro cliente com algo pronto, para ser imediatamente usado pela organização, a venda de um desses *softwares* será mais fácil. Esquecem-se elas que, por mais semelhantes que sejam os processos de negócio existentes no mundo (de vendas, administração de carteira de clientes, telemarketing e contabilidade, contas a pagar, contas a receber etc.), cada organização tem suas particularidades e peculiaridades, características que são passadas para cada processo de negócio em particular, o que muitas vezes inviabiliza a adoção desses sistemas genéricos por causa da obrigatória adaptação da organização a eles e não, como deveria ser, a adaptação deles aos processos de negócio da organização.

SAIBA MAIS

Conheça uma empresa de BPMS que desenvolveu uma excelente aplicação de *Customer Relationship Management* – CRM (Gerenciamento do Relacionamento com Clientes): https://www.bpmonline.com. Acesso em: 13 ago. 2019.

5.19 CICLO DE VIDA DO BPM

Dentro do *Business Process Management* há um grande ciclo de vida que se subdivide em vários outros ciclos, cada um deles ligado a um aspecto do conjunto BPM. A Figura 5.12 mostra o ciclo de vida genérico do BPM.

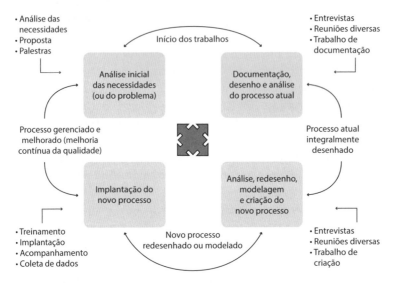

Figura 5.12 Ciclo de vida geral do *Business Process Management*.

O ciclo de vida genérico do BPM começa quando a organização decide mapear seus processos, conhecendo-os por meio da documentação detalhada de cada um dos elementos que deles fazem parte. Para fazer isso, a organização tem duas possibilidades: faz o trabalho de documentação com recursos próprios, o que significa dizer, com analistas de processos internos, ou contrata de terceiros os recursos necessários para levar adiante o projeto. Qualquer que seja a decisão, fazer ou contratar, é necessário que tanto o escopo do projeto como os meios pelos quais ele será implantado sejam claramente definidos, entendidos e equacionados em termos de custo-benefício.

Para tanto, uma das primeiras preocupações da organização deve ser a de ter uma metodologia para fazer o trabalho de análise, desenho, redesenho, modelagem, organização, implantação, gerenciamento e melhoria de processos de negócio. Pode ser qualquer metodologia, qualquer uma serve, desde que haja uma. O que não se pode admitir é que qualquer trabalho com processos de negócio seja iniciado sem uma metodologia, por mais simples que sejam o trabalho e a metodologia utilizada. A Figura 5.13 mostra uma estrutura metodológica genérica para trabalhar processos de negócio.

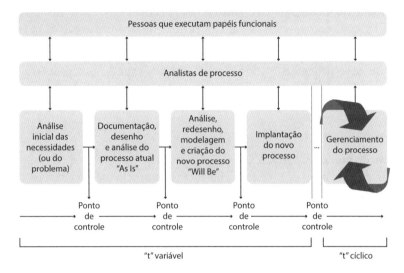

Figura 5.13 Estrutura metodológica genérica para projetos BPM.

5.20 FASES DA METODOLOGIA

As fases da metodologia estão relacionadas a seguir.

TEMPO VARIÁVEL

Análise inicial das necessidades (ou do problema). Ocorre quando tomamos contato com a realidade do projeto, sua extensão, duração, custo e objetivo. É nessa fase do projeto, ou mais precisamente pré-projeto, que todas as dúvidas, todas as expectativas do cliente devem ser entendidas e equacionadas. Fazer essa fase sem os cuidados necessários pode significar o fracasso do projeto, com diferentes graus de prejuízo. Entre outras questões será necessário saber com certeza: o que o cliente espera receber ao final dos trabalhos; expectativas e desejos da organização; quantas pessoas estão (e estarão durante o desenrolar dos trabalhos) envolvidas com o processo que será desenhado, redesenhado ou modelado; por quantas áreas funcionais estão distribuídas as pessoas; localização geográfica dessas áreas e quantas informações mais forem úteis para que façamos uma proposta com o menor grau possível de incerteza.

Documentação, desenho e análise do processo atual. Ocorre quando documentamos o processo que já existe a fim de melhorarmos suas condições de execução e operação. Processos sem controle são todos os que existem, produzem bens ou serviços, mas não são formalmente conhecidos porque não são documentados. Todas as pessoas que executam operações nesses processos não sabem muito além do que sabem e do que fazem. O trabalho de documentar e desenhar o processo existente serve para que o mesmo seja formalmente conhecido, analisado e entendido por todos que têm responsabilidades com o produto produzido por ele. Essa fase só é feita se o processo existe. Se não existe, passamos da análise inicial das necessidades (ou do problema) para a fase seguinte.

Análise, redesenho ou modelagem e criação do novo processo. Ocorre quando desenhamos o novo processo, quer com melhorias sobre os já existentes na organização, quer o processo seja totalmente novo.

Implantação do novo processo. Ocorre quando implantamos o novo processo, treinando e acompanhando as pessoas para garantir que o que foi projetado e criado seja efetivamente executado e operacionalizado.

TEMPO CÍCLICO

Gerenciamento do processo – PDCA. Ocorre quando todos os funcionários buscarão melhorar continuamente o que fazem por meio da implantação da melhoria contínua da qualidade do processo de negócio.

Depois da análise ou do desenho, redesenho, modelagem, organização e melhoria do processo de negócio que estiver sendo mapeado, é necessário programá-lo em um *software* BPMS para que possamos implantá-lo e gerenciá-lo.

Programar ou diagramar o BPMS é o primeiro grande conjunto dentro do ciclo de vida do *software*. A "matéria-prima" para este trabalho são a análise, o desenho, o redesenho, a modelagem e a organização dos processos de negócio mapeados nos ciclos *Business Process Management*. Mais especificamente, a documentação que viermos a produzir de qualquer processo poderá ser utilizada para a implantação do *software* BPMS ou Workflow, desde que o nível de detalhamento possibilite seu uso para programar e/ou diagramar um *Business Process Management System*. A ressalva faz-se necessária porque *softwares* desse tipo requerem um grau de detalhamento da documentação dos processos de negócio muito maior do que quando gerada para outras utilizações, como para simplesmente conhecê-los. Como, aliás, já acontecia com o predecessor do BPMS, o Workflow.

Por exemplo, se quisermos atribuir ao *software* BPMS (usando o módulo Workflow) o controle dos tempos de processamento, de espera e total das atividades existentes de cada processo, precisamos já ter definido tanto o *Service Level Agreement* (SLA) quanto o *Service Level Management* (SLM). A criação do *Service Level Agreement*, ou em português, acordo do nível de serviço, só pode ser feita corretamente se o processo tiver sido suficientemente detalhado e documentado, caso contrário, será quase impossível fazer com que o BPMS execute o controle dos tempos. Mesmo que tenha sido suficientemente detalhado, ainda será preciso que cada processo seja cuidadosamente analisado quanto aos tipos de controle de tempos possíveis para cada evento existente dentro de cada atividade que dele faça parte.

Testar e simular o BPMS tem dois pontos de preocupação importantes. *Softwares Business Process Management System* são complexos por envolverem sempre grande quantidade de componentes e por serem, depois, usados em um grande número de *hardwares* diferentes. Assim, testar o sistema deve ser a primeira preocupação dos que desenvolvem soluções nesse tipo de *software*. Testar significa verificar se todos os componentes estão definidos corretamente, se todos os *hardwares* estão endereçados e programados corretamente e, enfim, se todas as ligações entre os diversos

CAPÍTULO 5 | BUSINESS PROCESS MANAGEMENT & BPM SYSTEM **129**

componentes de *software* e entre estes e o *hardware* estão certas e operando. Só a partir desses testes iremos passar à segunda preocupação importante: a simulação.

Testar significa verificar se tudo está funcionando, mas simular, rigorosamente mais importante que testar, significa verificar se tudo está funcionando como deve funcionar ou se tudo está funcionando como exige o processo automatizado.

A simulação deve ser realizada em duas fases:

1. **A equipe de programação e/ou diagramação do BPMS deve testar e simular todo o processo programado ou diagramado no *software* sem envolver os usuários finais.**

2. **A equipe de programação e diagramação do BPMS deve envolver os usuários finais na simulação, pois são eles que vão atestar o correto funcionamento do sistema e do processo e, consequentemente, aprová-los ou rejeitá-los.**

Note que, na segunda fase, não há testes, mas apenas simulação. Não devemos testar nada quando envolvemos o usuário final, devemos apenas simular a estrutura lógica e cronológica do processo para provarmos seus resultados aos usuários finais.

Treinar os usuários tão logo os resultados dos testes e as simulações tenham sido satisfatórios. Não há necessidade de treinarmos os usuários antes das simulações, pois os mesmos não necessariamente irão operar o BPMS, mas apenas acompanhar as sessões de simulação feitas pelo pessoal técnico.

Esse é o momento de fazermos as pessoas assumirem as responsabilidades inerentes a cada papel funcional criado para cada atividade do processo de negócio automatizado pelo *Business Process Management System*, seja em um processo novo ou em um que tenha sido redesenhado. Ensinar e treinar cada funcionário devem ser trabalhos realizados pelos analistas de processos, ou pelo grupo de implantação do BPMS. É um momento importante e deve ocorrer imediatamente antes da implantação do processo para que cada ator (cada funcionário) possa entender suas responsabilidades perante a organização, possa saber exatamente o que seus clientes, internos e externos, esperam como produto de sua atividade e como o *software* BPMS irá funcionar para ajudá-lo nas suas responsabilidades no dia a dia da organização.

Implantar o BPMS dando por encerrado o ciclo inicial da implantação do *software* dentro da organização. Convém salientar que, na falta de alguma outra "invenção", implantaremos também um plano PDCA, para que possamos melhorar continuamente tanto a aplicação BPMS quanto o próprio processo automatizado por ele.

Processos podem ser implantados de quatro maneiras, ou por meio de uma quinta, que é a mistura das quatro formas básicas. A escolha da melhor maneira para implantar um processo depende das análises sobre o tipo e a natureza deste, onde será executado, se em primeiro plano, em segundo plano, ou em ambos, se é um processo terceirizado. Essas análises vão poder nos dar informações para escolhermos qual será o tipo de implantação que devemos usar para o processo.

Entretanto, convém ressaltar que, além de a implantação poder ser feita com um *mix* das quatro formas básicas, há, também, a possibilidade de um mesmo processo necessitar de várias formas para ser implantado. Nesses casos, o processo deverá ser subdividido em subprocessos que serão implantados de acordo com o mesmo tipo de análise descrita no parágrafo anterior.

Os quatro tipos básicos para a implantação de processos são:

- **Com descontinuidade total do processo em operação:** se esse for o tipo de implantação escolhido, os dois processos não poderão existir ao mesmo tempo, pois no momento em que o novo for implantado o antigo terá que ser retirado de operação e todos os testes têm que ser realizados.

- **Com descontinuidade parcial do processo em operação:** alguns processos podem ter sua implantação desmembrada em subprocessos (partes) e, por suas características, podem ser implantados com a descontinuidade parcial do processo que estiver sendo executado. Geralmente, mas não é uma regra, os processos são subdivididos em subprocessos para poder ser implantados dessa forma.

- **Com sobreposição ao processo em operação:** frequentemente, mas também sem assumir como regra, a sobreposição é praticada para a implantação de pequenas melhorias resultantes dos programas da qualidade. Esse tipo de implantação é mais utilizado para melhoria incremental do processo existente.

- **Em paralelo com o processo em operação:** esse é o tipo mais trabalhoso de implantação do ponto de vista dos atores do processo, pois eles terão que "atuar" em dois processos ao mesmo tempo e isso certamente vai gerar uma dupla carga de trabalho. Muito comum na área de TI, onde programas, sistemas e até mesmo certos dispositivos necessitam ser "certificados" antes que os antigos sejam desativados.

Estas quatro formas de implantação de um processo não são mutuamente exclusivas e dependem do tipo de processo que temos de implantar para que cada uma seja a escolhida ou várias delas em conjunto.

Ao encerrar este capítulo quero chamar sua atenção para uma última observação não menos importante. **O ciclo de vida do Business Process Management System tem complexidade maior do que a maioria dos** *softwares* **emergentes conhecidos, incluindo-se aqui o Workflow**. A razão para isso é tanto simples quanto prosaica e está diretamente ligada a uma característica básica do BMPS: o grande número de componentes que tais *softwares* possuem integrados em uma única suíte.

Por isso, o ciclo completo de vida de um BPMS não somente pode ter uma duração extremamente variável em função do tamanho e da complexidade do processo de negócio que será automatizado, quanto pode ser simples ou extremamente complexo por envolver componentes que, embora integrados, mantêm suas características originais e individuais, independentemente da integração que venham a sofrer no BPMS, o que, por vezes, dificulta a própria integração e o funcionamento harmônico de todos os componentes envolvidos no *Business Process Management System*.

5.21 CONCLUSÃO

Neste capítulo, vimos como a indústria de TI sabe revitalizar tecnologias que, de alguma maneira, não deram certo e, com isso, reintroduzi-las no mercado como novas tecnologias. Isso aconteceu e acontecerá com inúmeras tecnologias, pois a maioria necessitou de altos investimentos para ser desenvolvida e um simples toque "mágico" pode salvar a organização que a desenvolveu da falência.

Isso aconteceu com dezenas de marcas de Workflow e suas criadoras foram vendidas, incorporadas ou simplesmente desapareceram, quando não conseguiram reinventar-se.

RESUMO GERENCIAL

Neste capítulo, aprendemos que:

- *Softwares* de Workflow e BPMS são essencialmente a mesma classe de *software*.

- *Softwares* de Workflow e BPMS automatizam processos de negócio, retirando das pessoas as tarefas desmotivantes e estressantes.

- Processos de manufatura de transformação já nascem com um Workflow embutido.

- Processos de manufatura discreta, processos da indústria de serviços podem ser os grandes beneficiados deste tipo de tecnologia.

RESUMO ESQUEMÁTICO
BUSINESS PROCESS MANAGEMENT & BPM SYSTEM

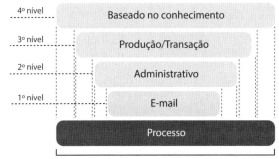

Parte do processo abrangida pelo workflow

QUESTÕES PARA DEBATE

- Workflow e BPMS são a mesma coisa? Discuta e explique.
- De que forma as organizações podem tirar o máximo proveito de tecnologias como BPMS?
- Quais são os passos para que uma organização possa implantar Workflow com sucesso?
- Você conhece alguma empresa que tenha implantado com sucesso Workflow ou BPMS?
- Você conhece alguma empresa que tenha falhado em implantar gerenciamento de processos?

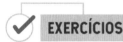 **EXERCÍCIOS**

1. Qual a ideia principal por trás do conceito, *Computer-Supported Cooperative Work* (CSCW)?
   Qual alternativa está correta?
   a) A tecnologia tem que suportar os usuários.
   b) É a de que as pessoas passem do trabalho individualizado para o trabalho em grupo.
   c) O computador deve se encarregar de todo o trabalho nas organizações.
   d) A tecnologia só deve ser usada quando for útil.
   e) O trabalho cooperativo serve para que a tecnologia seja usada de forma eficiente.

2. O que é BPM?
   Qual alternativa está correta?
   a) É *Business Process Management*.
   b) É o trabalho em grupo.
   c) Um conjunto de múltiplos elementos, conceitos e metodologias que existem com a finalidade de tratar de forma holística processos de negócio.
   d) É uma ideia para trabalho em grupo.
   e) É CSCW.

3. BPM tem duas linhas de pesquisa e concepção distintas, mas complementares entre si. São elas:
   Qual alternativa está correta?
   a) O BPM e o BPMS.
   b) O CSCW e o Workflow.
   c) Tecnologias e metodologias.
   d) A organizacional e a ferramental.
   e) *Hardwares* e *softwares*.

4. Todos os fabricantes de *softwares* têm seu próprio modelo conceitual de *Business Process Management System*, o que torna o trabalho de comparação para os usuários...
   Qual alternativa está correta?
   a) Extremamente perigoso e de resultados com alta carga de incerteza.
   b) Difícil de ser concluído.
   c) Extremamente desafiador.
   d) Caro e complexo.
   e) Demorado e perigoso.

5. O principal conceito embutido em um *software* de BPMS, por meio do módulo de Workflow, é o de:
   Qual alternativa está correta?
   a) Automatizar rotinas.
   b) Automatizar um ERP.
   c) Automatizar as áreas de escritório.
   d) Automatizar processos e, com isso, assumir a realização de tarefas repetitivas, sem criatividade, que requerem repetição constante e segura e que causam alto nível de estresse nas pessoas.
   e) Automatizar todos os *softwares* que a Organização possua.

CAPÍTULO 6

MODELO TRADICIONAL PARA ANÁLISE DE SISTEMAS

OBJETIVOS DO CAPÍTULO

- Apresentar os principais modelos tradicionais para análise de sistemas de informações.
- Discutir os principais pontos de dificuldade para se construir sistemas por este método.
- Entender a importância da estrutura organizacional na construção de qualquer sistema de informação.
- Compreender a importância do alinhamento das metas com os sistemas de informações.

PARA COMEÇAR

Era comum nas empresas haver o sistema financeiro, o sistema contábil, o sistema administrativo, o sistema comercial e por aí afora. Era como se existissem inúmeras empresas dentro da empresa principal.

Você acha que esta situação ainda persiste atualmente?

6.1 MODELO TRADICIONAL

Em muitas empresas que ainda não conseguiram adaptar-se às novas exigências de integração organizacional, os sistemas de informações ainda são desenvolvidos baseados em conceitos e técnicas que já foram deixados por outras empresas cuja estrutura operacional está orientada a processos. Entretanto, para ser completo sem ser extenso, este livro precisa mostrar como, ainda hoje, empresas que ainda não adaptaram suas estruturas a novas formas de produção, e não fazem uso de tecnologias atuais, buscam informatizar suas operações. Geralmente, são empresas *desintegradas* na forma de operar. O destaque na palavra "desintegradas" é proposital. Serve para enfatizar que é necessário que a informática seja usada como amálgama para ligar as várias partes que compõem qualquer empresa, fazendo com que elas se tornem mais produtivas por meio da flexibilidade adquirida com o uso das novas tecnologias de informação.

Embora tenha dado ao capítulo o título de "Modelo Tradicional para Análise de Sistemas", não quer dizer que não se possa tirar proveito desse modelo, ou que, por ser tradicional, ele deva ser de antemão descartado em favor de uma modernidade a qualquer custo. Ainda é grande o número de empresas que podem beneficiar-se com uma metodologia tradicional para análise visando à construção de Sistemas de Informações. Muitas dessas empresas não têm nenhuma metodologia e ainda desenvolvem sistemas na base de quem grita mais pode mais ou das prioridades que forem sempre mais urgentes que as anteriores.

6.2 DOIS ERROS COMUNS

No passado, em vez de desenvolver sistemas baseados em uma metodologia que se preocupasse em enxergar toda a empresa, a área de informática segmentava-a em partes, tornando difícil a convivência de todos com os sistemas criados, as pessoas que deveriam utilizá-los e entre esses dois elementos do modelo de relacionamento cíclico. Por terem que atuar dessa forma, utilizando sistemas fragmentados, os empregados passavam a considerar-se donos da atividade que lhes cabia por atribuição funcional, causando atritos, problemas de relacionamento e dificuldades para o fluxo de informações dentro da organização. Isso trazia reflexos diretos para a produção e comercialização, com sérios prejuízos para os clientes.

Lembro-me até hoje de um caso, ao qual dei o nome de *Follow-up*, que ilustra bem a ideia de prevalência do computador sobre tudo e todos, que empresas mal estruturadas ainda hoje insistem em adotar.

Isso ilustra a forma como os computadores prevaleciam sobre a empresa e, até, sobre os clientes.

CAPÍTULO 6 | MODELO TRADICIONAL PARA ANÁLISE DE SISTEMAS **135**

Era comum nas empresas haver o sistema financeiro, o sistema contábil, o sistema administrativo, o sistema comercial e por aí afora. Era como se existissem inúmeras empresas dentro da empresa principal. Na prática, isso acabava por influenciar diretamente a própria operação do negócio, e cada um agia como se fosse uma empresa completamente independente e, pior, concorrente das outras.

A interação entre todos esses sistemas dava-se tal qual uma Medusa,[52] presente diariamente no local de trabalho, tentando destruir-se mediante práticas autofágicas,[53] em vez de produzir um efeito sinérgico.

Além disso, embora todos fossem unânimes em afirmar que a preocupação existia, a motivação estratégica era apenas um punhado de tarefas e datas amarradas em um documento chamado de Plano Diretor de Informática, com o qual empresas sérias, e muitas nem tanto, ganharam rios de dinheiro, enquanto diretores e gerentes de informática, inescrupulosos, se sentiam seguros, atestados em suas incompetências por essas mesmas empresas que faziam os tais planos.

O resultado já é sobejamente conhecido. Planos inexequíveis, dinheiro jogado fora, usuários insatisfeitos, empresas mal informatizadas, e mais dinheiro jogado fora. Contudo, estávamos na época das vacas gordas e não havia muita preocupação com o dinheiro que se gastava com informática na doce ilusão de que os profissionais da área sabiam o que estavam fazendo e as empresas de consultoria tinham o conhecimento necessário para ajudar a todos. Ledo engano.

Os profissionais de informática usavam essas mesmas empresas para se respaldarem em suas incompetências. Para reforçar o que digo, aqui vão dois exemplos.

CASO

Follow-up

Em um dia qualquer de 1976, a linha de montagem da Ford do Brasil parou por falta de peças. O setor de *follow-up* foi acionado para ir buscar um lote de peças no fornecedor. Lá chegando, o funcionário do *follow-up* da Ford foi informado que não poderia retirar as peças porque o computador estava quebrado e não haveria como emitir a nota fiscal.

O funcionário da Ford ficou desesperado e insistiu que precisava das peças, pois a linha estava parada e ele não poderia retornar sem elas.

Resposta do pessoal da expedição, junto ao operador do computador:

– Não é possível.

O funcionário da Ford, então, ligou para o gerente do *follow-up* e explicou-lhe a situação.

O gerente pediu para falar com a pessoa de maior hierarquia da fábrica e disse-lhe:

– Se essas peças não estiverem aqui em 30 minutos, não precisa mais enviá-las, nem hoje, nem nunca.

As peças foram liberadas na hora.

---

52 Medusa: ser mitológico com cobras no lugar dos cabelos. Quem a olhasse de frente virava estátua de pedra.

53 Autofagia: nutrição ou sustento de um organismo à custa de sua própria substância.

CASO

No dia em que aceitou ser diretor de informática, em uma empresa com faturamento ao redor dos US$ 100 milhões anuais, um amigo meu encontrou o CPD com três microcomputadores completamente independentes. Eram três equipamentos que não falavam entre si, executavam microssistemas cheios de falhas, portadores e causadores de inúmeros problemas à parte administrativa da empresa, enquanto a área industrial, competência principal, não tinha qualquer suporte da informática. Pois bem, para fazer todo esse "fabuloso ambiente" funcionar, existiam 28 pessoas, entre analistas, programadores, operadores, mais o todo-poderoso gerente de informática. Além disso, a empresa havia acabado de investir quase três milhões de dólares em um novo conjunto de Tecnologia da Informação que tinha sido apenas ligado à tomada e estava há seis meses com a mesma linha de comando do sistema operacional no console principal do computador: *Hello*.

Ou seja, a máquina nunca tinha sido sequer inicializada!

Esse amigo meu começou reduzindo o número de pessoas que não estavam envolvidas diretamente com o projeto. Em dois meses, o número fora reduzido de 28 para 12, entre analistas, programadores e operadores. O gerente de informática, que estava na empresa havia mais de cinco anos, também foi mandado embora, pois entendia tanto de sistemas quanto o pessoal da portaria da fábrica. Alguns sistemas tiveram o desenvolvimento suspenso e o principal deles, o sistema integrado de compras, administração de estoques e PCP, teve de ser, literalmente, jogado no lixo depois de dois anos de programação e de quase dois milhões de dólares investidos em seu desenvolvimento. A culpa aqui fora de uma empresa de consultoria, a Arthur Andersen.

Ah! Mais um detalhe.

Na estante do antigo gerente de informática, como que abençoando toda aquela bagunça, pontificavam os três volumes de um vistoso Plano Diretor de Informática, desenvolvido pela Andersen também!

PENSE NISSO!

Assim como agia a O&M, os sistemas de informação eram desenvolvidos de forma segmentada, ou seja, restringiam-se a apenas uma área. O sistema da área financeira só atendia a área financeira, o da área comercial só atendia a área comercial, e assim por diante. Não havia nenhuma preocupação em integrar as diversas partes de um processo por meio de um sistema de informação, até porque não existia essa preocupação no mundo físico.

Deve ficar claro para você que o erro aqui não é apenas de atuação, mas, antes, de conceito. Na verdade, existiam dois erros simultâneos.

O primeiro dizia respeito à completa ignorância do pessoal de informática em relação ao negócio do usuário, e, consequentemente, da empresa. Como o pessoal desconhecia o real valor da informática para os negócios da empresa, não havia como se preocupar em fazer com que os sistemas de informações possibilitassem ganhos de produtividade, melhoria de eficiência, lucratividade etc.

CAPÍTULO 6 | MODELO TRADICIONAL PARA ANÁLISE DE SISTEMAS **137**

O segundo erro pode-se chamar de síndrome de insegurança e podia ser debitado quase exclusivamente à esperteza de empresas multinacionais ávidas por ganhar dinheiro em cima desses mesmos ignorantes que as contratavam. Como era moda fazer PDIs, os responsáveis pela área de informática, diretores e gerentes, preferiam pagar, e muito, a essas empresas para que elas desenvolvessem os planos inexequíveis, pois dificilmente alguém tinha coragem de dizer que a empresa "A" ou a empresa "B" fizera um plano que não servira para nada. Ninguém era mandado embora por ter comprado um PDI de uma dessas empresas.

PENSE NISSO! (!)

O famoso PDI, invariavelmente, transformava-se em uma ou mais pastas colocadas à vista das visitas para dar a entender que todos no departamento de informática sabiam o que estavam fazendo. E muitos passaram toda a sua vida produtiva sem nunca ter sequer aberto um PDI.

Os sistemas eram desenvolvidos com base em uma segmentação funcional. A Figura 6.1 mostra uma estrutura orientada a funções, tendo apenas algumas áreas como exemplo.

CONCEITO (Q)

Embora a informática seja, e deva continuar sendo, suporte, apoio e meio para os processos de negócio, é preciso que aqueles que têm responsabilidades pela direção da empresa entendam que sem ela não há como aumentar a produtividade, a eficácia, a qualidade e, consequentemente, o lucro.

Por incrível que possa parecer, muitos empresários ainda encaram a informática como um mal necessário.

Muitas empresas, atualmente, adotam esse tipo de análise e desenvolvimento de sistemas. As razões para que isso aconteça vão desde a falta de preparo dos profissionais da área de informática da própria empresa, passando pela desorganização desta, e podem chegar até a falta de visão do dono, ou de seus principais executivos. Por outro lado, a integração entre cada um dos sistemas pode se dar por duas maneiras. A primeira é via programas de integração, também conhecidos como programas interface. A segunda forma, já mais evoluída, dá-se por meio de bancos de dados. Tanto de uma forma como de outra, a integração não é natural, ou seja, não se dá da mesma forma como a empresa opera os processos de negócio.

Depois de algum tempo, seguindo uma evolução até certo ponto natural, os sistemas passaram a englobar a função como um todo, em vez de apenas uma área dessa mesma função. Por exemplo: o sistema de área de vendas passou a integrar todas as atividades existentes na função comercial. Isso, aliado a outras características, deu uma nova abordagem à forma de administrar uma função, pois possibilitou aos profissionais responsáveis, pela primeira vez, uma visão integrada de cada área da empresa.

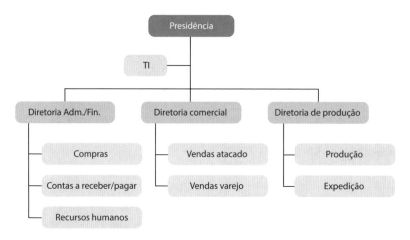

Figura 6.1 Estrutura orientada a funções.

Obviamente, não era a melhor solução para os problemas ocasionados pela fragmentação das ações de comando e de operação do dia a dia da empresa, pois os sistemas de informações não possuíam mecanismos que possibilitassem uma visão integrada do todo. Era comum as áreas, principalmente as de controle, pedirem inúmeros relatórios apenas para que pudessem verificar, por meio de cada um, o conjunto das atividades que compunham os processos de negócio. A tão almejada integração só começou a efetivar-se com o surgimento dos *softwares* ERP e EIS, que, além de poderem integrar os dados operacionais, tinham uma poderosa parte gráfica, que possibilitava mostrá-los sinteticamente.

6.3 DESENVOLVENDO SISTEMAS SEGMENTADOS

Empresas pequenas que faturam até US$ 50 milhões por ano podem usar essa metodologia que, embora não seja a que mais integre as diversas áreas, pode, ainda assim, contribuir para a melhoria significativa das condições de operacionalidade, produtividade e lucratividade da organização.

Antes de falarmos da metodologia propriamente dita, cabe uma explicação do porquê da classificação em termos econômicos. Empresas de pequeno ou médio porte não têm cacife para montar grandes estruturas com a finalidade de lidar com a Tecnologia da Informação; por isso, o quadro de pessoal é muito reduzido. Geralmente, vai de dois a, no máximo, cinco profissionais, que são ao mesmo tempo analistas, programadores e operadores. Empresas grandes já têm outra visão de informática e, por conseguinte, investem muito mais não só em pessoal, como também em Tecnologia da Informação.

Em grande parte dos casos, esses centros de processamento de dados não têm nenhum tipo de planejamento, nem estratégico, nem operacional e, muito menos, o que é significativamente pior, nenhuma metodologia para desenvolver sistemas. Em sua grande maioria, os profissionais que atuam nos CPDs dessas empresas o fazem de forma imediatista, tanto na concepção de novos sistemas como na manutenção dos já existentes. Esses técnicos não têm o hábito de anotar coisa alguma, não fazem planejamento de atividades e, por conseguinte, não planejam seu dia a dia; enfim, estão sempre correndo atrás de si mesmos (como os cachorros correm

CAPÍTULO 6 | MODELO TRADICIONAL PARA ANÁLISE DE SISTEMAS **139**

atrás do próprio rabo!), sem conseguirem ser eficientes e fazerem seus sistemas atenderem, de forma proativa, às necessidades dos usuários.

Independentemente de todas essas questões, a empresa, qualquer que seja seu tamanho, necessita da Tecnologia da Informação como meio e suporte para continuar existindo. Em outras palavras, não há a menor possibilidade de se prescindir da informática como veículo para alcançar a estabilidade operacional.

A metodologia mostrada a seguir tem duas preocupações principais: uma é a de alinhar os sistemas de informações aos rumos da empresa; a outra é ensinar o usuário a pensar em suas próprias necessidades de forma consistente e alinhada ao dia a dia de sua atividade.

6.4 ALINHANDO METAS E SISTEMAS

Para que desenvolvemos sistemas de informações?

- Para documentar e simplificar os processos existentes.
- Para introduzir um novo item no catálogo de produtos.
- Para racionalizar os custos de produção.
- Para controlar estoques.
- Para controlar fornecedores.
- Para controlar vendas.
- Para relacionar-se com o mercado consumidor.
- Para controlar o fluxo de caixa.
- Para medir a lucratividade.
- Para gerenciar os recursos humanos[54] da empresa.

Quais devem ser as preocupações ao desenvolver tais sistemas?

- Facilidade de uso.
- Racionalização da atividade.
- Simplificação do processo decisório.
- Integração e fluidez.

Como saber se os sistemas estão sendo desenvolvidos com um mínimo de preocupação em alinhar o plano estratégico com o plano operacional?

- Empregando uma metodologia que se preocupe com os dois aspectos.
- Conhecendo os limites de cada processo de negócio que o sistema deverá suportar.

Como se certificar de que cada usuário, para quem o sistema está sendo desenvolvido, saiba o que está sendo criado?

- Fazendo cada um participar de cada fase do processo de análise.
- Principalmente, comprometendo-o com cada solução dada a cada uma das fases do projeto.

---

54 RH: Recursos Humanos. Hoje, os moderninhos gostam de referir-se a empregados como o capital humano, o principal recurso de uma empresa etc.

Muitas perguntas e inúmeras respostas.

Tanto pelo lado das preocupações, quanto pelo lado das realizações, as razões e as soluções podem ser inúmeras.

A metodologia a seguir vai ao encontro da necessidade que qualquer analista tem de responder a cada uma delas. Essa metodologia é dividida em *n* fases, pois isso possibilita recorrer a cada uma delas sempre que for preciso refazer, ou fazer melhor, cada fase.

1ª Fase – Fatores Críticos de Sucesso. Duas das maiores dificuldades que qualquer analista vai encontrar para desenvolver um sistema de informações gerenciais são:

- Alinhar a ansiedade do usuário com o principal fator de sucesso da atividade dele.

- Saber identificar o grau de importância e a prioridade da necessidade de cada atividade em face dos recursos disponíveis na organização.

Uma das melhores técnicas chama-se Fatores Críticos de Sucesso, ou, simplesmente, CSF, como passaremos a tratá-la daqui para frente.

Deve ficar claro para você que esse não é o método ideal, mas o possível, para a realidade que vamos encontrar na grande maioria de nossas empresas. Chamo a atenção para isso porque o ideal seria primeiro realizar um trabalho, visando documentar e simplificar os processos pela racionalização de cada atividade que os compõe. Como isso nem sempre é possível, acho melhor termos sistemas de informações alinhados ao sucesso da própria atividade que tê-los desvinculados de qualquer realidade, baseados nos desejos pessoais de cada usuário, o que seria um desastre do ponto de vista econômico e temporal.

VOCÊ SABIA? ❓

A metodologia para levantar os Fatores Críticos de Sucesso não é nova. Ela foi criada na Stanford University, na década de 1970. Entretanto, foi a partir da década de 1980 que a empresa de consultoria, na época Ernest Young, Arthur Young, desenvolveu-a, a pedido da Hewlett-Packard, para ajudá-la a melhorar seu processo e venda de sistemas de computação. CSF, do inglês *Critical Success Factors*, que é a terminologia internacional.

Quando se levantam junto ao usuário as necessidades a que um sistema de informações gerenciais deve atender, deve-se ter o cuidado de não confundir os desejos pessoais do ocupante do cargo com o que realmente faz diferença entre o sucesso e o fracasso no dia a dia de uma atividade. É preciso separar o que é ansiedade do usuário do que é crítico para a atividade, o que é desejo do usuário do que é imprescindível para a operacionalidade da atividade, o que é acessório do que é imprescindível.

Recomendo a metodologia, principalmente, porque ela nos dá a possibilidade, desde que tenha sido bem executada, com ótimos índices de precisão, de separar o "achômetro" e outras bobagens que se costumam ler em livros de análise de sistemas daquilo que é essencial para o sucesso da atividade.

Para isso, a metodologia CSF é excelente.

6.5 DEFININDO OS FATORES CRÍTICOS DE SUCESSO DE CADA ATIVIDADE

A primeira preocupação é saber quais são os CSF da atividade que está sendo levantada. Isso deve ser feito no formulário Atividades_FCS_01, que está na próxima página. Contudo, antes de continuarmos a aprender a metodologia, vamos conceituar CSF.

CONCEITO

O que são Fatores Críticos de Sucesso? *Fatores Críticos de Sucesso (CSF) são pontos fundamentais que devem ser obstinadamente perseguidos para que a atividade atinja sua(s) meta(s).*

A definição dada restringe o ponto focal do que deve ser tomado como principal fator de preocupação pelo ocupante de qualquer atividade em qualquer empresa. Em outras palavras, deve ser tomado todo o cuidado possível para não haver preocupação em perseguir alguns pontos que não sejam aqueles que realmente fazem a diferença entre o sucesso e o fracasso de uma operação. Todos os esforços devem ser empregados com vistas a alcançar os Fatores Críticos de Sucesso (Figura 6.2).

Nome do Processo:			Nome do Subprocesso:	
DATA ORIGINAL 02/12/2018	DATA MODIFICAÇÃO	Página 1 de 1	Identificação DOMP Atividades_FCS_01	
ATIVIDADE	METAS		FATORES CRÍTICOS DE SUCESSO	
Analista Responsável: Assinatura:		Gerente do Projeto: Assinatura:	Código do Documento:	

Figura 6.2 Formulário Atividades_FCS_01.

Outra definição de Fatores Críticos de Sucesso foi dada por John Rockart,[55] de Harvard:

São características, condições ou variáveis que, quando devidamente sustentadas, mantidas ou gerenciadas, podem ter impacto significativo no sucesso de uma empresa que compete numa indústria particular.

Entretanto, descobrir os CSF pode não ser tarefa fácil se tanto o analista como o ocupante do cargo não estiverem preocupados em descobrir o essencial motivo de existência da atividade. Se a empresa tiver algum mecanismo de definição do papel de cada empregado, das responsabilidades inerentes a esse papel e dos resultados esperados da atuação dele, essa tarefa pode ser facilitada, pois os resultados necessariamente estarão alinhados com os Fatores Críticos de Sucesso da atividade.

Cada Fator Crítico de Sucesso está ligado a uma ou mais metas. Ou seja: é mediante cada Fator Crítico de Sucesso que a(s) meta(s) será(ão) cumprida(s). Para estabelecer a relação entre Fatores Críticos de Sucesso e metas, vamos usar o mesmo formulário Atividades_FCS_01.

Além disso, Fatores Críticos de Sucesso podem ser de dois tipos:

- Fatores Críticos de Sucesso que suportam *diretamente* a meta.
- Fatores Críticos de Sucesso que suportam *indiretamente* a meta.

Por exemplo, em manufatura, para alcançar a meta:

- Aumentar a lucratividade, um Fator Crítico de Sucesso *direto* é:
  Reduzir e controlar estoques.

- Enquanto um Fator Crítico de Sucesso *indireto* é:
  Reduzir o tempo de desenvolvimento de novos produtos.

6.6 META

Por falar em meta, deixe-me falar de suas propriedades. Toda meta, para que possa ser considerada como tal, deve ter as seguintes propriedades:

- Direção.
- Ponto focal.
- Cronograma.
- Medida de eficiência.
- Dono.

Qualquer meta que não tenha todas essas propriedades é deficiente, difícil de ser alcançada. Senão, vejamos.

---

55 ROCKART, John F. *Chief executives define their own data needs*. Boston: HBR, 1979.

- **Uma direção:** significa sabermos onde estamos e aonde queremos chegar ao cumprirmos a meta.
- **Um ponto focal:** qual é mesmo a meta? É preciso ficar claro que a meta não é mera suposição, algum desejo inconsequente, que tanto faz se atingimos ou não. A meta deve ser algo imprescindível.
- **Um cronograma:** para sabermos em quanto tempo a meta deve ser atingida, toda meta deve ter uma data-limite para ser alcançada.
- **Uma medida de eficiência:** muitas vezes, uma meta pode ser alcançada pela metade ou em determinada proporção, por isso, é preciso estabelecer a métrica da meta. Em outras palavras, quanto é que queremos fazer, ou ser, ou ter de alguma coisa?
- **Um dono:** meta sem dono é a mesma coisa que cachorro sem dono, morre de fome. Todo mundo acha que tem alguém responsável por ela, ninguém se responsabiliza pela meta, ninguém pode ser cobrado de nada que venha, ou não, a acontecer etc. O dono da meta é o responsável por ela; é alguém que vai ser parabenizado pelo sucesso, cobrado pelo fracasso, fazê-la acontecer, com ou sem a ajuda de outras pessoas.

Exemplo de meta:

- Aumentar em 30% a participação no mercado de biscoitos finos.
- Nos próximos seis meses.
- Responsável: Celso Souza – Diretor Comercial.
- O resultado será aferido por uma pesquisa de mercado.

Essa meta tem:

- Uma direção: de hoje a seis meses.
- Um ponto focal: ter 30% a mais no mercado de biscoitos finos.
- Um cronograma: SEIS MESES.
- Uma medida de eficiência: uma pesquisa de mercado.
- Um dono: Celso Souza – Diretor Comercial.

Ao definir qualquer meta com os cuidados descritos aqui, estaremos dando um passo importante na direção de alcançá-la.

6.7 DESCOBRINDO OS OBSTÁCULOS DE CADA CSF

Nem sempre é fácil conseguir os Fatores Críticos de Sucesso. Aliás, melhor seria dizer que sempre existem obstáculos que dificultam buscar e alcançar os CSF. Entretanto, não é por isso que se deve, de antemão, desistir de ter os Fatores Críticos de Sucesso. Pelo contrário, uma vez conhecidos os obstáculos, pode-se estabelecer um plano de ação, visando ultrapassá-los e, por conseguinte, alcançar os CSF.

A metodologia original manda que se estabeleça a relação entre Fatores Críticos de Sucesso e obstáculos. Dessa maneira, fica mais clara a relação existente entre o que se precisa fazer para alcançar os Fatores Críticos de Sucesso e o que pode nos impedir de alcançá-los.

Para discutir e relacionar as metas de cada Fator Crítico de Sucesso com seus respectivos obstáculos, podemos usar o formulário Atividades_FCS_02, que está na página seguinte.

No momento em que discutirmos cada um para conhecer quais são os obstáculos que teremos de enfrentar, é importante que sejam deixados de lado dramas, temores, receios e tudo o mais que se assemelhe ou tenha conotação pessoal, pois isso pode levar-nos a gastar tempo e esforços de maneira errônea. O importante é focalizar exclusivamente nos FCS e o que são, para eles, os obstáculos.

Analisando as implicações de cada obstáculo. O motivo principal de levantar os obstáculos que cada CSF encontrará para que a(s) meta(s) seja(m) cumprida(s) é para poder traçar um plano de ação que, se não elimine, pelo menos minimize os efeitos causados pelo obstáculo. Antes, porém, precisamos analisar quais serão as implicações advindas do fato de não se conseguir vencer cada obstáculo.

Analisando soluções para cada obstáculo. Nesse ponto, já sabemos:

- Quais são a(s) meta(s) da atividade.
- Os CSF para que cada uma delas seja alcançada.
- Os obstáculos que atrapalharão cada CSF.
- As implicações caso os obstáculos não sejam ultrapassados.

Agora, chegou a hora de analisar e desenvolver uma solução para cada obstáculo encontrado nas fases anteriores, a fim de que as metas sejam alcançadas.

Para isso, podemos usar o formulário Atividades_FCS_02 (Figura 6.3). Nele, vamos alinhar para cada Fator Crítico de Sucesso todos os obstáculos levantados e as soluções encontradas para cada um deles.

Existem alguns parâmetros que possibilitam a quem deva decidir por esta ou aquela solução fazê-lo com um grau de segurança maior. São aspectos que devem ser considerados para dar à solução adotada uma vida útil mais consistente e, tanto quanto possível, mais longa. O primeiro desses parâmetros refere-se à maturidade da tecnologia escolhida.

O cuidado que se deve tomar com a maturidade da tecnologia escolhida está em função da operabilidade que desejamos que essa tecnologia tenha. Tecnologias novas, que não foram testadas na prática durante um tempo suficiente para garantir sua funcionalidade, sem respaldo técnico, podem comprometer a solução adotada e pôr em risco a operação de toda a empresa. São inúmeros os casos de fracasso de projetos, alguns tendo, inclusive, levado a empresa à falência, por causa da escolha malfeita de tecnologias.

Outro ponto a considerar é: a empresa está preparada para adotar a nova tecnologia? Ou, em outras palavras, a empresa tem maturidade para usar a solução escolhida?

Se a resposta for NÃO, e ainda assim tivermos escolhido essa tecnologia, significa que teremos dias negros e problemáticos em um futuro próximo.

Imagine uma empresa que não se tenha organizado, documentado seu(s) processo(s), simplificado suas atividades e conscientizado os empregados da necessidade de todos serem proativos e assumirem uma atitude mais responsável, usando uma tecnologia de sistemas de informações de última geração, desenvolvida com base na plataforma cliente-servidor e recheada de inteligência para permitir o trabalho orientado para processo. Você acha que a tecnologia vai funcionar? Não, simplesmente não vai funcionar.

CAPÍTULO 6 | MODELO TRADICIONAL PARA ANÁLISE DE SISTEMAS   145

Nome da Atividade:	Nome do Processo:	Nome do Subprocesso:	
DATA ORIGINAL	DATA MODIFICAÇÃO 02/04/2012	Página 1 de 1	Identificação DOMP Atividades_FCS_02

FATOR CRÍTICO DE SUCESSO	OBSTÁCULOS	SOLUÇÕES	DISPONIBILIDADE

Observação: Disponibilidade: I = Imediata - M = Médio Prazo - L = Longo Prazo

Analista Responsável: Assinatura:	Gerente do Projeto: Assinatura:	Código do Documento:

Figura 6.3 Formulário Atividades_FCS_02.

Qualquer tecnologia, por melhor que seja, não tem nenhuma serventia se não estiver sendo gerenciada pelo homem.

Muitas empresas, no afã de parecerem modernas, atualizadas, de terem seu nome alinhado a tecnologias de ponta, acabam cultivando o jardim das insanidades tecnológicas, cultivado com sementes de uma flor chamada "conversa de vendedor", que se dá bem quando adubada com o fertilizante de nome "megalomania do executivo de informática". A combinação desses dois elementos leva empresas a gastar milhões de reais inutilmente.

Resumindo, quando formos escolher qualquer solução, devemos considerar:

- A atualidade da solução.
- A maturidade da solução.
- A disponibilidade da solução.
- O custo/benefício.
- A disponibilidade de mão de obra etc.

2ª Fase – Priorizando necessidades. A metodologia para análise dos Fatores Críticos de Sucesso é muito útil, pois, além de permitir que sejam focados os pontos principais de uma atividade, restringe a necessidade da adoção de Tecnologia da Informação ao que é fundamental.

É claro que, embora seja fundamental, a metodologia CSF é apenas uma parte do conjunto de ferramentas que o analista de sistemas terá que usar para desenvolver sistemas de informações.

O próximo passo na construção dos sistemas será priorizar as necessidades que foram levantadas com cada usuário por meio da análise dos CSF.

6.8 DESCOBRINDO E RESOLVENDO *RESOURCE BURNERS*

A técnica consiste em três etapas e visa associar procedimentos e seus Fatores Críticos de Sucesso aos recursos que cada um deles consome. Como recursos são finitos, acabam, algo de que toda a empresa não dispõe de forma ilimitada, consegue-se decidir em cima de dados concretos que projetos devem ser priorizados.

> **VOCÊ SABIA?**
>
> *Resource Burners* significa literalmente Queimadores de Recursos. E recursos, pelos dicionários de economia, é tudo que acaba. Por exemplo: recursos hídricos, recursos financeiros, recursos energéticos etc.

A análise com base nesse pressuposto faz com que o executivo que tem o poder de decisão e precisa decidir possa fazê-lo baseado no binômio "quem consome mais recursos *versus* quantos recursos há disponíveis".

1ª Etapa: estabelecer a relação entre os procedimentos e os Fatores Críticos de Sucesso. Cada Fator Crítico de Sucesso tem relação com pelo menos uma parte dos procedimentos que executam as atividades dos processos de negócio. Cabe ao analista levantar qual é o ponto, ou pontos de relacionamento, para poder estabelecer as prioridades de desenvolvimento dos Sistemas de Informações. No formulário Id. Procedimentos & Prioridades apresentado na Figura 6.4, poderemos estabelecer a relação entre cada um dos procedimentos e os Fatores Críticos de Sucesso correspondentes. Essa tarefa não é difícil nem complicada. Com um pouco de prática e cuidado ao levantar os relacionamentos, qualquer analista pode realizá-la.

Projeto:			Metodologia DOMP™ Id. Procedimentos & Prioridades V11			
DATA ORIGINAL	DATA MODIFICAÇÃO 16/06/2019	DATA PRÓXIMA REVISÃO	Página 1 de 1		

FCS Procedimentos	1	2	3	4	5	Programas da qualidade	No. de FCS	Resource Burners

Observações:

Responsável Geral: Assinatura: Data:	Coordenador: Assinatura: Data:	Código do Documento:

Figura 6.4 Formulário Id. Procedimentos & Prioridades.

2ª Etapa: estabelecer a relação entre os procedimentos e o programa de qualidade. Alguns procedimentos têm um peso maior dentro do programa de qualidade que outros, embora todos sejam imprescindíveis. Por exemplo: controlar o fluxo de caixa é importante para a qualidade, mas não tão importante quanto pagar aos vendedores da empresa. É com base nesse tipo de análise que se pode ter outro parâmetro comparativo para decidir quais são as prioridades de desenvolvimento.

3ª Etapa: estabelecer prioridade de desenvolvimento das soluções. Nessa etapa, basta contar quantos Fatores Críticos de Sucesso incidem sobre cada procedimento. Os procedimentos que tiverem o maior número de Fatores Críticos de Sucesso serão aqueles, naturalmente, prioritários.

Toda a metodologia apresentada até aqui tem, como tudo o que diz respeito a negócios, um componente técnico e outro político. O analista, com o conhecimento da técnica, pode argumentar com base nela o que é melhor, mais apropriado e mais urgente para o negócio, mas não deve descuidar do componente político, pois é esse que, muitas vezes, acaba tendo um peso consideravelmente maior nas decisões.

Assim, o bom analista de sistemas, que atualmente é um misto de analista de negócios e analista de processos, tem papel muito mais preponderante do que tinha antes. Quando ele não desempenha esses três papéis ao mesmo tempo, sua importância resume-se à de um analista--programador, sem autoridade para propor mudanças de rota ou alternativas para a empresa.

3ª Fase – Dados do SI. Agora precisamos levantar as necessidades de cada usuário no tocante aos dados e informações que interagem com sua atividade e/ou serão processados pela sua atividade. A forma mais simples de fazer isso é usar o formulário eventOgrama para as entrevistas de análise com os usuários (Figura 6.4). No formulário vamos ter que preencher os seguintes campos:

148 SISTEMAS DE INFORMAÇÕES GERENCIAIS E OPERACIONAIS | CRUZ

Nome da atividade cujo usuário estivermos entrevistando.

Entradas:

Nome de cada entrada na atividade. Para distinguir se estão vindo de algum dispositivo de arquivamento eletrônico, ou por meio de algum meio físico, colocam-se entre parênteses (   ) as letras L, para tipo lógico, e F, para tipo físico, e a origem, de onde veio.

Exemplo:

Nome da entrada:	Tipo:	De onde vem:
Nota Fiscal	(L/F)	Fornecedor

Saídas:

Nome de cada saída da atividade. Para distinguir se estão saindo mediante algum dispositivo de arquivamento eletrônico, ou mediante algum meio físico, colocam-se entre parênteses (   ) as letras L, para tipo lógico, e F, para tipo físico, e o destino, para onde vai.

Exemplo:

Nome da saída:	Tipo:	Nome da saída:
Nota Fiscal	(L/F)	Contabilidade

Nome da Atividade:		Nome do Macroprocesso / Processo / Subprocesso / Rotina:		Metodologia DOMP™ Id. eventOgrama_Atv_ V12	
Papéis Funcionais Participantes:	processOgrama Associado:		Tipo do Procedimento:	Fase:	
DATA ORIGINAL		DATA MODIFICAÇÃO: 18/07/2019		Página: 1 de 1	

ENTRADAS	T	ORIGENS	DOCUMENTOS, FERRAMENTAS E TÉCNICAS QUE ORIENTAM O TRATAMENTO DAS	SAÍDAS	T	DESTINOS
			ENTRADAS			
			SAÍDAS			
			DESCRIÇÃO DA ATIVIDADE (resumida)			

Analista Responsável: Assinatura:	Gerente do Projeto: Assinatura:	Código do Documento:

Figura 6.5 Formulário eventOgrama.

Feito isso, teremos uma base sólida para montar o mapa sistêmico. Entretanto, não se esqueça de que, antes de construir o mapa sistêmico, é preciso entrevistar todos os usuários, de cada uma das atividades que supostamente faça parte do processo,[56] pois isso vai garantir a consistência do produto final da análise.

4ª Fase – Mapa Sistêmico. Embora tenha esse nome pomposo, o mapa sistêmico é apenas um modelo conceitual de dados e informações e de seus relacionamentos por intermédio das atividades que compõem um processo. Uma vez que não estamos usando nenhuma tecnologia orientada para objeto, teremos que trabalhar com dados e informações em sua forma original.

Esse mapa é dividido em duas partes. Uma, cujo formulário você mesmo pode desenhar da maneira que melhor atenda seus requisitos, se chama MpS1, é a própria teia de relacionamentos mantidos pelos diversos elementos (Figura 6.5). A outra parte, com o formulário de nome MpS2, é a descrição detalhada do procedimento operacional de cada atividade, exposta por meio dos dados que entram e saem da atividade e das informações geradas pelo processamento inerente a cada uma delas (Figura 6.6).

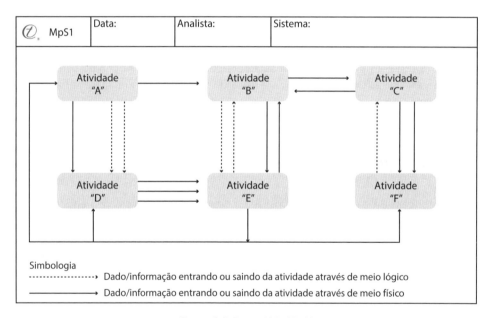

Figura 6.6 Formulário MpS1.

---

56 No livro de minha autoria, *Manual para gerenciamento de processos de negócio*, publicado, em 2015, pela Atlas, há um capítulo com a explicação detalhada do que é um processo.

Nome da Atividade:	Nome do Macroprocesso / Processo / Subprocesso / Rotina:	Metodologia DOMP™ Id. MpS2_Atv_V12	
DATA ORIGINAL		DATA MODIFICAÇÃO:	Página: 1 de 1

Dados de Entrada	Processamento detalhado	Dados de Saída

Observações:		
Analista Responsável: Assinatura:	Gerente do Projeto: Assinatura:	Código do Documento:

Figura 6.7 Formulário MpS2.

Com base nesse mapa, que rigorosamente é a própria estrutura conceitual do sistema, podem-se construir a estrutura lógica e, subsequentemente, a estrutura física do sistema.

O que são estruturas conceitual, lógica e física do sistema? É o que aparece na Figura 6.7, Formulário MpS2.

6.9 ESTRUTURA CONCEITUAL

A estrutura conceitual de um sistema consiste na descrição das práticas de negócio que cada usuário desempenha nos processos de negócio mediante a atividade pela qual é responsável. A estrutura conceitual foi levantada por meio da análise dos Fatores Críticos de Sucesso de cada atividade. Isso garante a essencialidade de objetivo do sistema que se está desenvolvendo, pois, ao levantar os Fatores Críticos de Sucesso, está-se endereçando os pontos que realmente são importantes para que o negócio atinja as metas programadas.

6.10 ESTRUTURA LÓGICA

O nome advém da representação que mostra a lógica dos processos de negócio por intermédio de cada elemento que vier a fazer parte do banco de dados. Essa estrutura descreve esses elementos e suas ligações, por meio das entradas e saídas (dados e informações) suportadas por meios lógicos e/ou físicos (eletrônico ou papel).

A estrutura lógica é o desenho do banco de dados, feito com base nas informações obtidas na fase anterior.

6.11 ESTRUTURA FÍSICA

A estrutura física sé o desenho dos arquivos, tabelas, registros e campos que serão criados fisicamente no disco rígido do computador. Nessa estrutura, descrevem-se quantos *bytes* vai ter um registro, uma tabela (no caso de bancos de dados relacionais). Descrevem-se todos os arquivos que farão parte do banco de dados e quanto cada um ocupará de espaço no disco rígido.

No próximo capítulo, que trata dos novos modelos de análise de sistemas, essas estruturas serão mais detalhadamente explicadas, haja vista elas estarem muito mais ligadas a esses novos modelos que as velhas práticas de análise e programação.

O importante aqui é entender que cada uma dessas estruturas tem papel importante na arte de desenvolver sistemas, mesmo que sejam sistemas pequenos, para empresas pequenas e, exagerando, que sequer venham a ser desenvolvidos sobre um banco de dados relacional de última geração. Não importa. O importante é alinharmos as necessidades da empresa com o projeto que estamos desenvolvendo, para que, dessa forma, possamos garantir uma vida longa e eficaz ao sistema, e com isso ele não se torne obsoleto em pouco tempo.

A estrutura lógica pode ser desenhada como exemplificada no formulário MpL1, que você mesmo pode desenhar da maneira que melhor atenda seus requisitos (Figura 6.7). Esse formulário, depois de pronto, vai mostrar com clareza como os diversos componentes do sistema se relacionam entre si. O relacionamento mostrado no formulário MpL1 é meramente lógico e, entre outras informações, mostra o porquê de cada coisa existir e em que ordem devem ser processadas.

Já a estrutura física pode ser desenhada como exemplificada nos formulários MpF1 e MpF2, formulários que você mesmo pode desenhar da maneira que melhor atenda seus requisitos (Figuras 6.8 e 6.9). Eles conterão informações sobre como cada arquivo, ou banco de dados, que fizer parte do sistema, será construído. Chega-se, assim, ao mais baixo nível descritivo de um Sistema de Informações Gerenciais, sabendo-se exatamente qual o papel e qual a importância de cada atividade dentro da geração e uso dos dados e informações que farão parte do sistema.

152 SISTEMAS DE INFORMAÇÕES GERENCIAIS E OPERACIONAIS | CRUZ

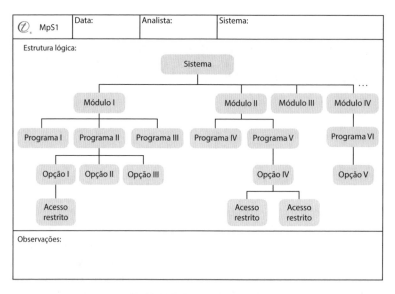

Figura 6.8 Formulário MpL1.

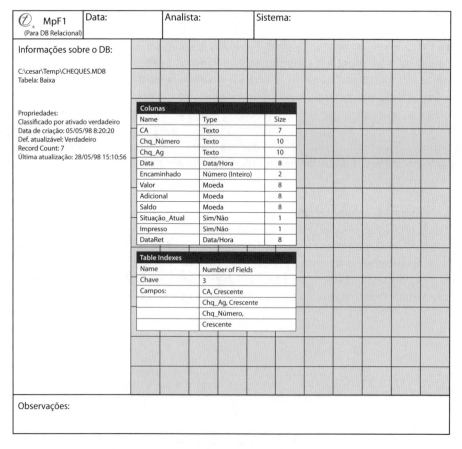

Figura 6.9 Formulário MpF1.

(Z) MpF1 (Para arquivos)	Data:	Analista:	Sistema:

Informações sobre o arquivo:

Nome do arquivo: Baixa
Tamanho: 1Kb
Tipo Tamanho Fixo

Nome do arquivo: Baixa

Nome do campo	Iniciar	Largura	Indexado	Obs
CA	1	7	Sim (Duplicação autorizada	
Chq_Número	9	10	Não	
Chq_Ag	18	10	Não	
Data	28	19	Não	Data(Dia/Mês/Ano)
Encaminhado	47	6	Não	
Valor	53	21	Não	
Adicional	74	21	Não	
Saldo	95	21	Não	
Situação_Atual	116	2	Não	0 = False/1 = True
Impresso	118	2	Não	0 = False/1 = True
DataRet	120	19	Não	0 = False/1 = True

Observações:

Figura 6.10 Formulário MpF2.

5ª Fase – Programando o SI. Depois que todas as fases anteriores foram cumpridas, chega o momento de desenvolvermos o novo Sistema de Informações. Nesse ponto, a escolha da linguagem que será usada em sua programação é o principal fator de preocupação, conforme veremos agora.

Todavia, antes de discutirmos a escolha da linguagem, é necessário decidir a origem do novo SI.[57] Aqui existem duas possibilidades. A primeira é comprar um sistema já pronto e adaptá-lo às necessidades da empresa. A segunda é desenvolver e programar todo o sistema em casa, por meio de analistas-programadores próprios ou terceirizados. Ambas as possibilidades podem ser tanto interessantes quanto desastrosas, tanto econômicas quanto dispendiosas. Para que se possa tirar o máximo proveito de cada alternativa, é necessário que se defina exatamente o que se quer. Isso vai evitar situações de desgaste que eu chamo de "relações incestuosas", nas quais cada parte, a empresa de um lado e o analista terceirizado de outro, pensa estar levando vantagens econômicas e comerciais. Muitas vezes, o profissional se guarda para entrar na justiça depois que as relações terminam. Não é difícil adivinhar as consequências: acordos na justiça do trabalho que, invariavelmente, darão ganho de causa ao profissional por ser a parte mais fraca ou a mais esperta.

---

57 SI: Sistema de Informações.

Outro ponto em que é necessário um foco apurado para que haja depois um crescimento organizado é o da linguagem de programação.

Linguagem de programação é a tecnologia de *software* com a qual o sistema será desenvolvido e programado.

Um dos principais cuidados que se deve ter é não deixar que cada profissional saia fazendo o que lhe der na cabeça, programando na linguagem que mais souber ou quiser. A empresa ganha no presente e no futuro ao estabelecer normas para a utilização da vastíssima gama de tecnologias disponíveis no mercado.

Em resumo, existe uma regra básica: a linguagem de programação escolhida não pode ser velha a ponto de não existirem mais atualizações para ela, tornando-a obsoleta, ou nova a ponto de não existirem ainda profissionais que a dominem em número suficiente para não deixar a empresa em situação de descontinuidade. Ao escolher uma linguagem em ambos os extremos, velha ou nova demais, a empresa estará vulnerável ou à obsolescência precoce de seu patrimônio ou aos humores do técnico que a programou, por ser ele um dos poucos que a dominam.

Existem dois tipos de linguagem de programação: as de baixo nível e as de alto nível. Os computadores interpretam tudo como números em base binária, ou seja, só entendem zero e um. As linguagens de baixo nível são interpretadas diretamente pelo computador, tendo um resultado rápido, porém, é muito difícil e incômodo se trabalhar com elas. Exemplos de linguagens de baixo nível são a linguagem binária e a linguagem Assembly.

Já as linguagens de alto nível, mais fáceis e agradáveis de serem programadas, necessitam ser compiladas, caso contrário, não podem ser executadas pela máquina. A compilação é o ato de transformar os códigos-fonte, o que foi escrito pelo programador, em código-objeto, ou seja, em linguagem entendida pelo computador.

Entretanto, existem linguagens de programação que não precisam ser compiladas, isto é, as quais não necessitamos passar de código-fonte para código-objeto, como é a PHP, uma linguagem dedicada à produção de *websites* dinâmicos. As instruções em PHP são compiladas e executadas ao mesmo tempo.

Às vezes, um Sistema de Informações resume-se a uma tecnologia chamada genericamente de EIS.[58] Com essa tecnologia não é preciso empregar nenhuma outra linguagem de programação, pois ela tem seu próprio conjunto de instruções que possibilita extrair dela o que se necessitar dos bancos de dados. Na verdade, com esse conjunto de instruções apenas se parametrizam as necessidades de cada usuário que vier a fazer uso de um EIS, dentro de um esqueleto geral de possibilidades.

---

58 EIS: *Executive Information System*, ou Sistema de Informações Executivas. São informações apropriadas para serem usadas nas tomadas de decisões.

SAIBA MAIS

Existe mais de uma centena de linguagens de programação diferentes. Para saber quais são, consulte a Wikipedia no endereço: http://www.programador.com.br/linguagens-de-programacao.html

Se, por um lado, o uso de uma tecnologia desse tipo facilita a parte de desenvolvimento e programação de um sistema de informações gerenciais, pois, além de já possuir todas as ferramentas técnicas tem, também, interfaces gráficas que transformam dados crus em excelentes gráficos de inúmeros tipos, por outro lado, dificulta a correta absorção de toda a sua potencialidade, pois, geralmente, são sistemas complexos, importados (leia-se, em inglês) e caros, principalmente se levarmos em consideração o nível de utilização que se acaba fazendo deles.

Antes de tudo, quero alertá-lo que não existe "A" linguagem, ou seja, a melhor de todas. Essa enorme variedade deve-se à necessidade recorrente de sanar problemas umas das outras. Se olharmos o histórico de surgimento de cada linguagem de programação, veremos que a maioria surgiu para sanar uma necessidade diferente em determinada área. O que significa dizer que a melhor linguagem será a que melhor atenda às necessidades dos sistemas.

6.12 CONCLUSÃO

Neste capítulo, vimos como muitas empresas, ainda hoje, desenvolvem sistemas. Deve ficar claro para quem estiver lendo este livro que essa forma tradicional de desenvolvimento de sistemas não é regra absoluta em seu conjunto. Isso quer dizer que muitas empresas sequer fazem a menor parte do que foi discutido aqui, e seus analistas são a própria personificação do caos que deve ter reinado no início dos tempos, agindo sempre de forma a apagar incêndios. Outras, já um pouco mais organizadas, tentam dar certo ar de organização ao trabalho dos analistas mediante pseudorreuniões de planejamento de sistema. No extremo oposto ao caos, acham-se aquelas empresas que, mesmo não tendo alguma metodologia para desenvolvimento de sistemas, conseguem estabelecer um convívio harmônico entre usuários e analistas por meio de alguns mecanismos de planejamento de atividades.

Vimos, também, que os dois principais erros cometidos no desenvolvimento de sistemas, além de comuns, comprometem seriamente o ganho de produtividade que adviria da implantação de um Sistema de Informações. Os dois erros mais comuns são:

- O desconhecimento que o pessoal de informática tem do negócio da empresa, isto é: ainda hoje esse pessoal desconhece o porquê de cada atividade existir e qual é o resultado esperado ao final do processo.

- O segundo erro, chamado por mim de síndrome de insegurança, acometia os gerentes de informática e tinha como resultado muito dinheiro jogado fora, na confecção dos famosos e inoperantes Planos Diretores de Informática (PDI).

Por fim, vimos uma metodologia simples, mas eficaz, para desenvolver sistemas em empresas que não queiram, não possam, não tenham interesse em adotar uma metodologia mais atual, que esteja alinhada com a Tecnologia da Informação de última geração. Por isso, aprendemos a técnica para levantar os Fatores Críticos de Sucesso de cada atividade como forma de permitir que o Sistema de Informações que estamos desenvolvendo tenha utilização mais duradoura que outros feitos sem compromisso com alguma forma de medição de resultados.

RESUMO GERENCIAL

Neste capítulo, aprendemos que:

- O modelo tradicional para análise de sistemas pode ser muito útil para o desenvolvimento de sistemas de informações.

- É importante conhecermos as metas que cada atividade deverá atingir para que os sistemas possam suportar as operações que vão permitir alcançá-las.

- A análise de sistemas tradicionais tem várias fases que devem ser rigorosamente cumpridas.

- O usuário deverá ser ouvido para que se possa captar suas necessidades funcionais.

RESUMO ESQUEMÁTICO
MODELO TRADICIONAL PARA ANÁLISE DE SISTEMAS

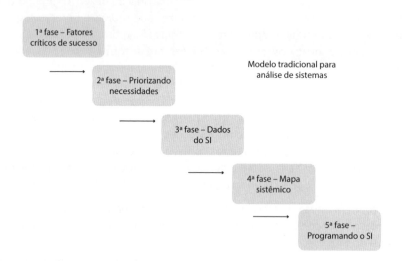

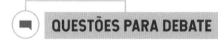

QUESTÕES PARA DEBATE

- Como se encontram, em termos de organização, empresas que usam o modelo tradicional para desenvolver Sistemas de Informações?
- Quais são os dois principais, e mais comuns, erros cometidos no desenvolvimento de sistemas em empresas desorganizadas?
- Se você conhece exemplos de empresas que cometeram, ou ainda cometem, tais erros, discuta-os no grupo.
- Como saber se os sistemas estão sendo desenvolvidos com um mínimo de preocupação em alinhar o plano estratégico com o plano operacional?
- Como se certificar de que cada usuário, para quem o sistema está sendo desenvolvido, saiba o que está sendo criado?

EXERCÍCIOS

1. O que são Fatores Críticos de Sucesso? Qual alternativa está correta?
   a) São pontos fundamentais da análise essencial de sistemas.
   b) São pontos fundamentais que devem ser obstinadamente perseguidos para que a atividade atinja sua(s) meta(s).
   c) São pontos que precisam ser conhecidos pelos analistas de sistemas.
   d) São pontos de atenção para serem programados.
   e) São pontos fundamentais de cada atividade.

2. Quais são as etapas para levantarmos os Fatores Críticos de Sucesso? Qual alternativa está correta?
   a) 1ª Etapa: estabelecer a relação entre os procedimentos e os Fatores Críticos de Sucesso. 2ª Etapa: estabelecer a relação entre os procedimentos e o programa de qualidade.
   b) 1ª Etapa: estabelecer a relação entre os procedimentos e os Fatores Críticos de Sucesso. 2ª Etapa: estabelecer prioridade de desenvolvimento das soluções.
   c) 1ª Etapa: estabelecer a relação entre os procedimentos e os Fatores Críticos de Sucesso. 2ª Etapa: estabelecer a relação entre os procedimentos e o programa de qualidade. 3ª Etapa: estabelecer prioridade de desenvolvimento das soluções.
   d) 1ª Etapa: estabelecer a relação entre os procedimentos e os Fatores Críticos de Sucesso. 2ª Etapa: estabelecer a relação entre os procedimentos e o programa de qualidade. 3ª Etapa: estabelecer prioridade de desenvolvimento das soluções. 4ª Etapa: programar cada FCS de forma independente.
   e) 1ª Etapa: estabelecer a relação entre os procedimentos e os Fatores Críticos de Sucesso. 2ª Etapa: programar cada FCS de forma independente.

3. Quais são as propriedades de uma meta? Qual alternativa está correta?
   a) Ponto focal; Cronograma; Medida de eficiência; Dono.
   b) Direção; Ponto focal; Cronograma;
   c) Direção; Ponto focal; Medida de eficiência; Dono.
   d) Cronograma; Medida de eficiência; Dono.
   e) Direção; Ponto focal; Cronograma; Medida de eficiência; Dono.

4. O que são *Resource Burners*? Qual alternativa está correta?
   a) São processos que queimam recursos.
   b) São atividades que gastam de forma descontrolada.

c) São as atividades que mais "queimam", gastam recursos em um processo e, consequentemente, em uma organização.

d) São os funcionários que não trabalham de forma eficiente.

e) São organizações que não têm programas da qualidade.

5. Quais são os tipos de estrutura de um banco de dados?

Qual alternativa está correta?

a) Estrutura física e estrutura lógica.

b) Estrutura física e estrutura programática.

c) Estrutura de programação e estrutura lógica.

d) Estrutura física, estrutura de programação e estrutura lógica.

e) Estrutura de linguagens e estrutura de programação.

CAPÍTULO 7

METODOLOGIA DOMP™ –
SUBCONJUNTO OPERAR

OBJETIVOS DO CAPÍTULO

- Apresentar o método OPERAR, subconjunto da Metodologia DOMP™.
- Discutir os principais pontos de atenção na construção de um sistema de informações por meio da análise essencial.
- Entender a importância de cada uma das fases do subconjunto OPERAR: **O**rganizar, **P**lanejar, **E**xecutar, **R**evisar, **A**gir e **R**ealimentar.
- Compreender como a análise essencial é importante para que bons sistemas de informações sejam desenvolvidos.

PARA COMEÇAR

Precisamos desenvolver sistemas de informações com base no princípio da motivação estratégica, para que sejam eficazmente aproveitados.

Contudo, será que desenvolver sistemas com esta preocupação é tão crucial assim?

7.1 UM NOVO MODELO

Neste capítulo, vamos aprender como desenvolver Sistemas de Informações alinhados com as necessidades estratégicas da organização, voltados às necessidades essenciais a seu desenvolvimento e dentro de padrões de qualidade aceitos universalmente.

> **CONCEITO**
>
> OPERAR traduz os pontos que, por princípio, devem estar contemplados na criação de qualquer Sistema de Informações.

Esse conjunto faz parte da Metodologia DOMP™, que tem outros conjuntos específicos a vários objetivos (Figura 7.1).

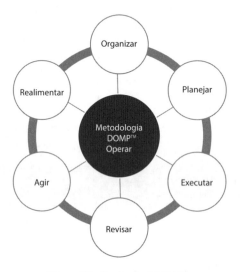

Figura 7.1 Conjunto OPERAR.

OPERAR é um subconjunto da Metodologia DOMP™ que envolve todas as fases pelas quais o uso de Tecnologia da Informação e, mais especificamente, o desenvolvimento de Sistemas de Informações com base no princípio da motivação estratégica devem passar para que sejam eficazmente aproveitados.

Contudo, será que desenvolver sistemas por esse ponto de vista é tão crucial assim?

Outras perguntas que devemos fazer:

– Focar o desenvolvimento de Sistemas de Informações na motivação estratégica é suficiente para garantir que a essencialidade desses sistemas seja atingida?

– Qual é a importância de fazer sistemas alinhados com os planos estratégico e tático da empresa?

Quaisquer que sejam a natureza e o tamanho da empresa, devem existir planos de curto, médio e longo prazos (Figura 7.2).

PENSE NISSO!

Da forma como estou colocando a necessidade de um plano (qualquer que seja, repito), deve pressupor-se que a empresa deva ter tanto um plano estratégico quanto um plano tático. Todavia, nós sabemos que não é assim. Na prática, as empresas, principalmente as pequenas e médias, não têm nenhum tipo de plano, operam ao sabor dos ventos e, infelizmente, dos humores de seus responsáveis. O que acontece então é que o próprio plano de informática acaba servindo de pano de fundo para outro plano maior de toda a organização, algo que não só distorce a necessidade como, principalmente, a realidade da parte operacional da empresa.

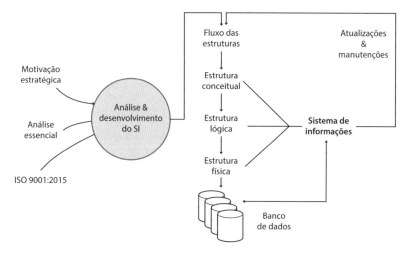

Figura 7.2 Esquema geral de desenvolvimento de SI.

A Figura 7.2 mostra os três princípios que dão sustentação aos modernos Sistemas de Informações:

- O princípio da motivação estratégica.
- O princípio da essencialidade.
- O princípio da qualidade, por meio da norma ISO 9001:2015.

Os três juntos propiciam uma análise mais precisa e, consequentemente, um sistema desenvolvido com qualidade e com menor perda de recursos.

Outra preocupação diz respeito à qualidade dos Sistemas de Informações e à forma de garanti-la. Existe alguma necessidade de adequarmos esses sistemas à norma ISO 9001:2015?

Todas essas perguntas, ao serem respondidas, devem ter por preocupação o alinhamento tanto estrutural quanto conjuntural dos Sistemas de Informações desenvolvidos na empresa, qualquer que seja ela.

De antemão, devo dizer que não é fácil criar SI alinhados com todos esses princípios e preocupações. Poderia listar aqui inúmeros motivos para exemplificar essa dificuldade. Entretanto, os mais comuns e constantes são: desorganização natural e extraordinária da empresa, desinformação dos usuários sobre a essência de sua própria atividade, inexistência de um mínimo de planejamento, tanto do dia a dia quanto de longo prazo etc.

O exemplo a seguir mostra como uma empresa pode ser desorganizada sem precisar fazer muita força.

CASO

Exemplo de (des)organização em uma empresa

Para mim, não pode existir coisa mais irritante do que em uma sexta-feira receber uma ordem para aprontar fisicamente uma nova área. Os planos envolviam montar uma infraestrutura para uma pequena LAN, com passagem de cabos e confecção de pontos de rede, instalação de equipamentos, organização de *layout* etc. A ordem era tão urgente que os trabalhos deveriam iniciar-se naquele fim de semana mesmo.

Na segunda-feira pela manhã, estava tudo pronto!

Entretanto, na segunda-feira à tarde, em uma reunião na qual estava presente toda a direção da empresa, fica-se sabendo, por seu presidente e dono, que aquele departamento não só não iria mais para o local que, diga-se de passagem, já estava pronto, como simplesmente tinha deixado de existir, resultado de uma nova (des)organização inventada não se sabe por quem, fruto de mesquinha politicagem interna.

Se para você isso é dinamismo, para mim é o caos!

Não é possível desenvolver um trabalho sério, preocupado com a qualidade, tendo que mudar de rumo radicalmente a cada fim de semana.

Se anteriormente eu dissera que toda empresa é, por princípio, desorganizada, eu o fiz para justificar esse tipo de desorganização, até porque não existe nenhuma justificativa plausível para esse tipo de caos.

Minha afirmação deve-se à constatação de que, no momento em que se termina de implantar um plano de organização em qualquer empresa, ela já está desorganizada. Não fosse assim, ela estaria morta, estática, engessada. Entretanto, nenhuma organização pode ser entregue à própria sorte, esperando que a desorganização seja o estado de salvação por mais salutar que isso possa ser para seu crescimento.

Tendo reconhecido que toda empresa é, por princípio, desorganizada, resta-nos a imperiosa necessidade de implantarmos instrumentos de permanente organização, mecanismos que sejam simples e eficazes para manter a empresa operando organizadamente.

Para manter uma empresa operando com organização, nada mais eficiente que um Sistema de Informações. Ele vai possibilitar o alinhamento do dia a dia operacional com o plano estratégico da empresa, desde que, é claro, o Sistema de Informações esteja alinhado com essa estratégia, ou seja, contanto que ele esteja motivado estrategicamente.

7.2 SUBCONJUNTO OPERAR

7.2.1 PRIMEIRA LETRA: O

Organizar significa ordenar o caos, pôr um fim à desorganização existente na empresa. Organizar é fazer com que todos passem a trabalhar com conhecimento de causa, sabendo exatamente sobre sua própria atividade, a importância dela no contexto operacional e o resultado esperado pela próxima atividade da cadeia de valores. Existem inúmeras maneiras de conseguir organizar uma empresa. Entretanto, para o tipo de trabalho que estamos para desenvolver aqui, criar um Sistema de Informações, a metodologia deve ser simples de ser implantada e gerar resultados rápidos e consistentes.

Mapear, analisar, modelar, implantar e gerenciar processos de negócio é descobri-los e torná-los oficialmente o *modus operandi* para a organização. Em outras palavras, significa levantar o que o usuário faz, como faz, para que e para quem faz, e ensiná-lo a fazer sempre da mesma forma, no mesmo tempo e com o mesmo resultado final.

Meu livro[59] descreve, passo a passo, como isso deve ser feito, além de ter todos os formulários que podem ser usados em cada etapa do projeto. Por isso, vou apenas listar aqui as fases da metodologia em questão.

1ª fase: Escolher a equipe. Fase das mais importantes, pois é a escolha da equipe que vai, em última análise, determinar o andamento e o sucesso do projeto. Não adianta escolher as pessoas que irão trabalhar nele dentro de qualquer outro critério que não o da competência operacional. Isso quer dizer que devem ser escolhidos aqueles que sabem fazer, não os que sabem mandar fazer!

2ª fase: Descrever o processo. Com raríssimas exceções, as pessoas não sabem qual é o processo do qual sua atividade faz parte, nem a importância que ela tem, nem como contribui para a produção do bem ou serviço disponibilizado pela empresa. As pessoas não sabem onde o processo começa, onde termina e, por conseguinte, não sabem, também, quais são todas as suas atividades.

Por tudo isso, é importante que todos que estejam participando do projeto façam um esforço para descrever o processo que será trabalhado.

3ª fase: Listar as atividades. Nessa fase, a equipe vai listar todas as atividades, sem exceção, que fazem parte do processo que está sendo alvo do projeto de organização, independentemente de sua natureza, que pode ser:

- **Operacional:** são as atividades que estão diretamente ligadas à produção do bem ou serviço.
- **Gerencial:** são as que dão apoio às atividades principais.

---

59 *Manual para Gerenciamento de Processos de Negócio*. São Paulo: Atlas, 2015.

4ª fase: Descrever as atividades. Descrever cada atividade significa escrever o que ela faz, seu início, meio e fim; é também documentar o que entra e o que sai da atividade, pois dessa forma estaremos tomando conhecimento do que existe de certo e de errado em sua operação.

5ª fase: Diagramar as atividades. O diagrama das atividades é apenas uma representação gráfica de todo o processo de negócio. Isso facilita a visualização dos inúmeros relacionamentos existentes entre as diversas atividades que os compõem.

6ª fase: Custear as atividades. Mesmo que o escopo não seja o de ir tão longe, os princípios da metodologia ABC devem ser usados para que se possa saber o custo de cada atividade e, por extensão, o de todo o processo. Dessa forma, é possível gerenciar exatamente cada ponto que requeira cuidado nos gastos.

> **VOCÊ SABIA?**
>
> O Custeio Baseado em Atividades (*Activity Based Costing* – ABC) permite gerenciar os custos do processo de negócio por meio do custo com que cada atividade contribui para o todo. Existem inúmeros livros e cursos sobre como empregar esse tipo de administração de custos.

7ª fase: Descrever as funções. É importante descrever quais são as funções que fazem parte do processo, por meio das atividades que o compõem.

8ª fase: Levantamento da Tecnologia da Informação. Essa fase requer o simples levantamento da tecnologia existente como suporte ao processo, sem preocupações de melhorá-la. É apenas uma fase de conhecimento, para que *a posteriori* se possa escolher a nova tecnologia sem correr o risco de repetir erros cometidos.

9ª fase: Levantar e analisar os Fatores Críticos de Sucesso.

a) FCSs *versus* Metas.
b) FCSs *versus* Obstáculos.
c) Obstáculos *versus* Implicações.
d) Obstáculos *versus* Soluções.

A correta avaliação e o estabelecimento dos Fatores Críticos de Sucesso garantem o alinhamento do escopo da atividade com os procedimentos que a operacionalizam.

10ª fase: *Benchmarking*.
A ideia central do *benchmarking* é não perder tempo inventando aquilo que alguém já fez com sucesso. Em vez disso, emprega-se o tempo melhorando o que já foi inventado. Também está no escopo do *benchmarking* evitar cometer os mesmos erros que outros já cometeram.

Benchmarking é a arte de copiar sem plagiar!

CAPÍTULO 7 | METODOLOGIA DOMP™ – SUBCONJUNTO OPERAR **165**

11ª fase: Desenvolver o novo processo.
Finalmente, chega-se à fase que possibilitará melhorar, recriar ou inventar um processo.
Essa fase é dividida em **oito etapas.**

1. Conhecer a Tecnologia da Informação existente.
2. Criar as novas atividades.
3. Analisar as ligações das novas atividades.
4. Criar as novas medidas de desempenho.
5. Calcular os custos do novo processo.
6. Criar os procedimentos das novas atividades.
7. Criar o piloto do novo processo.
8. Implantar o novo processo.

12ª fase: Desenvolver o novo processo.

1ª etapa: Conhecer a Tecnologia da Informação existente. No que diz respeito ao propósito deste livro, esta é a etapa mais importante dentro da metodologia de organização de processos mostrada anteriormente (é a 1ª etapa da 11ª fase). É nela que vamos buscar não só conhecer, como também escolher e começar a desenvolver o Sistema de Informações Gerenciais que suportará o processo que está sendo melhorado, modificado ou criado.

7.2.2 SEGUNDA LETRA: P

Planejar
Planejar um Sistema de Informações Gerenciais requer necessariamente ter as seguintes preocupações:

1. **Alinhamento do operacional com o plano estratégico da empresa.**
2. **Alinhamento com a necessidade essencial do sistema.**
3. **Alinhamento com os padrões de qualidade.**

Vamos ver cada um desses alinhamentos.

1º – Alinhamento do operacional com o plano estratégico da empresa
Embora este livro não seja sobre planejamento estratégico, é importante dar uma rápida explicação sobre o tema, principalmente por tratar-se de condição *sine qua non* para o correto entendimento da dimensão do envolvimento e necessidade de alinhamentos que um Sistema de Informações Gerenciais tem.

É possível conseguir o alinhamento com o plano estratégico por meio de inúmeras metodologias próprias para esse tipo de trabalho, necessário a qualquer organização. Entretanto, prefiro uma técnica que, além de se preocupar com o plano de longo prazo, isto é, o estratégico, consiga estabelecer uma ponte entre as ações que têm que ser realizadas no dia a dia, a fim de podermos alcançar qualquer objetivo que tenha sido planejado para longo prazo.

A Metodologia DOMP™ tem um subconjunto específico para planejamentos estratégico, tático e operacional envolvendo Tecnologia da Informação.

 **SAIBA MAIS**

 Assista ao vídeo para conhecer um desenho muito interessante sobre esforço quando não se tem planejamento. O exemplo neste vídeo é bastante objetivo: https://www.youtube.com/watch?v=LOyX-vgdQGQ. Acesso em: 13 ago. 2019.

2º – Alinhamento com a necessidade essencial do sistema

A análise essencial deve ser feita para que se possa responder à principal pergunta quando se pensa em desenvolver um novo sistema de informações:

Por que um sistema necessita ser desenvolvido?

Logo, o **Planejamento** do novo sistema deve levar em consideração as respostas que tivermos obtido a partir da análise essencial.

3º – Alinhamento com os padrões de qualidade

Este alinhamento é também imprescindível, embora seja mais difícil de se conseguir que o alinhamento com a análise essencial. Isto se deve ao fato de que são raras as empresas que adotam padrões de qualidade no desenvolvimento de seus sistemas, mormente quando são sistemas desenvolvidos "em casa".

VOCÊ SABIA?

O subconjunto da Metodologia DOMP™, baseado na metodologia Hoshin Kanri, permite que qualquer planejamento estratégico possa ser executado por meio do desmembramento dos objetivos estabelecidos nesse planejamento em ações que serão concretizadas na operação do dia a dia.

O subconjunto para planejamento estratégico da Metodologia DOMP™ é composto de dez etapas.

- 1ª etapa – Estabelecer as diretrizes organizacionais.
- 2ª etapa – Criar objetivos.
- 3ª etapa – Analisar informações sobre a situação atual da organização.
- 4ª etapa – Planejar as metas e os meios para alcançá-las.
- 5ª etapa – Estabelecer e preparar uma lista com todos os itens de controle.
- 6ª etapa – Desmembrar o plano de metas por departamentos e atividades.
- 7ª etapa – Implantar o plano.
- 8ª etapa – Checar os resultados da implantação do plano.
- 9ª etapa – Preparar relatórios de progresso do plano.

Outra prática que a Metodologia DOMP™ nos possibilita é a ligação do estratégico com o operacional, tornando-se estratégico novamente para a cabeça do departamento para, em seguida, tornar-se de novo operacional à medida que o plano vai sendo desmembrado pelas camadas inferiores da organização.

Exemplificando: o que é operacional para meu chefe é estratégico para o chefe dele. O que é estratégico para meu chefe é operacional para mim, e o que é estratégico para mim é operacional para os funcionários pelos quais sou responsável.

Os formulários para planejamento estratégico, tático e operacional você pode baixar no *site* do meu livro *Manual de Planejamento Estratégico*, da Atlas.
Formulário Planejamento Estratégico – Resumo Geral
Formulário Planejamento Estratégico – Objetivo & Estratégia(s) – Plano de Ações
Formulário Planejamento Estratégico – Atividades & Orçamento
Formulário Planejamento Estratégico – Plano de Implantação
Formulário Planejamento Estratégico – Objetivo – Atividades / Proc. / Subproc. / Rot

Voltemos agora ao princípio da motivação estratégica.

Como mostra a Figura 7.3, o princípio da motivação estratégica estará, em 90% dos casos, assegurado após o desenvolvimento e a implantação de um plano de melhoria ou reengenharia de um processo já existente, ou do desenvolvimento de um novo processo.

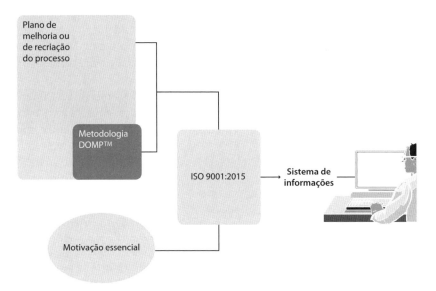

Figura 7.3 Suportes para o desenvolvimento dos SIs.

7.2.3 TERCEIRA LETRA: E

Executar

Neste ponto, já falamos de organização e de planejamento, dois aspectos importantes para a existência de Sistemas de Informações que correspondam, de um lado, à realidade da qual ele,

168 SISTEMAS DE INFORMAÇÕES GERENCIAIS E OPERACIONAIS | CRUZ

sistema, deve ser a representação em termos de informações e, de outro lado, às necessidades de cada usuário.

Por isso, chegou a hora de executar o plano feito anteriormente para criar o Sistema de Informações de que a empresa necessita. Para isso, deve-se optar, dentro de uma variedade enorme de tecnologias, por aquela que melhor se ajuste à necessidade da empresa.

Se existe uma receita que nos dê segurança em escolher a tecnologia adequada, pense que esta não é a que lhe agrada, mas: A tecnologia que melhor se ajuste à empresa!

O que quero discutir aqui, sob o título executar, é a propriedade de se usar esta ou aquela tecnologia na informatização de uma empresa. Por que usar esta tecnologia? Por que não usar aquela outra? Por que este custo? Por que fazer assim? Por que usar este *software*? Por que fazer desse jeito? Por que precisamos gastar tanto? As dúvidas são muitas e, na maioria das vezes, resolvidas da pior forma possível (eu diria com quase absoluta segurança que em 90% das vezes).

Por que ainda hoje muitos responsáveis por Tecnologia da Informação ainda adotam esse tipo de comportamento?

E por que, também ainda hoje, muitos usuários se deixam enganar por inescrupulosos?

Vontade de aparecer por ter na empresa uma tecnologia de ponta?

Ignorância pura e simples?

Má-fé?

Como você pode verificar, falar em executar um plano de desenvolvimento de novo sistema, ou em implantar um plano estratégico de tecnologia da informação, tem outras implicações que não meramente as técnicas. Entretanto, é importante ressaltar que, embora não se discutam aqui os aspectos técnicos, na prática, teríamos que incluir esse tipo de discussão, tratando a seleção da Tecnologia da Informação com o cuidado necessário a uma escolha honesta e adequada.

Antes de tratarmos dos pontos que temos que levar em consideração para poder executar um plano que envolva Tecnologia da Informação, vamos ver um caso verídico, diga-se de passagem, sobre como ser enganado, gastar mais sem necessidade e acabar com um enorme "mico" na mão.

A história envolve dois personagens bastante comuns nesses ambientes. De um lado, um gerente de informática megalomaníaco que sofre de uma doença, em estado crônico, conhecida como delírio tecnológico, e, de outro, um diretor extremamente educado e com enorme dose de boa-fé.

CASO

Por conta de um convênio feito com um grande fabricante de *hardware* de microcomputador, a dupla espalhou esses equipamentos por todos os postos de trabalho. Até aí nada de mau. Pelo contrário, não fosse por um detalhe: todos os micros eram multimídia com caixas de som, e isso, obviamente, era um claro desperdício de recursos, além de provocar queda de produtividade, pois os recursos de som e imagem passaram a ser usados para ouvir música e ver imagens e jogos que nada tinham a ver com o trabalho.

Um belo dia, o mesmo gerente que convenceu o diretor a comprar toda aquela parafernália convenceu-o, de novo, a tirá-la dos usuários. Sob uma alegação qualquer, inventada por conveniência, ele a trocou por outra mais simples e sem recursos multimídia. Novo erro! Essa ação deixou os usuários irritados e mais uma vez a produtividade ficou prejudicada.

> Agora, eu pergunto: para que o funcionário de contas a pagar precisa de um equipamento multimídia? Para brincar? Ouvir música? Jogar? E o que dizer do profissional de contas a receber? Do auxiliar do departamento de pessoal, do supervisor do almoxarifado?
>
> Por que o tal gerente de informática tinha de inventar e desinventar coisas que só fizeram deixar os usuários irritados?
>
> A resposta não é tão simples, e talvez não exista apenas uma resposta, mas eu arriscaria dizer que casos como esse são, entre outras coisas, produto típico da combinação de má-fé com desinformação.
>
> De um lado, a confiança excessiva do diretor; de outro lado, a prepotência e a megalomania do gerente de informática compõem uma mistura, algumas vezes, fatal para o negócio.

Do ponto de vista gerencial, a discussão de como executar o plano de implantação dos Sistemas de Informações deve abranger os seguintes pontos:

- Financeiro.
- Econômico.
- Operacional.
- Logístico.
- Humano.
- Tecnológico.

Cada um desses pontos deve ser cuidadosamente analisado pelo profissional que tiver a responsabilidade de implantar um Sistema de Informações, aliás, de resto, por profissionais que tiverem a responsabilidade por tudo o que disser respeito à Tecnologia da Informação, sua forma, adequação e uso pela empresa.

7.2.4 QUARTA LETRA: R

Revisar

Em dado momento, que pode variar entre um e 12 meses, será necessário revisar o que estiver sendo feito. Essa revisão pode servir para que possamos acompanhar a execução de um plano de implantação de uma nova tecnologia, para mantermos o cronograma de desenvolvimento de um novo sistema sob vigilância, para tomarmos conhecimento de uma situação em andamento e para que qualquer situação, quer de rotina quer não, fique sob controle.

A revisão pode ser de dois tipos:

- Acompanhamento.
- Reconhecimento.

Ambas são muito parecidas enquanto revisões, porém são diferentes quanto à natureza da operação em si. Quanto à importância, ambas são iguais.

7.2.4.1 REVISÃO DE ACOMPANHAMENTO

Essa revisão serve para que possamos manter a possibilidade de realização de uma expectativa dentro de um limite acordado de tempo. Essa, a meu ver, é uma boa definição de revisão de acompanhamento.

170 SISTEMAS DE INFORMAÇÕES GERENCIAIS E OPERACIONAIS | CRUZ

Em outras palavras, uma revisão de acompanhamento serve para manter um cronograma sob vigilância, controlando suas folgas e suas faltas, antes que ocorram quaisquer problemas que coloquem o projeto em risco. Aliás, essa definição tem tudo a ver com meta e seus predicados, porque não pode existir nenhum projeto, nenhuma atividade, nenhum objetivo, nada que não esteja amarrado a espaço e tempo. Revisões de acompanhamento são fundamentais para o sucesso de qualquer plano. Entretanto, é bom salientar que revisões somente são possíveis se houver o que revisar, ou seja: um plano. Esse plano, entre outras coisas, deve conter um cronograma com as datas de revisão programadas desde o início, a descrição dos recursos que serão utilizados no projeto e os responsáveis.

Mantém-se um projeto dentro do cronograma gerenciando cada uma das partes que compõem o plano:

- Mão de obra.
- Tecnologia (disponibilidade e uso).
- Treinamento.
- Recursos financeiros.

O cuidado com cada um desses elementos, separadamente e no conjunto, determinará o sucesso ou o fracasso do projeto.

7.2.4.2 REVISÃO DE RECONHECIMENTO

Esse tipo de revisão serve para que, de tempos em tempos, possamos tomar conhecimento da existência de uma entidade a fim de nos certificarmos de sua conformidade, ou da discrepância, em face do plano original.

Por mais bem-criado que tenha sido um sistema, por exemplo, é necessário que se estabeleçam revisões de reconhecimento para que sejam analisados aspectos, tais como:

- **Atualidade:** para sabermos se o sistema continua cumprindo a finalidade para a qual foi criado ou se, com o passar do tempo, tornou-se obsoleto.
- **Segurança:** para verificarmos se os dispositivos de segurança continuam eficazes.
- **Necessidade:** nesse ponto, verificaremos que partes do sistema deixaram de ser necessárias.
- **Custo:** analisaremos o binômio custo-benefício para determinarmos se o sistema é adequado ou não.
- **Facilidade de uso:** verificaremos junto aos usuários se o sistema continua sendo fácil de usar ou se, pelo fato de estar desatualizado, tornou-se complicado de operar.
- **Tecnologia:** para sabermos se a tecnologia que está sendo usada é cara ou não. Se é uma tecnologia econômica, em face do avanço tecnológico, se está dando muita despesa de manutenção e se é uma tecnologia sempre disponível ou se está constantemente parada por algum defeito.
- **Mão de obra:** precisamos saber se ela continua sendo a mesma de quando se implantou o sistema, se necessita de treinamento para manter-se atualizada e se usa convenientemente os recursos a sua disposição.

CONCEITO

Dois erros muito comuns ocorrem em se tratando de projetos de desenvolvimento e implantação de Sistemas de Informações: o primeiro diz respeito à falta de um cronograma que temporize ações e correções para os problemas levantados nas revisões; o segundo erro, a meu ver mais grave ainda, é que, embora muitas vezes esse cronograma seja feito, deixa-se de atribuir as respectivas responsabilidades a cada um dos responsáveis pela realização de cada ação ou correção programada.

Revisões de acompanhamento, feitas corretamente, vão garantir a próxima fase da metodologia para desenvolvimento de sistemas, quer sejam eles gerenciais ou operacionais.

CASO

Certa vez, um amigo meu foi convidado para organizar e gerenciar um núcleo de processamento de dados, em uma empresa de porte médio, que havia acabado de adquirir um moderníssimo conjunto de tecnologia da informação, *hardware* e *software*.

Embora fosse uma empresa com mais de 20 anos de existência, ela não tinha nenhum plano para implantar as máquinas que havia comprado. Acho que é necessário dizer o caos que a falta de um plano causou no projeto, porém nada se comparava à temerária situação na qual se encontrava o desenvolvimento de um novo sistema que ia amarrar em si toda a operacionalidade da empresa. Somente esse sistema tinha sido orçado em US$ 25.000,00, que deveriam ser pagos em dez parcelas de US$ 2.500,00.

Pois bem, o sistema não tinha um cronograma de execução de nenhuma espécie, e todo mês a empresa mandava pagar a fatura devida sem reclamar. Ao tomar conhecimento dessa situação, meu amigo chamou o principal executivo da empresa que desenvolvia o sistema e, na frente do principal executivo da empresa para a qual trabalhava, pediu que fosse imediatamente elaborado um cronograma com o qual todos pudessem controlar o desenvolvimento do novo sistema, deixando claro que as fases de revisão serviriam, também, para que o pagamento fosse liberado.

Sem isso, a empresa corria o sério risco, muito provável, de chegar na data acertada para a entrega e o sistema estar atrasado, prolongando uma agonia que chamo de "síndrome do ponto-final", que, na quase totalidade dos casos, pode prolongar-se indefinidamente.

7.2.5 QUINTA LETRA: A

Agir

Cada um dos pontos levantados nas revisões, tanto de acompanhamento quanto de reconhecimento, será objeto de atenção nessa fase. É preciso agir. É preciso ir atrás de soluções que possam resolver os problemas encontrados. Entretanto, mesmo aqui, na hora de agir, é necessário que exista um plano que permita que as ações possam ser executadas dentro de parâmetros que levem em consideração custo, atualidade, oportunidade e disponibilidade de cada solução que se tenha encontrado.

Ainda hoje, no afã de resolver os problemas, é comum nos contentarmos com a primeira solução sobre a qual pousam nossos olhos. Isso continua sendo o calcanhar de Aquiles da fase agir, em qualquer metodologia usada para desenvolver e implantar Sistemas de Informações.

Por causa disso, muitas soluções costumam custar mais que o *necessário* (o grifo é proposital), uma vez que, por não terem sido cuidadosamente analisadas, costumam ser descartadas quando se mostram inadequadas para solucionar determinado problema.

7.2.6 SEXTA LETRA: R

Realimentar[60]

Cada uma das partes do processo de criação de um Sistema de Informações deve ser constantemente realimentada de dados e informações que têm por finalidade corrigir e/ou aumentar características e funcionalidades desejadas no sistema. Por meio dessa interação cíclica, é possível introduzir, ou reintroduzir, dependendo do tipo de informação, novos elementos que, de novo, desestabilizarão o processo de criação de um Sistema de Informações, reiniciando o ciclo organizar – planejar – executar – revisar – agir – realimentar, do subconjunto OPERAR.

Embora a fase de realimentação seja a última do subconjunto OPERAR, isso não significa que ela seja menos importante que as outras, em absoluto. Na verdade, isso talvez signifique justamente o oposto, que seja a parte mais importante da metodologia. Por quê? Quem nos ensinou muito bem isso foi W. Edwards Deming, estatístico norte-americano e um dos pais dos programas da qualidade total (Figura 7.4).

Deming, como é mais conhecido, dizia que o desenvolvimento de um produto continuava depois que ele era entregue ao cliente, ou seja, que é justamente nas mãos do consumidor, usuário, cliente que o produto ganha significativas melhorias, aproveitando-se das sugestões, reclamações e ideias proporcionadas por quem tem interesse na melhoria do produto.

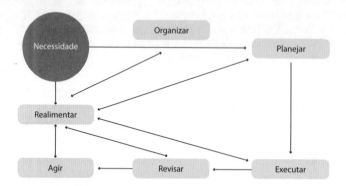

Figura 7.4 Metodologia DOMP™, subconjunto OPERAR.

Deming ensinava[61] que é preciso ouvir atentamente o consumidor para poder melhorar constantemente tanto o processo de fabricação quanto o produto em si mesmo.

---

60 Realimentar é, também, conhecido no jargão de TI (entre outros) como *feedback*.

61 Detalhe, Deming ensinava isso em 1950, depois da guerra, para os japoneses, quando esteve no Japão para ensinar métodos estatísticos de controle e melhoria da qualidade.

Para aproveitar ao máximo as informações provenientes da retroalimentação, é preciso que sejam tomados alguns cuidados. Sem eles, tais informações, que vão ajudar-nos a melhorar o produto (que em nosso caso aqui é um Sistema de Informações), se perdem.

Independentemente da fonte de realimentação, que pode ser tanto interna quanto externa, todos os elementos da Figura 7.5 existem com as mesmas características.

O primeiro elemento com o qual é imperativo que tomemos cuidado chama-se retenção.

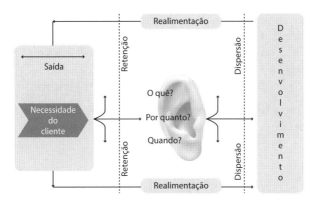

Figura 7.5 Barreiras, alimentações e realimentações e seus elementos.

Retenção. A retenção é uma barreira que impede que as necessidades do cliente cheguem, de forma íntegra e correta, aos canais que poderão satisfazê-las. A retenção pode ocorrer por inúmeros motivos:

- **Falta de clareza** na definição por parte do usuário das necessidades de sua atividade, ou por ignorância, descaso com o problema, desmotivação para assumir uma solução, ou, até, pela falta de preparação para exercer o cargo. Assim, quanto menos o usuário souber transmitir, souber pedir, maior será a retenção na hora da definição do problema, ou da realimentação do processo.
- **Falta de seriedade** por parte do analista que está entrevistando o usuário.
- **Falta de preparo**, tanto do usuário quanto do analista, para conduzir sessões de realimentação.
- **Falta de conhecimento** das técnicas de análise por parte de quem deve levantar as necessidades.
- **Falta de comprometimento** com o trabalho de ambas as partes.
- **Falta de uma metodologia** para realizar sessões de realimentação.

Uma das atitudes que mais me deixam aborrecido é ter que pedir a um analista de sistemas que tome nota do que está sendo exposto por parte do usuário em uma reunião de revisão. É, simplesmente, inadmissível que um analista esteja ouvindo o que um usuário está colocando como necessidade e simplesmente tome nota mentalmente. Acho uma falta de respeito para com quem está expondo uma ideia não se tomar nenhuma espécie de nota.

Outro comportamento que deve ser evitado é a famosa revisão do tipo "toco de enxurrada". Enquanto anda pelos corredores da empresa, o analista vai recebendo informações que, na maioria das vezes, jamais serão relembradas em sua mesa de trabalho. Quando isso ocorre comigo, costumo pedir para marcarmos uma reunião, nem que seja de cinco minutos, para que eu possa anotar os pedidos.

PENSE NISSO! ⊕

"Toco de enxurrada". Repare como, em uma enxurrada, um toco vai parando pelo caminho, enroscando em tudo o que é sujeira ou obstáculo. Para um pouco aqui, para um pouco ali, solta-se à medida que represa um volume maior de água e, aos trancos e barrancos, demora a chegar a seu destino.

Todos esses percalços dificultam a absorção das ideias que poderão melhorar o sistema. O que sobra, depois de todas essas barreiras, é pouco, e muitas vezes está distorcido, para servir como ponto de partida para a implantação de melhorias.

Outro elemento especialmente importante no conjunto realimentação é o canal sensível.

Canal sensível. Por canal sensível defino aquele que tem o poder[62] de atender às colocações do usuário. Esse canal é que pode entender três colocações básicas:

- O quê?
- Por quanto?
- Quando?

Por exemplo: não adianta o gerente fazer uma sessão de realimentação com o usuário sem que o analista responsável pelo sistema esteja presente. O resultado desse tipo de comportamento é que, muitas vezes, as informações passadas para a frente são truncadas ou erradas.

Antes de chegar à equipe, ou a quem vai realizar o trabalho de implantar as melhorias, modificações e novas funcionalidades solicitadas ou sugeridas pelos usuários, existe outra barreira chamada dispersão.

Dispersão. A dispersão é a última barreira existente entre o usuário e uma equipe de desenvolvimento ou um analista de sistemas. Engana-se quem pensa que, nos dias atuais, já não existem tais empecilhos a uma comunicação eficiente. Infelizmente, a dispersão ocorre sempre que a equipe de desenvolvimento participa de uma reunião de revisão sem mostrar o mínimo interesse pelo que está sendo dito.

Outra forma de dispersão ocorre quando, sem metodologia, ou com qualquer que seja ela, a equipe de desenvolvimento não consegue concatenar os pontos dos usuários, perdendo, dessa forma, a possibilidade de usufruir plenamente dos encontros com o ambiente com o qual está interagindo.

Toda informação emitida pelos usuários precisa chegar, da forma mais fiel possível, ao ponto-final do processo, que é a equipe de desenvolvimento de sistemas. Entretanto, isso não é tão fácil de acontecer como acreditamos que seja. Depois de enfrentar todas as barreiras já descritas aqui, o grande risco é que possa sobrar para a equipe de desenvolvimento muito menos do que foi posto originalmente pelos usuários.

Desnecessário dizer que tanto as barreiras como os profissionais despreparados podem ser fatais para qualquer organização se não forem convenientemente tratados.

---

62 No sentido de capacidade de resolver o problema ou implementar melhoria (aquele que pode, que tem condições), não no sentido de força.

7.3 ANÁLISE ESSENCIAL DE SISTEMAS

Vamos falar agora de outra parte importante no desenvolvimento de Sistemas de Informações. Trata-se da motivação essencial, ou do por que e para quem um sistema deveria ser desenvolvido e implantado. Para que quaisquer Sistemas de Informações esteja alinhado com esse princípio, é necessário que ele se tenha baseado em um tipo de análise de sistemas conhecido como Análise Essencial.

A primeira atitude que precisamos tomar para podermos entender Análise Essencial de Sistemas é responder à seguinte pergunta:

– É possível saber por que um sistema necessita ser desenvolvido?

Para responder a essa pergunta, existem duas possibilidades principais, entre algumas outras que também serviriam.

A primeira é: um sistema pode vir a ser desenvolvido porque foi previsto no planejamento estratégico um objetivo que só será alcançado se tiver um suporte eficaz por parte de alguma TI. O plano operacional, que é o desdobramento do planejamento estratégico, dará os parâmetros com os quais o sistema deverá ser criado.

Entretanto, devo admitir que responder simplesmente que um sistema deve ser desenvolvido por estar previsto em algum plano, estratégico ou operacional, não o torna essencialmente necessário. Ele pode até estar vinculado a uma motivação estratégica, mas não é isso que o torna imprescindível.

Muito já se gastou com Tecnologia da Informação inútil, sistemas desfocados, rejeitados pelos usuários, justamente aqueles que deveriam tê-los como a principal ferramenta para operacionalizar suas atividades no dia a dia da empresa. Mesmo os famosos PDIs[63] jamais garantiram que os sistemas planejados neles fossem essencialmente necessários. Tanto é verdade que a taxa de mortalidade dos PDIs ficava, e ainda fica se hoje forem feitos PDIs como os de antigamente, por volta de 70%. É uma taxa altíssima. Significa, primeiramente, que apenas 30% de um plano, que custou caro, terá chances de ser implantado, e isso decorre justamente do fato de que os sistemas ali planejados não são essenciais. Se esses sistemas forem ou não criados, não fará a menor diferença para o dia a dia da empresa.

A segunda resposta seria muito mais correta desde que saibamos o significado da palavra essencial.

Assim, poderíamos responder que um dado sistema é desenvolvido porque é *essencial* para que as metas atribuídas a uma atividade sejam atingidas.

Uma vez dada essa resposta, poderíamos fazer outra pergunta que definiria um sistema como necessário, de forma inquestionável e definitiva.

---

63 PDI: Plano Diretor de Informática.

176 SISTEMAS DE INFORMAÇÕES GERENCIAIS E OPERACIONAIS | CRUZ

– E qual é a meta que deve ser atingida pela atividade?

Ou, se quisermos ser mais específicos:

– Qual é o evento que faz com que uma atividade comece a ser executada?

Ou ainda:

–Qual é o evento que desencadeia a execução dos procedimentos que operacionalizam determinada atividade?

Quem souber responder a qualquer dessas perguntas já está fazendo Análise Essencial de Sistemas, mesmo que o esteja fazendo de forma empírica, por não saber quais são as ferramentas existentes para desenvolver esse tipo de análise. Também significa, entre outras coisas, que os sistemas desenvolvidos com a preocupação em atender ao essencial em uma atividade, ou em um grupo delas, terão maiores e melhores chances de serem usados com sucesso.

7.4 ESPECIFICANDO SISTEMAS ESSENCIAIS

A atividade de análise de sistemas, durante todo esse tempo de existência, já foi feita com base em uma inacreditável variedade de métodos e técnicas, nem sempre preocupada em descobrir a verdadeira necessidade da atividade para a qual o sistema estava sendo desenvolvido. Embora a informática tenha evoluído muito, e rapidamente, em um grande número de empresas, ainda hoje criam-se sistemas como o faziam os primeiros analistas,[64] que programavam painéis de posições de memória para fazer um computador executar um programa qualquer, no início simples operações aritméticas.

Daqueles primeiros dias até hoje foram formuladas as mais diversas metodologias, descritivas, sintéticas, orientadas para tal aspecto, preocupadas em estar de acordo com determinada tecnologia, enfim, até chegar às ferramentas CASE[65] (que fazem, se não tudo, boa parte do trabalho de desenvolvimento de qualquer sistema de informação). Entretanto, nenhuma tecnologia, por mais evoluída que seja, pode, sem a ajuda do ser humano, descobrir o que é verdadeiro e o que é falso no conjunto de requerimentos a que um sistema deve atender.

7.4.1 FALSO OU VERDADEIRO?

Muitos sistemas se perdem no meio do caminho por não terem conseguido distinguir de início qual é sua essencialidade, o motivo principal pelo qual ele está sendo construído, o porquê de sua existência. Isso se deve, em parte, à inabilidade, à falta de experiência, à afobação dos analistas de sistemas que, ao não conseguirem distinguir o falso do verdadeiro no conjunto de requerimentos feito pelo usuário, criam sistemas que, na melhor das hipóteses, serão apenas tolerados pela empresa, o que a impedirá de atingir as metas e os objetivos estabelecidos nos planos. Outras causas pelas quais um sistema morre prematuramente vão da escolha errada da tecnologia à falta de uma gerência de mudança cuidadosamente executada (sobre isso falaremos no último capítulo).

Em princípio, quanto mais experiência tenha um analista de sistemas, mais condições ele terá de distinguir se o que está sendo solicitado pelo usuário deve ou não ser um requerimento

---

64 Se é que podíamos chamá-los de analistas de sistemas, ou se estavam mais para analistas de programas.

65 CASE: *Computer Aided Software Engineering*, ou Engenharia de *Software* Ajudada por Computador.

suportado pelo sistema que está sendo desenvolvido. Entretanto, isso não é uma regra que se possa aplicar indiscriminadamente, pois muitos analistas "velhos" de profissão são traídos justamente por confiarem na experiência, nem sempre *up-to-date*,[66] que julgam ter. Hoje, qualquer experiência tem que estar, sempre, alinhada a uma constante atualização profissional.

Para ajudar aquele analista que não gosta de correr riscos desnecessários, existem as seguintes definições do que é um requerimento falso e do que é um requerimento verdadeiro.

Falso. Um requerimento é falso se puder ser suportado pelo sistema ainda que este não o tenha contemplado em sua funcionalidade. Às vezes, ocorre de se especificar determinada necessidade que deve ser atendida pelo sistema apenas como forma de comprar, acomodar ou utilizar uma tecnologia desnecessária, adquirida por alguém que, ao fazê-lo, estava mais preocupado em, simplesmente, tê-la do que em descobrir sua verdadeira utilidade.

Por isso, segundo alguns estudiosos, existem dois tipos de falsos requerimentos: os arbitrários e os tecnológicos. Ambos os tipos são frutos algumas vezes da incompetência de quem está desenvolvendo o sistema, outras vezes da megalomania e do delírio inconsequente de tecnólogos que se preocupam mais com a tecnologia em si do que com o papel que ela deve desempenhar na organização.

Verdadeiro. Um requerimento é verdadeiro quando faz parte da essencialidade do motivo para o qual o sistema está sendo desenvolvido. Em outras palavras, um requerimento é parte importante e única das especificações do modelo sistêmico. Assim, para que um requerimento seja verdadeiro, tem-se que, de antemão, saber que, se o sistema não o contemplar, ele automaticamente não poderá ser executado. É justamente o oposto de um requerimento falso (que pode ser suportado pelo sistema mesmo que este não o tenha incorporado).

A essência do sistema tem que ser independente da Tecnologia da Informação que se vier a adotar para implantá-lo e pode ser tratada como a definição lógica do sistema.

Resumindo, podemos dizer que um requerimento verdadeiro, ou essencial,[67] é aquele que, sob qualquer hipótese, só será atendido caso o sistema que está sendo desenvolvido seja implantado, independentemente da tecnologia que vier a utilizar para tal.

7.4.2 PERIGOS QUE PODEM OCORRER NA DEFINIÇÃO DE REQUERIMENTOS

Se a empresa estiver em boas condições de funcionamento, tiver capital, mercado, lucratividade; se seus funcionários estiverem motivados, têm um bom plano de carreira e de benefícios, por mais paradoxal que possa parecer, essa empresa corre o sério risco de gastar recursos de forma errônea.

Sabe por quê?

Porque, como resultado, essa empresa pode facilmente cair na armadilha de comprar tecnologia pela tecnologia, desenvolver sistemas além de sua capacidade operacional e de planejar reformas organizacionais que ficarão pelo meio do caminho.

Exemplos de empresas que passaram por essa situação posso citar às dezenas, mas vou restringir-me a dois casos muito significativos.

---

66 *Up-to-date* (atualizado). No jargão da área de informática, significa "em dia com as mais recentes tendências tecnológicas".

67 Daqui vem o nome de análise essencial de sistemas.

CASO 1

Conheci uma empresa que comprou muitos micros multimídia e os distribuiu por todos os postos de trabalho. Depois disso, essa mesma empresa liberou o acesso à Internet indiscriminadamente para todos. Sem uma política de utilização de tais recursos, aos poucos o caos foi-se instalando por toda a empresa, obrigando-a a voltar atrás em uma série de liberalidades adotadas. Isso é muito ruim. Acarreta um clima de insatisfação muito grande no ambiente.

CASO 2

Outra empresa contratou uma consultoria internacional para um trabalho de desenvolvimento e reorganização organizacional que ficou incompleto porque ela, a empresa, não estava preparada para implantar as recomendações oriundas do trabalho da consultoria. Não satisfeita com o desastre, decidiu desenvolver o Sistemas de Informações proposto pelo projeto de reorganização, sem que essa mesma reorganização tivesse sido concluída. O desastre foi maior ainda porque nem a cultura organizacional nem a cultura operacional estavam preparadas para absorver as novas orientações e trabalhar com as tecnologias escolhidas.

7.4.3 EVENTOS E RESPOSTAS

Para que um sistema seja desenvolvido com base na Análise Essencial de Sistemas, a primeira coisa que o analista tem que fazer é conhecer o evento que dá origem à operação da atividade. Esse evento é o cerne dos requerimentos verdadeiros que devem ser atendidos pelo sistema. Após a identificação do evento, é possível definir as alternativas de resposta que podem resultar do processamento desse evento. As Figuras 7.6 e 7.7 mostram graficamente essa ideia.

As respostas sistêmicas dadas ao evento são chamadas de respostas planejadas, porque já foram programadas para as inúmeras possibilidades que possam vir a ocorrer. Entretanto, é possível que em alguns momentos sejam necessárias respostas não programadas, chamadas de respostas *ad hoc*,[68] que um sistema interativo pode resolver na hora, desde que a solução esteja dentro da capacidade e esfera de competência do operador de tal sistema.

7.4.4 PAPEL DO ANALISTA DENTRO DA ANÁLISE ESSENCIAL DE SISTEMAS

A maior dificuldade que um analista tem em modelar um sistema provém da constatação de que ele não sabe exatamente o que é um sistema e, em decorrência disso, não sabe o que o sistema deve ser nem o que ele, analista, deve fazer.

Para corrigir essa situação, existem dois caminhos que devem ser igualmente percorridos. Um deles diz respeito ao analista em si mesmo, enquanto o outro trata da atitude que se deve ter quanto à definição do sistema propriamente dito.

---

68 *Ad hoc* é uma expressão latina que significa "para isso", "para esse caso".

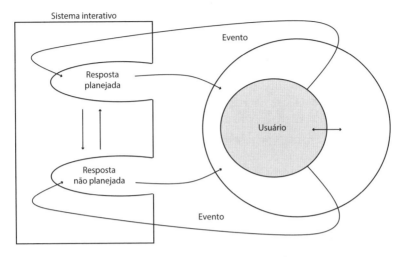

Figura 7.6 Sistema interativo com dois tipos de resposta.

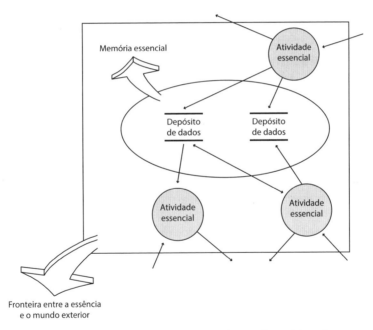

Figura 7.7 Forma característica de um *dataflow diagram*[69] particionado por eventos.

O analista de sistemas que queira cumprir corretamente seu papel, e que esteja preocupado em alinhar seu trabalho de análise à tecnologia de desenvolvimento de sistemas com base na motivação essencial, deve realizar os seguintes pontos:

1. **Definir o sistema.** O analista precisa definir a essencialidade do sistema, levantar os eventos que desencadearão a execução dos módulos que responderão a esses eventos, as atividades

---

69 *Dataflow diagram*: diagrama de fluxo de dados.

180 SISTEMAS DE INFORMAÇÕES GERENCIAIS E OPERACIONAIS | CRUZ

que o sistema estará suportando e as informações que compõem as entradas, os processamentos e as saídas de cada módulo.

2. **Selecionar o *modus operandi* do sistema.** Selecionar o *modus operandi* do sistema requer que o analista determine com cuidado o conjunto de procedimentos que efetivamente irão operacionalizar cada módulo do sistema. Para que a realização dessa seleção tenha sucesso, é imprescindível que a definição da essencialidade do sistema tenha sido feita corretamente, caso contrário, o analista corre o risco de operacionalizar requerimentos falsos.

3. **Programar o sistema.** Em que linguagem, recursos computacionais, banco de dados, enfim, nesse ponto será definida a Tecnologia da Informação que dará vida ao sistema? Embora pareça a parte mais fácil de todas, programar o sistema está longe de sê-lo. Primeiro, porque envolve uma gama muito grande de interesses, nem sempre pertinentes ao desenvolvimento do sistema propriamente dito. Segundo, porque o interesse político é o que, na maioria das vezes, se interpõe entre a empresa e seus objetivos, dificultando a criação do sistema.

4. **Implantar o sistema.** Implantar com sucesso um sistema é algo que está cada vez mais ligado à cultura da organização.

   De que forma?

   A implantação de um sistema depende das mudanças que tiverem sido feitas na organização, depende de como os usuários foram convencidos das necessidades das mudanças e, finalmente, da tecnologia que tiver sido escolhida para operacionalizar as atividades.

   A soma de todos esses fatores só será positiva se cada etapa da concepção de um novo sistema tiver sido realizada sem que os obstáculos tenham sido contornados, escondidos ou relegados a uma solução espontânea. É preciso resolvê-los, um a um, para garantir o sucesso da implantação, assim como uma vida longa e produtiva ao novo sistema.

5. **Gerenciar as mudanças.** Já vai longe o tempo em que o usuário era tratado como quem não sabe o que quer, como quem não tem condições de controlar e operar sua atividade. Quando assumia uma postura de descrédito quanto à capacidade dos usuários de trabalharem de forma correta, o pessoal da área de sistemas agia de acordo com a política de fato consumado, isto é, o sistema ficava pronto e era implantado sem que fosse preciso ganhar a confiança de quem ia usá-lo.

   Cada vez mais, é necessário gerenciar todos os passos que envolvem a implantação de um novo sistema, como forma de garantir o sucesso do projeto e da própria empresa, em última análise. A isso, dá-se o nome de gerência de mudança, um conjunto de técnicas e políticas que visam encontrar e tratar os focos de resistência, estabelecer alianças com aqueles que estão comprometidos com as novas ideias e, sobretudo, cuidar para que todos os aspectos que possam comprometer o sucesso do projeto sejam conhecidos e resolvidos o mais rapidamente possível.

Todos esses cinco pontos devem ser executados com cuidado, se quisermos que um novo sistema seja implantado com sucesso. Aliás, é bom lembrar que a Tecnologia da Informação continua demandando volume muito grande de recursos, independentemente do tipo de empresa. Isso mantém a informática no patamar do que se convencionou chamar de recursos caros, principalmente se o uso que se fizer dela não for o mais adequado.

7.5 PRINCÍPIOS DA MODELAGEM ESSENCIAL

Quando um analista de sistemas desenvolve seu trabalho com base no modelo de análise essencial de sistemas, deve basear seu trabalho em princípios que McMenamim e Palmer (1991) descrevem como fundamentais em seu livro *Essential systems analysis*. São quatro princípios ao todo, e a compreensão de cada um deles é de fundamental importância, uma vez que os quatro são parte da estratégia de modelagem essencial. Aqui está um resumo de cada um desses quatro princípios.

1º Princípio do orçamento para a complexidade. Quando um analista desenvolve sistemas, um modelo essencial deve levar em consideração que o ser humano tem capacidade limitada de absorver informações. Isso significa que, se o modelo que estiver sendo criado for muito complexo, será difícil compreendê-lo em uma leitura menos atenta.

O orçamento para a complexidade é análogo a qualquer orçamento financeiro, isto é, existe um limite para que o modelo seja complexo, um orçamento que não deve ser ultrapassado sob pena de comprometer todo o modelo.

Na prática, significa saber elaborar modelos essenciais com a dose exata de complexidade. Isso compreende os seguintes pontos:

- **Saber especificar** o número exato de componentes do modelo.
- **Saber especificar** cada modelo de forma a não o tornar mais complexo do que ele realmente é.
- **Saber dosar** a profundidade de nivelamento de cada componente do modelo.
- **Saber especificar** a complexidade das interfaces entre os componentes do modelo.
- **Saber criar** sem complexidade o nome de cada peça que fizer parte do modelo.
- **Saber desenhar** corretamente o modelo torna-se, muitas vezes, a forma mais fácil de fazer com que todos que tenham contato com ele possam mais facilmente entendê-lo.

2º Princípio da neutralidade tecnológica. Este princípio lembra que a construção de um modelo essencial deve estar completamente desvinculada de qualquer influência tecnológica, ou no extremo oposto, vir a influenciar a aquisição de alguma tecnologia.

3º Princípio da tecnologia interna perfeita. A crença de que existe perfeição tecnológica no ambiente com o qual um modelo essencial irá interagir leva a situações absurdas de falta de controle e segurança.

É preciso levar em consideração que a tecnologia perfeita deve fazer parte do modelo essencial e jamais esperar que o sistema funcione corretamente com base em uma perfeição externa.

4º Princípio do modelo essencial mínimo. A principal preocupação desse princípio prende-se ao fato de que é preciso impedir que um analista produza excesso de especificações das características essenciais de um modelo.

7.6 MODELAGEM DO SISTEMA

Dando continuação à análise essencial de sistemas, vamos falar da modelagem de um sistema. Para entender e executar corretamente a modelagem essencial de sistemas, é necessário que o analista utilize uma metodologia que possibilite transposição da realidade operacional encontrada quando do trabalho de análise para a tecnologia da informação que será utilizada. De antemão, é bom que se diga que essa não é uma tarefa fácil. Em razão do excesso de informações e da complexidade existente em concatená-las, muitas vezes, o analista perde o controle sobre o que ele deve e como deve sistematizar. Isso propicia o aparecimento de sistemas caóticos, pesados e difíceis de ser programados e impossíveis de ser operacionalizados, o que, sem dúvida, é muito pior, pois torna a situação de todos os envolvidos insustentável.

Os principais pontos de atenção são:

- A dificuldade em compreender o sistema, justamente por ser um conjunto, invariavelmente, grande e complexo.
- O grande esforço em abstrair o verdadeiro objetivo para o qual o sistema está sendo desenvolvido.
- Compreender todo o ambiente para o qual o sistema está sendo criado.
- Manter uma memória constantemente atualizada dos dados e informações que serão tratados no sistema.

Por tudo isso, e por inúmeras outras razões que poderiam ser enumeradas aqui, a modelagem de um sistema ganha importância em seu desenvolvimento. É por meio da modelagem do DHF (Diagrama Hierárquico de Função) que poderemos certificar-nos se estamos identificando corretamente todas as atividades que devem ser abrangidas por ele.

Existem inúmeras metodologias para a modelagem de um sistema, quer esteja ele sendo desenvolvido pela abordagem essencial, quer não. Entretanto, alguns pontos devem ser levados em consideração, qualquer que seja a técnica, para que uma modelagem possa ter sucesso. Basicamente, esses pontos dizem respeito à necessidade de que a modelagem seja uma ferramenta que possibilite ao analista estabelecer uma ponte entre o sistema e a realidade operacional.

Por incrível que possa parecer, o analista só poderá compreender a essência de um sistema se conseguir particioná-lo naquilo que ele tenha de mais essencial. Isso é o que uma modelagem de dados possibilitará.

Na análise essencial de sistemas, essa modelagem baseia-se em dois pontos principais:

- **No particionamento do sistema em atividades essenciais.**
- **No particionamento das atividades em eventos essenciais.**

Como este não é um livro *essencialmente* voltado para qualquer metodologia de desenvolvimento de sistemas e o enfoque dele é gerencial, devo concluir que, quaisquer que sejam a técnica e a metodologia empregadas, uma modelagem de dados é a parte lógica da descrição de todo o ambiente para o qual o sistema está sendo construído. Sem ela, o que vem a seguir ficaria solto no ar, exatamente como se fosse possível construir uma casa sem alicerces.

CAPÍTULO 7 | METODOLOGIA DOMP™ – SUBCONJUNTO OPERAR **183**

7.6.1 MODELO FÍSICO

Diferentemente das metodologias de modelagem física mais conhecidas, a modelagem física baseada na análise essencial de sistemas procura, mais uma vez, abstrair-se dos acessórios para chegar à essência das necessidades do processo operacional. Entretanto, quero alertar que concentrar-se na estrutura essencial de um Sistema de Informações não significa tirar dele os dados e informações que não estejam diretamente ligados aos procedimentos operacionais das atividades cobertas pelo novo sistema, mas não inverter a importância e a prioridade dos dados e informações essenciais com os que apenas servem para compor o conjunto que facilitará o entendimento do todo por parte de quem vai operá-lo. Mesmo porque, se as atividades anteriores a essa foram feitas corretamente aqui, na construção da estrutura física, o trabalho deverá fluir naturalmente. Jamais o modelo físico deve mudar, inverter ou sobrepor-se à estrutura encontrada na definição lógica do sistema. Se acontecer, isso significa que a análise essencial do sistema foi malfeita, ou não conseguiu ir ao ponto fundamental das preocupações que deveriam nortear a criação do novo sistema.

A estrutura física, uma vez definida, é depositada em um dispositivo geralmente chamado de repositório de dados[70] ou, mais tradicionalmente, de dicionário de dados. Entre outras funcionalidades, esse recipiente serve para que a estrutura de dados possa ser acessada por todos os módulos que processem dados com a mesma originalidade e segurança quanto a suas propriedades de garantir a todos os desenvolvedores de aplicações e programadores de sistemas a mesma visão do negócio.

7.6.2 BANCO DE DADOS

Finalmente, depois de pronta a estrutura, pode-se gerar o banco de dados e passar a desenvolver as aplicações que deram origem ao trabalho de análise essencial de sistemas.

O banco de dados tanto pode ser relacional puro como um banco de dados orientado a objeto.[71] Embora alguns especialistas digam que a análise essencial de sistemas não seja a metodologia mais adequada para desenvolver aplicações que venham a usar essa tecnologia de banco de dados, acho que, embora uma seja baseada em uma entidade chamada evento (a análise essencial de sistemas) e a outra agrupe dentro de um único elemento (o objeto) todas as informações necessárias a sua existência, como uma célula do corpo humano, é possível partir do mesmo ponto, a necessidade essencial, para fazer as duas tecnologias tornarem-se um Sistema de Informações.

7.7 ## ÚLTIMAS PALAVRAS SOBRE ANÁLISE ESSENCIAL DE SISTEMAS

A análise essencial de sistemas determina o desenvolvimento de aplicações estreitamente ligadas ao negócio da organização. Isso faz com que o que quer que tenha sido desenvolvido dentro dessa metodologia seja mais consistente, durável e menos sujeito às diatribes pessoais

---

70 Não se deve confundir Repositório de Dados com Dicionário de Dados. O Dicionário de Dados é o local onde ficam tanto as estruturas de dados como o repositório de dados.

71 OODB: *Object Oriented Data Base*, sigla pela qual essa tecnologia é conhecida pelos especialistas.

dos funcionários e a suas instabilidades cotidianas. Os sistemas passam a ser a representação executável de uma realidade operacional.

Uma das consequências mais importantes no emprego da Análise Essencial de Sistemas é o caráter de perenidade que lhe é automaticamente atribuído. As aplicações mudam apenas quando o negócio muda. Isso quer dizer que dificilmente vai ocorrer que muitos usuários peçam novas modificações ou acréscimos ao sistema todos os dias, como aliás ocorre com as aplicações desenvolvidas sem qualquer preocupação com o alinhamento entre elas e os três pontos que as tornam mais confiáveis, quais sejam:

- Motivação estratégica.
- Análise essencial de sistemas.
- Norma ISO 9000-3.

Os Sistemas de Informações que pretendem, por princípio, desempenhar um ativo papel de apoio à tomada de decisão, seja em qual nível for, precisam ter como característica básica o princípio da causalidade, que os faz existir por terem sido criados com base no mundo real, no fato operacional, naquilo que acontece, ou que está planejado para acontecer na empresa, no dia a dia.

7.8 CONCLUSÃO

No capítulo que acabamos de ver, o volume de informações discutido, por conta do conjunto OPERAR, da Metodologia DOMP™, pode assustar os que se iniciam em Sistemas de Informações. Entretanto, ele pode ser resumido da seguinte forma.

São três as preocupações fundamentais que se deve ter no momento de desenvolver um Sistema de Informações:

- Alinhamento do operacional com o plano estratégico da empresa.
- Alinhamento com a necessidade essencial do sistema.
- Alinhamento com padrões de qualidade.

Dentro do alinhamento com a motivação estratégica, vimos que é necessário que qualquer sistema, e os Sistemas de Informações não fogem à regra, deve ser ferramenta de suporte a metas e objetivos estabelecidos nos planos estratégico e operacional da empresa. No alinhamento com a essencialidade, falamos sobre Análise Essencial de Sistemas e de suas referências e consequências. A análise essencial de sistemas é uma metodologia que se preocupa em descobrir qual é a necessidade principal de cada uma das atividades que vão estar suportadas pelo novo sistema e como essas necessidades devem ser resolvidas com a entrada em operação das tecnologias adquiridas para tal fim.

No alinhamento com a norma ISO 9001:2015, vimos a norma na íntegra e os pontos que eu considero como os mais relevantes. A ideia principal é a de aproveitar o núcleo da norma para organizar e controlar o desenvolvimento, a implantação, os testes e a entrega de um sistema, seja ela um sistema do tipo informações gerenciais ou de qualquer outro tipo.

Cada uma das letras do nome do subconjunto OPERAR representa uma etapa a ser cumprida. Por isso, vimos, de forma detalhada, quais são as principais preocupações que necessitamos ter em cada uma delas e como resolver os problemas encontrados.

CAPÍTULO 7 | METODOLOGIA DOMP™ – SUBCONJUNTO OPERAR **185**

Vimos cada uma das letras do acróstico:

- Organizar.
- Planejar.
- Executar.
- Revisar.
- Agir.
- Realimentar.

RESUMO GERENCIAL

Neste capítulo, aprendemos que:

> Quando qualquer sistema é desenvolvido com base na sua essencialidade é possível suportar melhor os processos de negócio da Organização.

> A análise essencial de sistemas é uma ferramenta extremamente útil quando se trata de não perder dinheiro desenvolvendo sistemas de informação.

> O planejamento estratégico é fundamental para fazer a organização investir com segurança em Tecnologias da Informação.

> O ciclo Organizar – Planejar – Executar – Revisar – Agir – Realimentar deve ser executado de forma cíclica.

RESUMO ESQUEMÁTICO
METODOLOGIA DOMP™ CONJUNTO OPERAR

OPERAR

1. Organizar

   - 1ª fase: Escolher a equipe.
   - 2ª fase: Descrever o processo.
   - 3ª fase: Listar as atividades.
   - 4ª fase: Descrever as atividades.
   - 5ª fase: Diagramar as atividades.
   - 6ª fase: Custear as atividades.
   - 7ª fase: Descrever as funções.
   - 8ª fase: Levantamento da Tecnologia da Informação.
   - 9ª fase: Levantar e analisar os Fatores Críticos de Sucesso.
   - 10ª fase: *Benchmarking*.
   - 11ª fase: Desenvolver o novo processo.

2. Planejar

- 1º Alinhamento do operacional com o plano estratégico da empresa.
- 2º Alinhamento com a necessidade essencial do sistema.
- 3º Alinhamento com padrões de qualidade.

3. Executar o plano de implantação do Sistemas de Informações deve abranger os seguintes pontos:

- Financeiro.
- Econômico.
- Operacional.
- Logístico.
- Humano.
- Tecnológico.

4. Revisar. A revisão pode ser de dois tipos:

- Acompanhamento.
- Reconhecimento.

5. Agir. É preciso agir. É preciso ir atrás de soluções que possam resolver os problemas encontrados.

6. Realimentar. Por meio dessa interação cíclica, é possível introduzir, ou reintroduzir, dependendo do tipo de informação, novos elementos que, de novo, desestabilizarão o processo de criação de um Sistema de Informações, reiniciando **o ciclo organizar – planejar – executar – revisar – agir – realimentar, do subconjunto OPERAR.**

QUESTÕES PARA DEBATE

- Discuta com seu grupo a importância que uma metodologia tem no desenvolvimento de Sistemas de Informações.
- Discuta com seu grupo os três princípios com os quais um Sistema de Informações deve estar alinhado:
  - Motivação estratégica.
  - Análise essencial.
  - Garantia da qualidade.
- Discuta com seu grupo como e por que executar as dez primeiras fases da metodologia que possibilitam organizar e melhorar processos.
- Como é possível saber por que um sistema necessita ser desenvolvido?
- Quantas empresas você conhece que desenvolve sistemas baseados na análise essencial de sistemas?

EXERCÍCIOS

1. O que significa OPERAR?
   Qual alternativa está correta?
   a) Organizar, Programar, Executar, Revisar, Agir, Realimentar.
   b) Organizar, Planejar, Extrair, Revisar, Agir, Realimentar.
   c) Organizar, Planejar, Executar, Revisar, Atualizar, Realimentar.
   d) Organizar, Planejar, Executa, Revisar, Agir, Realimentar.
   e) Organizar, Planejar, Executar, Revisar, Agir, Reprogramar.

2. Quais são os princípios que dão sustentação aos modernos Sistemas de Informações?
   Qual alternativa está correta?
   a) O princípio da motivação estratégica, o da essencialidade e o da qualidade.
   b) O princípio do CMM-I e o da essencialidade.
   c) O princípio da motivação estratégica e da qualidade.
   d) O princípio da essencialidade e o da motivação estratégica.
   e) O princípio da necessidade do sistema e o da essencialidade.

3. Atividades podem ser de dois tipos...
   Qual alternativa está correta?
   a) Primárias e secundárias.
   b) Gerenciais e operacionais.
   c) Industriais e administrativas.
   d) Discretas e contínuas.
   e) Anteriores e posteriores.

4. ABC é uma metodologia para...
   Qual alternativa está correta?
   a) Controlar custos secundários.
   b) Controlar custos primários.
   c) Custeio Baseado em Atividades.
   d) Controlar custos industriais.
   e) Custeio de custos de produção.

5. A ideia central do *benchmarking* é...
   Qual alternativa está correta?
   a) Copiar a ideia de outros.
   b) Não aproveitar as ideias alheias.
   c) Não perder tempo inventando aquilo que alguém já fez com sucesso.
   d) Aproveitar os erros alheios.
   e) Aprender com os erros e acertos alheios.

CAPÍTULO 8

CAPABILITY MATURITY MODEL – INTEGRATION (CMM-I)

OBJETIVOS DO CAPÍTULO

- Apresentar a metodologia para qualidade de *software Capability Maturity Model – Integration*.
- Discutir os princípios da certificação para qualidade de *software* e seus cinco níveis de especialização e aprimoramento.
- Entender como desenvolver *softwares* de qualquer espécie e para qualquer finalidade obedecendo a padrões de qualidade.
- Compreender a TI na perspectiva das normas para a qualidade de *softwares*.

PARA COMEÇAR

As normas e certificações foram criadas para garantir a qualidade de um produto mediante melhoria dos processos que o produzem e, consequentemente, da eliminação dos problemas relacionados com a produção do bem ou serviço.

Será esta premissa válida para a produção de *softwares*?

Muitas empresas vivem de criar e desenvolver sistemas para outras empresas, mas a maioria não consegue "entregar" o produto a seus clientes dentro do prazo e dos custos estimados e contratados.

Bem, o que aconteceu foi que uma série de fatores "empurrou" o dono da universidade para o prejuízo a partir do momento em que não quis ouvir alguém com experiência no assunto e preferiu confiar em um assessor sem nenhuma qualificação para sugerir, avaliar e indicar uma empresa para desenvolver um projeto desse tamanho e custo.

8.1 POR QUE AS NORMAS SÃO CRIADAS?

Antes de detalhar a CMM-I, é preciso entender por que certificações como a ISO 9001:2015 e a própria CMM-I foram criadas.

Basicamente, tais normas são criadas para garantir que determinados requisitos inerentes ao desenvolvimento e ao produto em si mesmo, no caso aqui de *softwares*, sejam cumpridos.

Vamos começar por explicar a diferença entre *software* feito sob encomenda e *software out-of-box*.

Softwares conhecidos como *out-of-box* ou de prateleira são *softwares* que vêm prontos para ser usados. O termo *out-of-box* significa: "tirar da caixa e usar"; a expressão *de prateleira* significa pegar e usar. Em outras palavras, tais produtos não necessitam de nenhum tipo do desenvolvimento, nenhuma funcionalidade adicional àquelas que trazem, isto é, não haverá necessidade de programação para usar o produto. Claro que sempre há certo exagero por parte dos fabricantes ao afirmarem tais propriedades. Entretanto, nas novas classes de *softwares*, o *out-of-box* ou *de prateleira* já chega a ser quase verdadeiro para algumas marcas e produtos.

Softwares feitos sob medida são todos aqueles desenvolvidos para um cliente em particular e por isso mesmo devem atender a todas as expectativas, além de preencher todos os requisitos estipulados pelo cliente. Esse tipo de *software* requer uma carga de desenvolvimento, ou, se preferir, de programação, extremamente pesada. Daí porque tanto as empresas que desenvolvem sistemas quanto muito mais as que compram esse tipo de serviço vão estar interessadas em estabelecer, ou usar, parâmetros que de forma indiscutível sirvam para garantir a elas o recebimento de um produto de qualidade e a outras um produto que exatamente atenda aos estabelecidos no projeto.

8.2 UM POUCO DE HISTÓRIA

Quem é da área de informática sabe que desenvolvimento de *software*, ou criação de sistemas de informações, é algo extremante complexo e arriscado. A complexidade resulta da necessidade que o analista tem de representar o ambiente que deverá ser suportado pela aplicação no modelo usado para desenvolver o sistema. Foi por isso que surgiram metodologias como Análise Essencial de Sistemas, que, infelizmente, não tiveram grande aceitação pela maioria dos profissionais de desenvolvimento de sistemas. Com o surgimento e a popularização da microinformática, a análise de sistemas deixou de ser praticada, ficando restrita a grandes usuários, ainda possuidores de *mainframes*. Hoje, o imediatismo tomou conta do ambiente dos centros de informática.

VOCÊ SABIA?

> Há mais de 30 anos, o Departamento de Defesa norte-americano desenvolveu um modelo chamado SW-CMM que se tornou padrão de organização do processo de desenvolvimento de *software* visando garantir a qualidade do produto de tais projetos, reduzindo custos de desenvolvimento e de manutenção.

Usuários pedem aos micreiros (pessoal que programa microcomputadores):
– Dá para fazer um programa para mim?
E os micreiros, mais que analistas, respondem.
– Dá, sim. Para quando é?
Além de ser um diálogo *nonsense*, produzirá um resultado completamente irresponsável e com fortes tendências ao imponderável.

No tempo dos *mainframes* e nos lugares onde ainda hoje eles são utilizados, como nos bancos e grandes órgãos governamentais, a análise de sistemas ainda é praticada com o mesmo empenho e com a mesma importância que há quase 40 anos. De outra forma, ainda hoje, não há como desenvolver sistemas para ambientes complexos como o dos *mainframes*.

Outra causa de grandes prejuízos em projetos de desenvolvimento de sistemas chama-se imponderabilidade. O imponderável fica por conta do envolvimento das pessoas no projeto de desenvolvimento de um sistema. É sabido que sempre que há pessoas envolvidas, principalmente programadores de computador, as doses de incerteza aumentam consideravelmente. Há sempre um que fica doente, outro que decide sair do projeto, outro que falta muito, outro que tem vários problemas pessoais, particulares e familiares etc. Tudo isso eleva os custos do projeto, que, justamente por causa do imponderável, ficam superestimados pelos gerentes de desenvolvimento ou pelas empresas que desenvolvem o projeto como forma de garantir que não haja prejuízos causados pelos atrasos constantes.

Em face de todos esses problemas e para resolvê-los foi criado o modelo que hoje é conhecido como **CMM-I, que está sob a responsabilidade de um organismo chamado Software Engineering Institute, da Carnegie Mellon University.** O Software Engineering Institute é administrado pela Universidade desde o momento de sua transferência para ela pelo Departamento de

Defesa Americano. O CMM-I já sofreu várias modificações e incorporações de outros modelos que resultaram no que vemos no diagrama da Figura 8.1.

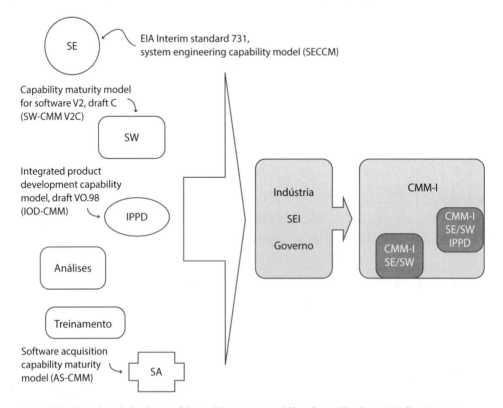

Fonte: Traduzida e adaptada de *A history of the capability maturity model for software*. SEI – Carnegie Mellon University.

Figura 8.1 Atual formação do CMM-I.

A Figura 8.1 mostra como a versão atual da CMM-I foi formada, de diversas normas, treinamentos diversos e análises realizadas por técnicos e estudiosos de várias áreas.

8.3 MODELO "MATURIDADE DE CAPACITAÇÃO"

À medida que o padrão *Capability Maturity Model – Integration* evoluía, outras instituições passaram a interessar-se por ele como forma de garantir bons resultados no desenvolvimento de sistemas e, consequentemente, na qualidade final do produto para compradores e vendedores.

A CMM parte da premissa: A qualidade de um sistema (*software*) está diretamente relacionada com a qualidade do processo usado para seu desenvolvimento e manutenção.

CAPÍTULO 8 | CAPABILITY MATURITY MODEL – INTEGRATION (CMM-I) **193**

É interessante notar que o modelo CMM e a ISO 9001:2015 têm alguns pontos em comum, mas são os pontos divergentes que pesam a favor do *Capability Maturity Model – Integration*. Um desses, talvez o mais importante, é o que considera a manutenção componente inseparável do CMM, enquanto para a ISO 9000-3 ela é encarada como um serviço à parte. Entretanto, a principal diferença entre o modelo CMM e a ISO 9001:2015 é que o CMM é convenientemente detalhado para permitir sua aplicabilidade, enquanto a ISO 9001:2015 é genérica, o que permite que cada um crie sua própria metodologia para utilizá-la.

As áreas principais do processo de desenvolvimento de *software* para as quais o CMM está preparado para garantir a qualidade resumem-se a cinco, como mostra a Quadro 8.1.

Quadro 8.1 CMM-I – Cinco níveis

Nível	Foco	Áreas-chave do Processo (KPA)[2]
5º Otimizando	Melhoria contínua do processo	Prevenção de defeitos Gerenciamento das atualizações tecnológicas Gerenciamento das mudanças tecnológicas Gerenciamento das mudanças no processo
4º Gerenciando	Qualidade do processo e do produto	Gerenciamento quantitativo do processo Gerenciamento da qualidade do *software*
3º Definindo	Engenharia dos processos e suporte organizacional	Foco na organização do processo Definição da organização do processo Programa de treinamento Gerenciamento da integração de *software* Engenharia do produto Coordenação intergrupos Revisões
2º Repetível	Processos de gerenciamento de projetos	Gerenciamento de requerimentos. Planejamento do projeto de *software* Acompanhamento e supervisão do projeto de *software* Gerenciamento dos recursos subcontratados Garantia da qualidade do *software* Gerenciamento da configuração do *software*
1º Inicial	Pessoas competentes (e na maioria das vezes heroicas)	

Fonte: Traduzida e adaptada de a *history of the capability maturity model for software*, SEI – Carnegie Mellon University.[72]

Para prover a melhoria contínua em projetos e processos, foram desenvolvidas várias normas e metodologias, tais como TQM,[73] CCQ,[74] TQC,[75] ISO, entre outras, mas, para melhorar continuamente a qualidade dos processos de desenvolvimento de *softwares*, foi criado o *Capability Maturity Model – Integration*.

---

72 KAP: *Key Process Area*, ou Áreas-chave do processo.

73 TQM: *Total Quality Management*, ou Gerenciamento da Qualidade Total.

74 CCQ: Círculos de Controle da Qualidade.

75 TQC: *Total Quality Control*, ou Controle Total da Qualidade.

Roger Bate, o principal "arquiteto" do produto CMM-I, ressalta que:

- **O modelo não é um produto fechado** composto de ferramentas pré-construídas que só funcionará enquanto o motivo para usá-las ajustar-se a elas. Pelo contrário, o CMM-I, embora seja um modelo maduro, é aberto o suficiente para acomodar novas ideias e iniciativas que visem melhorá-lo.
- **O CMM-I tem seu foco principal em todo o projeto**, e não em aspectos específicos dele, como as normas SW-CMM e SE-CMM.
- **O modelo facilita a análise da melhoria do processo** de forma ampla na organização, diferentemente dos modelos que se preocupam em focalizar aspectos singulares e específicos de determinadas áreas que, invariavelmente, resultam em confusão e elevação dos custos.
- **Permite, também, que os membros de um projeto migrem para outros projetos**, utilizando os mesmos processos.
- **O CMM-I permite criar e melhorar continuamente processos** que se adaptam com facilidade ao ambiente de negócios extremamente volátil dos dias atuais.

O Sr. Roger sintetiza com perfeição a natureza do CMM-I, quando afirma:

CONCEITO

O *Capability Maturity Model* desenvolve líderes de projetos que estarão sempre olhando para a frente, não sobre seus próprios ombros.

8.4 ABORDAGEM IDEAL™[76]

Para implantar o *Capability Maturity Model – Integration* é preciso usar uma abordagem batizada de IDEAL™, que se constitui em um acrônimo:

- *Initiating* – Iniciando.
- *Diagnosing* – Diagnosticando.
- *Establishing* – Estabelecendo.
- *Acting* – Atuando.
- *Learning* – Aprendendo.

A Figura 8.2 mostra a metodologia IDEAL™ e suas diversas fases.

---

[76] IDEAL™ é marca registrada e marca de serviço da Carnegie Mellon University.

8.5 FASES DA METODOLOGIA IDEAL™

Initiating – **Iniciando:**
- Entender o contexto.
- Definir patrocínio.
- Criar infraestrutura.

Diagnosing – **Diagnosticando:**
- Caracterizar o estado atual e o desejável.
- Desenvolver recomendações.

Establishing – **Estabelecendo:**
- Estabelecer prioridades.
- Criar abordagens.
- Planejar ações.

Acting – **Atuando:**
- Criar a solução.
- Testar o piloto da solução.
- Refinar a solução.
- Implantar a solução.

Learning – **Aprendendo:**
- Analisar e validar.
- Propor futuras ações.

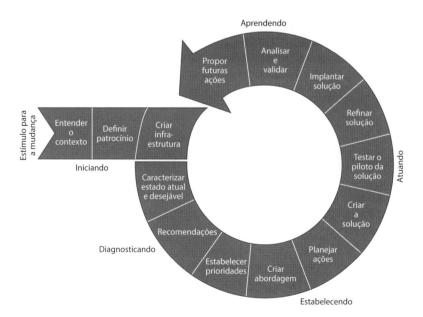

Fonte: traduzida e adaptada de *A history of the capability maturity model for software*. SEI – Carnegie Mellon University.

Figura 8.2 Metodologia IDEAL™ e suas diversas fases.

8.6 ABORDAGEM "3 CICLOS"

Existe outra abordagem para a implantação do Capability Maturity Model – Integration conhecida como "3 Ciclos", por separar as tarefas em:

- **Ciclo de inicialização:** preparar o projeto, defendê-lo e decidir o que será feito.
- **Ciclo de implantação:** organizar o projeto, analisar o contexto geral e analisar a maturidade da solução depois que ela tiver sido dada como válida pelo ciclo de processamento.
- **Ciclo de processamento:** revisar e desenvolver o piloto, executar o piloto, analisar o piloto, validar e institucionalizar a solução.

A Figura 8.3 mostra os diversos ciclos da abordagem.

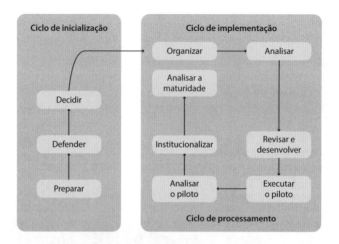

Fonte: traduzida e adaptada de *A history of the capability maturity model for software*. SEI – Carnegie Mellon University.

Figura 8.3 Abordagem "3 ciclos" para melhoria do processo de desenvolvimento de software.

8.7 OS CINCO NÍVEIS DO CMM-I

Similar a outras normas, o *Capability Maturity Model – Integration* tem cinco níveis de implantação. Eles atestam a qualidade do processo de desenvolvimento de *software* da empresa que os obteve. A certificação do CMM-I é feita por empresas certificadoras que atestam a conformidade das práticas do dia a dia com o padrão criado e mantido para trabalhar. Aliás, procedimento-padrão em todas as normas da qualidade.

Os cinco níveis do CMM-I equivalem, cada um deles, a certificações.

Diferentemente da ISO, com a qual um produto é ou não certificado, a CMM-I obriga a empresa possuidora da certificação não somente que a mantenha, mas como evolua, buscando certificar-se em outros níveis.

Níveis	Características	Foco na Melhoria	Resultado
5. OTIMIZAÇÃO	Melhoria contínua	É ainda um processo intensivamente humano. Mantém a organização num nível de permanente otimização.	Produtividade e Qualidade
4. GERENCIADO	Processo medido (melhoria do processo por meio de avaliações quantitativas)	Prevenção de defeitos. Inovação tecnológica. Gerenciamento das mudanças sofridas pelo processo.	
3. DEFINIDO	Processo definido e institucionalizado (Melhoria do processo por meio de avaliações quantitativas)	Medição do processo. Análise do processo. Planos da qualidade quantitativa.	
2. REPETÍVEL	O processo ainda é dependente dos indivíduos (intuitivo)	Foco da organização do processo. Definição da organização do processo. Revisões aos pares. Programa de treinamento. Coordenação intergrupos. Engenharia de software. Gerenciamento da integração de software.	
1. INICIAL	O processo é administrado por meio de crises (caótico e *ad hoc*)	Planejamento do projeto. Rastreamento do projeto. Gerenciamento dos subcontratados. Garantia da qualidade. Gerenciamento da configuração. Gerenciamento das solicitações.	Risco e Desperdício

Fonte: traduzida e adaptada de *A history of the capability maturity model for software*, SEI – Carnegie Mellon University.

Figura 8.4 Níveis de certificação no CMM-I.

CMM é um modelo de referência para práticas testadas e amadurecidas em uma disciplina específica, usado para avaliar a capacidade do grupo em desempenhar aquela disciplina.

Como visto, é válido pensar que o esforço que uma empresa tem que despender para certificar-se nos diversos níveis do modelo CMM-I é muito maior que o necessário para a obtenção da certificação ISO. Entretanto, também é válido supor que o fato de a empresa ostentar o diploma de certificação não significa, necessariamente, atestar *a priori* que seu "produto" seja de excelente qualidade, incluindo aí a excelente relação custo-benefício.

Se você quiser saber mais sobre os principais organismos citados aqui:

Software Engineering Institute:
http://www.sei.cmu.edu. Acesso em: 13 ago. 2019.

Carnegie Mellon University:
http://www.cmu.edu. Acesso em: 13 ago. 2019.

International Organization for Standardization (ISO):
http://www.iso.org. Acesso em: 13 ago. 2019.

8.8 CONCLUSÃO

Vimos, neste capítulo, como é importante que fabricantes de *software* desenvolvam seus produtos dentro de padrões de qualidade que possam ser aceitos por seus clientes.

A certificação CMM-I garante que os produtos desenvolvidos sob sua orientação estarão isentos de mau funcionamento desde sua instalação, que, aliás, será automaticamente inicializada e finalizada, sem percalços ou erros.

Qualquer certificação garante que o produto que for produzido por um processo certificado estará isento de erros ocasionados por procedimentos aleatorios. O padrão de operação serve justamente para que todas as atividades do processo sejam executadas sempre da mesma forma.

RESUMO GERENCIAL

Neste capítulo, aprendemos que:

- O CMM-I é uma metodologia que normatiza a qualidade para o desenvolvimento de *softwares*.
- O CMM-I tem forte base metodológica.
- O CMM-I tem cinco fases para implantação.
- A abordagem dos 3 Ciclos da CMM-I é composta por: Ciclo de inicialização, Ciclo de implantação e Ciclo de processamento.

RESUMO ESQUEMÁTICO
CAPABILITY MATURITY MODEL – INTEGRATION (CMM-I)

As fases da metodologia IDEAL™ são as seguintes:

Initiating – **Iniciando:**
- Entender o contexto.
- Definir patrocínio.
- Criar infraestrutura.

Diagnosing – **Diagnosticando:**
- Caracterizar o estado atual e o desejável.
- Desenvolver recomendações.

Establishing – **Estabelecendo:**
- Estabelecer prioridades.
- Criar abordagens.
- Planejar ações.

Acting – **Atuando:**
- Criar a solução.
- Testar o piloto da solução.
- Refinar a solução.
- Implantar a solução.

Learning – **Aprendendo:**
- Analisar e validar.
- Propor futuras ações.

Abordagem "3 CICLOS"
- **Ciclo de inicialização.**
- **Ciclo de implantação.**
- **Ciclo de processamento.**

QUESTÕES PARA DEBATE

- Você acha que tanto a ISO 9001:2015 quanto a CMM-I focalizam o processo de negócio, ou cada uma tem um foco distinto na certificação?
- Você acha que o CMM-I substitui a ISO 9001:2015?
    - Se sim, com vantagem ou desvantagem?
    - Se não, com vantagem ou desvantagem?
- Você acha que a qualidade do produto é fruto da qualidade do processo que o produz?
    - Se sim, por quê?
    - Se não, por que não?

- É possível produzir com qualidade sem que os processos de negócio estejam organizados e corretamente gerenciados?
- Quantas empresas você conhece que desenvolve softwares com padrão de qualidade aceitáveis pelos clientes?

EXERCÍCIOS

1. As normas e certificações foram criadas para garantir:
   Qual alternativa está correta?
   a) A qualidade de um produto mediante melhoria dos processos que o produzem e, consequentemente, da eliminação dos problemas relacionados com a produção do bem ou serviço.
   b) O controle de custos
   c) A eliminação dos problemas.
   d) A redução do tempo de fabricação.
   e) A qualidade de um produto mediante a redução dos custos e dos tempos de fabricação.

2. Basicamente, tais normas são criadas para garantir...
   Qual alternativa está correta?
   a) Que determinados requisitos não ultrapassem os custos planejados.
   b) Que determinados requisitos inerentes ao desenvolvimento e ao produto em si mesmo, no caso aqui de *softwares*, sejam cumpridos.
   c) Que os tempos sejam cuidadosamente gerenciados.
   d) Que os objetivos sejam completamente atingidos.
   e) Que todos os clientes, internos e externos, sejam atendidos.

3. Diferentemente da ISO, com a qual um produto é ou não certificado, a CMM-I obriga...
   Qual alternativa está correta?
   a) Que todos os produtos sejam certificados.
   b) Que cada produto seja certificado anualmente.

   c) Que a melhoria seja contínua.
   d) Que somente *softwares* sejam certificados.
   e) Que a empresa possuidora da certificação não somente a mantenha, mas como evolua, buscando certificar-se em outros níveis.

4. A certificação CMM-I é mais ou menos trabalhosa que outras certificações?
   Qual alternativa está correta?
   a) Depende do produto que se quer certificar.
   b) Como visto, é válido pensar que o esforço que uma empresa tem que despender para certificar-se nos diversos níveis do modelo CMM-I é muito maior que o necessário para a obtenção da certificação ISO.
   c) Nem mais nem menos trabalhosa que outras certificações.
   d) Para certificação de bens pode ser mais trabalhosa e custosa.

5. Para implantar o *Capability Maturity Model – Integration* é preciso usar uma abordagem batizada de IDEAL™. O que significa IDEAL?
   Qual alternativa está correta?
   a) Iniciando. Diagnosticando. Preparando. Estabelecendo. Atuando.
   b) Iniciando. Diagnosticando. Estabelecendo. Atuando. Livrando.
   c) Iniciando. Diagnosticando. Estabelecendo. Atuando. Aprendendo.
   d) Iniciando. Diagnosticando. Estudando. Atuando. Aprendendo.
   e) Planejando. Diagnosticando. Estabelecendo. Atuando. Aprendendo.

CAPÍTULO 9

GERENCIANDO
MUDANÇAS

OBJETIVOS DO CAPÍTULO

- Apresentar os principais problemas relacionados com qualquer mudança organizacional.
- Discutir as principais forças que influenciam os comportamentos organizacionais na mudança.
- Entender os quatro quadrantes da mudança organizacional.
- Compreender como é possível realizar mudanças bem-sucedidas.

PARA COMEÇAR

"Quando os ventos de mudança sopram, umas pessoas levantam barreiras, outras constroem moinhos de vento." (Erico Verissimo)

A qual categoria você pertence?

9.1 PERGUNTA INOCENTE

Muitos executivos, com os quais tenho mantido contato e para os quais tenho prestado consultoria em Tecnologia de Informação, dos mais diversos ramos de atividade, têm as mesmas perguntas:

– Agora que investi milhares, ou mesmo milhões, de dólares em equipamentos e sistemas, minha empresa vai ser mais produtiva?

– Os funcionários serão mais participativos?

– Finalmente seremos organizados?

– Passaremos a usar toda essa maravilhosa tecnologia para planejar e executar com mais eficiência e eficácia nossa operação?

Infelizmente, a resposta é:

– Não necessariamente!

Ou

– Depende...

Aliás, para que se possa entender melhor esse diálogo, cito Peter Drucker.[77]

CONCEITO

A única coisa que se consegue ao resolver um problema é voltar à situação anterior. Portanto, o verdadeiro progresso não é obtido solucionando-se problemas, mas sabendo-se usar as oportunidades criadas pela necessidade de resolvê-los.

SAIBA MAIS

Sobre Peter Drucker: http://www.portal-administracao.com/2017/04/peter-drucker-o-pai-da-administracao.html. Acesso em: 13 ago. 2019.

A tecnologia adquirida não garante *de per si* todos os benefícios esperados pelos empresários (dos mais diferentes tamanhos, modelos e ramos de atuação).

Aliás, ela não garante sequer que os investimentos, feitos em sua aquisição, tenham retorno! É preciso antes de tudo saber aproveitar as oportunidades que essas mudanças proporcionam. Para que isso tenha maiores chances de ocorrer, temos que buscar ajuda na prática de uma Gerência de Mudanças.

---

77 DRUCKER, Peter F. *Administrando em tempos de grandes mudanças*. São Paulo: Pioneira, 1995.

9.2 IMPACTOS CAUSADOS PELAS MUDANÇAS

Talvez fosse até desnecessário dizer, mas todo trabalho de análise, programação e treinamento do usuário desenvolvido até aqui deve ser cuidadosamente conduzido em todas as suas fases, pois esse trabalho, em que tamanho esforço foi empregado, tanto pode dar certo como pode dar errado, e o fio que separa as duas possibilidades é tênue e de difícil percepção, principalmente por parte dos mais inexperientes.

Se, por um lado, todo mundo na empresa quer suas atividades automatizadas, e até pensa nas melhorias operacionais advindas daí, por outro lado, existe uma resistência muito grande em mudar o que está sendo feito, da forma como está sendo feito, por um dos mais elementares sentimentos, o de insegurança em face das mudanças.

Para solucionar o problema, a primeira preocupação que se deve ter é quanto ao impacto que as mudanças provocadas pelos novos sistemas causarão na vida da organização. De nada adiantará todo o investimento feito na aquisição ou no desenvolvimento de Sistemas de Informações se aqueles que terão a obrigatoriedade de operacionalizá-lo não o fizerem corretamente. Em outras palavras, se os usuários não estiverem absolutamente convencidos da necessidade e da importância dos sistemas, e principalmente não tiverem participado de todas as etapas da aquisição e/ou do desenvolvimento dos mesmos, todo o investimento estará comprometido.

Existe um caminho a ser percorrido entre o velho e o novo modo de operar o processo, entre a desorganização e a organização das atividades, entre a ineficiência e o ganho de produtividade da empresa. Para que isso seja possível, é preciso desenvolver um trabalho de conscientização dos usuários quanto à necessidade das mudanças.

9.3 GERENCIAMENTO DE MUDANÇAS

No gerenciamento de mudanças, o primeiro ponto importante é saber que existem quatro estágios relativos a qualquer mudança e que, dependendo do quadrante, o risco de fracasso será maior e pode pôr em risco qualquer organização:

- **Rejeição.**
- **Boicote.**
- **Aceitação.**
- **Cooperação.**

É preciso identificar em qual estágio a maioria dos funcionários está no que concerne às mudanças, haja vista que, pela diversidade natural do ser humano, as pessoas podem estar em patamares diferentes durante todo o processo de mudança.

SAIBA MAIS

Provavelmente você conheça, mas ainda assim vale a pena dar uma olhada neste vídeo e relembrar alguns aspectos importantes da mudança: https://www.youtube.com/watch?v=syhvPZJAcbo. Acesso em: 13 ago. 2019.

9.4 ESTÁGIOS DA MUDANÇA

Cada um dos estágios existentes em qualquer mudança, que ocorra em qualquer organização e a qualquer tempo, deve ser tratado com o mesmo cuidado como se aquela fosse a primeira vez que uma mudança estivesse ocorrendo, isto é, não se deve queimar nenhuma etapa quando se estiver gerenciando pessoas por meio de mudanças, sob pena de termos que voltar ao início da fase sobrepassada para resolver adequadamente os problemas.

9.5 PONTOS DE ATENÇÃO

A Figura 9.1 deve ser lida no sentido dos ponteiros dos relógios, começando no quadrante "rejeição" até chegarmos ao último quadrante, "cooperação".

O modelo de relacionamento cíclico[78] explica detalhadamente a interação existente nos estágios que ocorrem em qualquer mudança. Desde os primeiros contatos no início do ciclo "pessoas", pelo medo do desconhecido e sua natural rejeição, até o domínio pleno da tecnologia mediante o conhecimento de seu uso, quando então se chega à fase de cooperação, há uma natural interação do modelo com a gerência de mudanças.

Ao longo desta leitura, existem inúmeras manifestações (benignas e malignas) que devem ser tratadas com muita atenção. Essas manifestações podem ocorrer tanto naqueles que desenvolvem os novos sistemas (já que aqui estamos tratando do desenvolvimento de Sistemas de Informações) quanto naqueles que usarão os novos sistemas desenvolvidos (todos os usuários). Para ser mais exato, a culpa ou responsabilidade pelo sucesso ou fracasso da empreitada tanto pode ser do analista de sistemas como do usuário. Se alguma coisa der errado, ambos deverão repartir a culpa pelo fracasso. Se alguma coisa der certo, ambos deverão ser parabenizados.

Vamos analisar cada estágio e suas implicações.

---

[78] O Modelo de Relacionamento Cíclico é descrito no meu livro *Manual de sobrevivência empresarial*. São Paulo: Atlas, 1996.

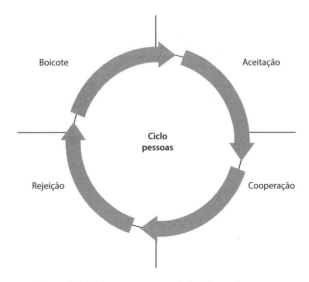

Figura 9.1 Ciclo pessoas e estágios da mudança.

Rejeição. Toda mudança é, por princípio, indesejada, porque toda mudança é, por menor que seja, uma ruptura, e rupturas causam muito desconforto.

As pessoas não gostam de ter nenhum componente de seu ambiente de trabalho modificado. Embora digam que anseiam por mudanças, e até colaborem no desenvolvimento delas, usam de uma série de artifícios para retardar esses acontecimentos.

Na fase de rejeição, são comuns frases do tipo:
- Do jeito que está, está bom!
- Isso sempre foi feito dessa forma.
- Eu sempre fiz assim e sempre deu certo.
- Por que mexer em time que está ganhando?

> **PARA MEDITAR**
>
> Como você se comportaria em uma mudança que fosse alterar radicalmente sua situação profissional? Aceitaria? Procuraria outro emprego?

Essas frases denotam a clara rejeição de qualquer ideia que implique mudança. Elas são claras, diretas e objetivas, denotam, sobretudo, total rejeição pelo novo. Entretanto, existe outra rejeição com que os analistas devem preocupar-se: a que quer, justamente, que as coisas permaneçam exatamente como estão. Os usuários dessa tática costumam usar frases como:
- Eu acho que deveríamos fazer muito mais...
- Por que não incluirmos também...
- Já que vamos mudar, poderíamos mudar tudo!
- Ou se faz tudo ou não se faz nada.

Nesse segundo tipo de rejeição, o usuário age com a certeza de que, se forem sugeridas e aceitas cada vez mais e maiores mudanças, nada se fará pela absoluta falta de senso de limites.

206 SISTEMAS DE INFORMAÇÕES GERENCIAIS E OPERACIONAIS | CRUZ

Com ambos os extremos, há que se tomar cuidado e impor limites para a mudança, que deve estar alinhada ao momento, às oportunidades e aos recursos disponíveis.

O que é que deve ser feito para que as pessoas passem a colaborar com o desenvolvimento e a implantação das mudanças?

1ª regra: não assuste o usuário. Não diga o que você vai fazer acontecer; pergunte o que ele (o usuário) sugere ou acha que a empresa necessita que seja feito. Procure fazer com que todas as mudanças necessárias sejam requeridas pelos usuários. Para isso, existem inúmeras técnicas, como *brainstorming*, JAD[79] etc., que podem ser usadas com sucesso para descobrir as reais necessidades da empresa.

2ª regra: alie-se a quem for favorável às mudanças. Um dos graves problemas de qualquer mudança é que é muito difícil saber por que as pessoas são contrárias às mudanças. Por exemplo, conheci uma empresa onde um dos principais executivos, porque roubava, era contrário à implantação de um sistema de controle de estoque. É isso mesmo. Ele roubava. O sistema viria a colocar um ponto-final naquele estado de bagunça reinante no estoque de produto acabado. Como o outro principal executivo não sabia da real situação, e ainda por cima gostava muito do tal "ladrão", foi muito difícil convencê-lo da necessidade de implantar o sistema.

A estratégia foi nos aliarmos a outro executivo, também muito influente, para que o projeto pudesse ser aprovado.

Em toda empresa, sempre vão existir aqueles que são a favor e aqueles que são contra qualquer mudança. Cabe aos responsáveis pelos projetos descobrir os pontos de apoio a fim de fazer as mudanças fluírem mais facilmente. Aliás, uma regra de ouro é obter o apoio do principal responsável pela operação da empresa ou da área que será mudada. Pode ser o dono, o presidente, o diretor, o gerente, ou qualquer outro executivo que tenha poder para apadrinhar uma mudança, por menor que ela seja.

3ª regra: ressalte as vantagens do novo sistema. Todavia, deliberadamente, esqueça o antigo e faça com que todos aos poucos falem das novas possibilidades como se elas já fossem realidade. Não procure denegrir o que está sendo feito, não fale mal do estado atual das coisas; em vez disso, trabalhe na venda das novas possibilidades trazidas pela mudança.

A preocupação aqui é não criar resistências desnecessárias, o que, invariavelmente, ocorre quando se fala mal do que vinha sendo feito.

Na fase de estágio de rejeição às mudanças, as pessoas procuram, por todos os meios, impedir que as mudanças ocorram, mas não costumam ser nada além de um empecilho. Já quando passam a boicotar as mudanças, a preocupação dos responsáveis por elas deve aumentar significativamente.

Boicote. Quando as pessoas assumem uma postura de boicote às mudanças, elas passam de uma atitude passiva (estágio de rejeição) para uma atitude ativa, contra toda e qualquer modificação do *status quo*. Esse, a meu ver, é o mais perigoso de todos os estágios, pois boicotar significa algo além de uma simples resistência; é muito pior, é trabalhar contra.

Ao boicotar as mudanças, as pessoas agem com o propósito de fazer com que tudo venha a dar errado com elas. Elas transformam cada ponto que precisa ser trabalhado e melhorado em deficiências exacerbadamente intransponíveis.

---

79 JAD: *Joint Application Design*.

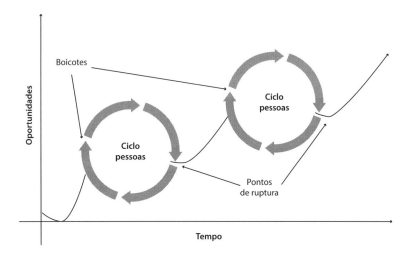

Figura 9.2 Oportunidades, boicote e ruptura.

A Figura 9.2 mostra graficamente como ocorrem as oportunidades, os boicotes e os pontos de ruptura a cada mudança dentro de qualquer organismo, como parte da dinâmica do Ciclo Pessoas, dentro do Modelo de Relacionamento Cíclico.

Qualquer ação a ser tomada contra qualquer tipo de boicote deve explicitar o ponto de inflexão do qual não há como voltar atrás. Em outras palavras, é preciso que o passado seja explicitamente enterrado.

Aceitação. Depois do ponto de inflexão, ou de ruptura com o passado, o usuário começa a aceitar a mudança. Essa aceitação pode dar-se tanto pela política de fato consumado, como pela constatação da necessidade e da oportunidade da mudança. Entretanto, a aceitação das mudanças por parte do usuário não significa que esteja tudo bem. O simples fato de ter aceitado as mudanças não proporciona a alavancagem necessária para que o sistema tenha sucesso.

Aceitar não significa outra coisa a não ser aceitar, e isso ainda é muito pouco para fazer dar certo qualquer mudança. Aceitar significa simplesmente que o estágio de boicote foi ultrapassado, só isso.

Quando tivermos os usuários no estágio de aceitação, precisaremos começar a trabalhar para que essa aceitação seja efetivamente ativa e não passiva, como ocorre muitas vezes. A aceitação passiva é tão prejudicial quanto o boicote, pois não trabalha a favor das mudanças; ela simplesmente deixa de, explicitamente, ser do contra.

É muito fácil descobrir quem está realmente a favor das mudanças e quem as está aceitando passivamente. Os usuários ativos procuram não só demonstrar que estão aceitando as mudanças de suas próprias atividades, como ainda ajudam os outros a aceitarem as deles, fortalecendo com isso uma sinergia extremamente benéfica ao ambiente. São, também, esses usuários que primeiro passam ao último estágio do processo de mudança, o da cooperação.

Cooperação. Esse é o estágio final e o mais desejado por quem empreende as mudanças em qualquer organização. O ideal seria que todos os usuários fossem para esse estágio, sem passar pelos outros, toda vez que alguma mudança se fizesse necessária. Infelizmente, sabemos ser isso impossível!

O estágio de cooperação coloca toda e qualquer mudança em um patamar de novas descobertas, pois se beneficia da força criativa de cada usuário no processo de melhoria do que está

SISTEMAS DE INFORMAÇÕES GERENCIAIS E OPERACIONAIS | CRUZ

sendo implantado. Isso significa dizer que é por meio da cooperação e da exploração da potencialidade das novas práticas que outros patamares quantitativos e qualitativos serão atingidos.

Com tudo de bom que esse estágio possa ser e ter, ainda assim é necessário que quem esteja gerenciando as mudanças permaneça ao lado dos usuários até que elas estejam concluídas e consolidadas. Ao menor sinal de desande, de problema e de abandono, pode haver um retrocesso na disposição de aceitar e cooperar com as mudanças, e isso poria tudo a perder.

É preciso que o usuário seja estimulado a todo o momento a prosseguir com as mudanças, e que quem as esteja patrocinando se faça presente até que elas não mais se pareçam com mudanças, mas com o cotidiano.

O mesmo se passa com toda mudança em que os usuários são abandonados no meio do caminho.

Não basta ajudar os usuários a atravessar de um paradigma para outro. Mais do que isso, é necessário estar junto durante todo o percurso da mudança, a fim de que em nenhum momento os usuários se sintam inseguros.

A cultura existente deve ser cuidadosamente tratada. Os hábitos arraigados na desordem e na falta de planejamento de uma empresa qualquer, quando relegados a um plano secundário, na esperança que se resolvam por si mesmos, colocam em risco todo e qualquer investimento mobilizado em tecnologia da informação. Ainda hoje existe a crença, mesmo que seja bem-intencionada, de que a tecnologia da informação resolverá todas a disfunções organizacionais. Ledo engano. Não só não as resolverá como, muito possivelmente, ainda acentuará todos os vícios e maus hábitos, impregnados na pele da organização por anos e anos de administração.

Durante minha vida de técnico em informática, já vi acontecer muitos desastres pelo simples fato de o usuário ter sido abandonado à própria sorte. Essa foi uma lição aprendida com meus próprios erros.

> **PENSE NISSO!** ⊙
>
> Por exemplo: se um usuário qualquer é desorganizado, não planeja suas atividades, não cumpre prazos, ele vai continuar assim depois que o melhor e mais caro sistema de informação gerencial for implantado, a menos que seja reeducado. Por isso, o cuidado com a cultura existente em uma organização: ela deve ser conhecida, estudada e respeitada para que possa ser transformada e leve a organização a um patamar de produtividade não experimentada anteriormente.

9.6 CONCLUSÃO

Neste capítulo, vimos como é importante que toda e qualquer mudança seja gerenciada antes, durante e depois de implantada. A não observância dessa regra pode colocar em risco os objetivos que se pretende atingir com as mudanças.

Vimos os quatro estágios pelos quais todo mundo passa quando enfrenta uma mudança. Rejeição, boicote, aceitação e cooperação são estágios que devem ser cuidadosamente gerenciados por quem tem a responsabilidade de realizar as mudanças. É importante lembrar que a passagem de um estágio para outro não é apenas progressiva. Se em cada novo estágio, para onde tenha evoluído aquele que sofre a mudança, não houver a firmeza necessária para garantir a estabilidade no novo estágio, o usuário pode voltar para estágios anteriores, dificultando todo o processo de mudança.

A FÁBULA DO ABANDONO

A imagem que se pode fazer disso é a de um helicóptero que faz a travessia de um grupo de pessoas de uma margem para outra de um rio caudaloso e largo.

Num belo dia, na margem onde todos moram e conhecem sobejamente, irrompe na floresta um grande incêndio, que se torna incontrolável. O incêndio rapidamente se alastra e ameaça todos os que permanecem na margem, digamos assim, velha e ultrapassada do rio.

Do outro lado, na margem oposta, pode-se avistar um lugar calmo, verdejante e aparentemente paradisíaco, embora seja um lugar completamente desconhecido para todos. Daquele lugar, que o grupo avista de longe, já se ouviu falar maravilhas pela boca de viajantes experientes. O grupo, apavorado, fica encurralado entre o fogo que avança rapidamente e o rio caudaloso, à espera de um socorro, qualquer que seja ele. Em dado momento, surge um helicóptero que, sem preparar as pessoas e sem tempo de treiná-las para o que possam vir a encontrar do outro lado, começa a levar as pessoas, em grupos pequenos, da margem onde o incêndio se alastra para a outra, onde parece estar a salvação.

Esse helicóptero, além de moderno, carrega uma série de armas que podem ser usadas para ajudar as pessoas a enfrentar a terra desconhecida chamada MUDANÇA. Seu piloto é um profissional experiente em todo tipo de adversidade e bom conhecedor do novo lugar onde todos teriam que recomeçar suas vidas depois da travessia.

O helicóptero faz umas tantas viagens e termina de fazer a travessia de todos, poucos minutos antes que o incêndio atinja as barrancas do rio do lado onde todos estavam há bem pouco tempo. Entretanto, inexplicavelmente, depois de colocar todos em segurança, o helicóptero despede-se do grupo, alça voo e desaparece, levando com ele armas atuais e poderosíssimas, no horizonte da margem onde todos estão são e salvos!

Ufa! Pensam todos, essa foi por pouco. Conseguimos escapar do fogo!

O grupo, meio desnorteado, fica esperando que o helicóptero volte para conduzi-lo ao novo ambiente. Ainda se refazendo do susto causado pelo incêndio que destruiu suas casas, seus empregos, suas estabilidades, veem aparecer, vindo do mesmo horizonte, por trás do qual desapareceu o condutor da mudança, cheio de armas modernas e poderosas, envolta numa nuvem de poeira, uma matilha que devora quase todos rápida e impiedosamente!

Quando o helicóptero voltou para saber por que o grupo estava demorando tanto para concluir a mudança... não encontrou mais ninguém. Os poucos que sobraram da carnificina, escondidos aqui e ali atrás de algum arbusto, achavam-se tão traumatizados que sequer tinham forças para se reagruparem e recomeçarem a vida...

Moral da história

E pensar que seria fácil combater aqueles lobos com as armas que estavam no helicóptero!

Tão importante quanto começar as mudanças é acompanhá-las até que todo o processo esteja concluído. Infelizmente, a prática é o abandono do grupo que sofre as mudanças tão logo elas começam.

RESUMO GERENCIAL

Neste capítulo, aprendemos que:

- Toda mudança deve ser cuidadosamente planejada.

- Toda mudança envolve pessoas que vão colaborar, rejeitar e, as piores, boicotar a mudança.

- As piores atitudes são as de boicote da mudança.

- Os quatro quadrantes da mudança devem ser diligentemente gerenciados pelos responsáveis pela mudança.

RESUMO ESQUEMÁTICO
GERENCIANDO MUDANÇAS

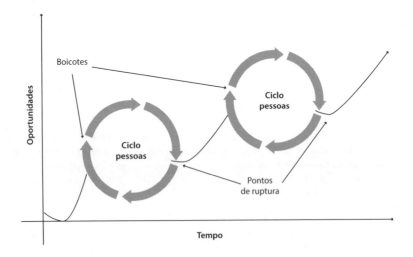

QUESTÕES PARA DEBATE

- O grupo deve discutir a preocupação dos empresários que investem em Tecnologia da Informação esperando resolver todo e qualquer problema com isso.
- Discuta a seguinte afirmação: *A única coisa que se consegue ao resolver um problema é voltar à situação anterior. Portanto, o verdadeiro progresso não é obtido solucionando problemas, mas sabendo usar as oportunidades criadas pela necessidade de resolvê-los.*
- Quais são os estágios pelos quais passam os usuários em qualquer mudança?

- Depois de ler "A fábula do abandono":
    - Discuta com o grupo os estágios que você descobriu ao ler a fábula.
    - Discuta as experiências pessoais dos participantes do grupo.
    - Conclua como, no entender de todos, tal história poderia ter um fim menos traumático.
- Liste as providências que seriam necessárias para que a fábula do abandono tivesse um final feliz.

1. O que Peter Drucker disse sobre resolver problemas?
   Qual alternativa está correta?
   a) A única coisa que se consegue ao resolver um problema é voltar à situação anterior. Portanto, o verdadeiro progresso não é obtido solucionando-se problemas, mas sabendo-se usar as oportunidades criadas pela necessidade de resolvê-los.
   b) Devemos eliminar as causas para resolver um problema.
   c) A única coisa para se conseguir resolver um problema é eliminá-lo de vez.
   d) O verdadeiro progresso não é obtido solucionando-se problemas, mas sabendo-se usar as oportunidades criadas pela necessidade de resolvê-los.
   e) Todo problema tem uma solução.

2. Existe um caminho a ser percorrido entre o velho e o novo modo de operar o processo. Qual é esse caminho?
   Qual alternativa está correta?
   a) Ignorar todos os protestos sobre a mudança.
   b) Isolar todos os funcionários que estiverem contra a mudança.
   c) Demitir os funcionários que forem pegos falando mal da mudança.
   d) É preciso desenvolver um trabalho de conscientização dos usuários quanto à necessidade das mudanças.
   e) Cancelar a mudança.

3. Quais são os estágios existentes em qualquer mudança?
   Qual alternativa está correta?
   a) Rejeição e aceitação.
   b) Boicote e cooperação.
   c) Rejeição. Boicote. Aceitação. Cooperação.
   d) Atenção e execução.
   e) Boicote. Aceitação. Cooperação. Transformação.

4. Em qual fase da mudança são comuns as seguintes frases? Do jeito que está, está bom! Isso sempre foi feito dessa forma. Eu sempre fiz assim e sempre deu certo. Por que mexer em time que está ganhando?
   Qual alternativa está correta?
   a) Rejeição.
   b) Boicote.
   c) Aceitação.
   d) Cooperação.
   e) Execução.

5. Não basta ajudar os usuários a atravessar de um paradigma para outro. Mais do que isso, é necessário:
   Qual alternativa está correta?
   a) Prestar atenção aos sinais de descontentamento.
   b) Fazer papel de helicóptero.
   c) Contratar uma consultoria.
   d) Estar junto durante todo o percurso da mudança, a fim de que em nenhum momento os usuários se sintam inseguros.
   e) Adiar as mudanças até que todos concordem com elas.

REFERÊNCIAS

AKAO, Yoji. *Hoshin Kanri*. Oregon: Productivity, 1991.

AKTOUF, Omar. *A administração entre a tradição e a renovação*. São Paulo: Atlas, 1996.

ANGELL, David; HESLOP, Brent. *The internet business companion*. Reading: Addison Wesley, 1995.

ANSOFF, H. Igor. *Corporate strategy*. New York: McGraw-Hill, 1965.

ANSOFF, H. Igor. *A nova estratégia empresarial*. São Paulo: Atlas, 1990.

ARGYRIS, Chris. *Enfrentando defesas empresariais*. Rio de Janeiro: Campus, 1992.

ARTHUR ANDERSEN. *ABM*. São Paulo: Makron, 1997.

BENNIS, Warren; MISCHE, Michael. *The 21st century organization*. San Diego: Pfeiffer, 1995.

BONO, Edward de. *O pensamento criativo*. Petrópolis: Vozes, 1967.

BONO, Edward de. *Seis sombreros para pensar*. Buenos Aires: Vergara, 1991.

BRIMSON, James. *Contabilidade por atividades*. São Paulo: Atlas, 1996.

BYHAM, William C. *ZAPP!* O poder da energização. Rio de Janeiro: Campus, 1994.

CAMP, Robert C. *Benchmarking*: o caminho da qualidade. São Paulo: Pioneira, 1993.

CHAMPY, James. *Reengineering management*. New York: Harper Business, 1995.

COUND, Dana M. *A leader's journey to quality*. Milwaukee: ASQC, 1993.

CROSBY, Philip. *Qualidade é investimento*. Rio de Janeiro: José Olympio, 1988.

CRUZ, Tadeu. *Sistemas, organização & métodos*. 4. ed. São Paulo: Atlas, 2013.

CRUZ, Tadeu. *Sistemas, métodos & processos*. 3. ed. São Paulo: Atlas, 2014.

CRUZ, Tadeu. *Manual para gerenciamento de processos de negócio*. São Paulo: Atlas, 2015.

CRUZ, Tadeu. *Manual de planejamento estratégico*. São Paulo: Atlas, 2017.

DAVENPORT, T. H. Saving IT's soul: human-centered information management. *Harvard Business Review*, mar./apr. 1994.

DAVENPORT, T. H. Think tank: the future of knowledge management. *CIO*, 15 dec. 1995.

DAVENPORT, T. H. Prusak, L. *Working knowledge*: how organizations manage what they know. Boston, MA: Harvard Business School Press, 1998.

DERTOUZUS, M. *A revolução imaculada*. Rio de Janeiro: Futura, 2002.

DREWES, W. F. *Quality dynamics for the service industry*. Milwaukee: ASQC, 1991.

DRUCKER, Peter F. *Administrando em tempos de grandes mudanças*. São Paulo: Pioneira, 1995.

DRUCKER, Peter F. *Concepts of the organization.* New York: Transaction, 1993.

EIN-DOZ, Phillip. *Managing management information systems.* New York: Praeger, 1978.

FAHEY, Liam; RANDALL, Robert M. *Learning from the future*. New York: John Wiley, 1998.

FLICK, Uwe. *Uma introdução à pesquisa qualitativa*. Porto Alegre: Bookman, 2004.

GARRET, Morgan. *Imagens da organização*. São Paulo: Atlas, 1996.

GOETHERT, Wolfhart; WILL, Hayes. *Experiences in implementing measurement programs.* Pittsburgh: Carnegie Mellon University, 2001.

GREIDER, William. *One world, ready or not*. New York: Simon & Schuster, 1997.

JURAN, J. M.; GRYNA, Frank M. *Juran's quality control handbook*. New York: McGraw-Hill, 1995.

JURAN, J. M.; GRYNA, Frank M. *A history of managing for quality*. Milwaukee: ASQC, 1996.

KAO, John. *Jamming*. New York: Harper Business, 1996.

KAPLAN, Robert S.; NORTON, David P. *The balanced scorecard*. Boston, MA: Harvard Business School Press, 1996.

MIERS, D.; HARMON, P. *The 2008 BPM Suites Report*. USA: Business Process Trends, 2005.

OLIVEIRA, Djalma de P. R. de. *Planejamento estratégico*: conceitos, metodologia e prática. 10. ed. São Paulo: Atlas, 1997.

ROCKART, John F. *Chief executives define their own data needs*. Boston: HBR, 1979.

MCMENAMIN, Stephen M.; PALMER, John F. *Análise essencial de sistemas*. São Paulo: Makron; McGraw-Hill, 1991.

VALLE, R. *et al. O conhecimento em ação*. Rio de Janeiro: Relume Dumará, 2003.

ZARIFIAN, P. *O modelo da competência*. Rio de Janeiro: Senac, 2003.

RESPOSTAS DOS EXERCÍCIOS

CAPÍTULO 1

1. A resposta certa é a alternativa "a". Porque a tecnologia era caríssima, problemática para manter, difícil de usar e causava muita dor de cabeça aos usuários. (Seção 1.1)

2. A resposta certa é a alternativa "b". SWOT é um acrônimo de Forças (*Strengths*), no português chamamos também de Pontos Positivos, Fraquezas (*Weaknesses*), Pontos Negativos, Oportunidades (*Opportunities*) e Ameaças (*Threats*). (Seção 1.4)

3. A resposta certa é a alternativa "e". É necessário analisar os clientes atuais e os clientes potenciais. Em quais mercados a empresa atua ou tenha pretensão de vir a atuar. Curvas de demanda, custos e preços. Existem várias ferramentas para este tipo de análise ser feita. Podemos começar pela matriz do Boston Consulting Group (BCG). (Seção 1.4)

4. A resposta certa é a alternativa "c". A criação dos objetivos estratégicos para os próximos três, cinco anos, com a necessidade de revisá-los a cada 12 meses, ou sempre que surgirem fatos novos e/ou relevantes que nos obriguem a tal revisão. (Seção 1.4)

5. A resposta certa é a alternativa "a". O desdobramento do plano estratégico em ações que serão realizadas no dia a dia, por meio das atividades que compõem cada um dos processos de negócio da Organização. (Seção 1.5)

CAPÍTULO 2

1. A resposta certa é a alternativa "a". Analista de O&M e Analista de Sistemas. (Seção 2.1)

2. A resposta certa é a alternativa "b". Como, geralmente, não era possível resolver o problema de forma global, a turma de O&M simplesmente isolava-o. Dessa forma, esperava poder tratar e, por parecer mais simples, resolver o problema. (Seção 2.2)

3. A resposta certa é a alternativa "d". Criá-lo, quando o processo ainda não existe, ou documentar o processo existente, analisá-lo, organizá-lo cuidadosa e detalhadamente a fim de desenvolver melhorias que aumentem sua eficiência, velocidade e produtividade. (Seção 2.3)

4. A resposta certa é a alternativa "e". É por meio dos instrumentos metodológicos de pesquisa que o analista de processos constrói o resultado de seu trabalho, e é a partir da pesquisa que adquirimos e geramos conhecimento sobre cada um dos elementos que compõem os processos de negócio. (Seção 2.3)

216 SISTEMAS DE INFORMAÇÕES GERENCIAIS E OPERACIONAIS | CRUZ

5. A resposta certa é a alternativa "c". Os dados e o produto oriundo do processamento dos mesmos pelos sistemas de informação são propriedade dos usuários, jamais do analista de sistemas ou do centro de processamento de dados. (Seção 2.4)

CAPÍTULO 3

1. A resposta certa é a alternativa "a". Devemos, antes de qualquer outra coisa, levantar e analisar com muito cuidado o custo de TI. Qualquer tecnologia é cara, se não for bem utilizada, e para ser bem utilizada é necessário que ela esteja vinculada ao planejamento estratégico e seu uso tenha sido planejado. (Seção 3.1)
2. A resposta certa é a alternativa "d". O orçamento de investimentos e o orçamento operacional. (Seção 3.1)
3. A resposta certa é a alternativa "b". O plano estratégico da organização for concluído. (Seção 3.1)
4. A resposta certa é a alternativa "a". É um método de apuração do custo de um produto ou de um equipamento durante toda a sua vida útil. (Seção 3.4)
5. A resposta certa é a alternativa "b". É uma abordagem estruturada para se determinar os custos totais associados à aquisição e, subsequente, à utilização de determinado bem ou serviço de determinado fornecedor. (Seção 3.4)

CAPÍTULO 4

1. A resposta certa é a alternativa "a". Suporte de papel. (Seção 4)
2. A resposta certa é a alternativa "d". Porque não cumprem com o prometido ou prometem, por elas, mais do que elas podem fazer. (Seção 4.1)
3. A resposta certa é a alternativa "a". *Material Requirement Planning* (MRP). (Seção 4.1)
4. A resposta certa é a alternativa "b". O *modus operandi*. (Seção 4.1)
5. A resposta certa é a alternativa "c". Memória de acesso randômico. (Seção 4.1)

CAPÍTULO 5

1. A resposta certa é a alternativa "b". É a de que as pessoas passem do trabalho individualizado para o trabalho em grupo. (Seção 5.1)
2. A resposta certa é a alternativa "c". Um conjunto de múltiplos elementos, conceitos e metodologias que existem com a finalidade de tratar de forma holística processos de negócio. (Seção 5.1)
3. A resposta certa é a alternativa "d". A organizacional e a ferramental. (Seção 5.2)
4. A resposta certa é a alternativa "a". Extremamente perigoso e de resultados com alta carga de incerteza. (Seção 5.3)
5. A resposta certa é a alternativa "d". Automatizar processos e, com isso, assumir a realização de tarefas repetitivas, sem criatividade, que requerem repetição constante e segura e que causam alto nível de estresse nas pessoas. (Seção 5.7)

RESPOSTAS DOS EXERCÍCIOS **217**

CAPÍTULO 6

1. A resposta certa é a alternativa "b". Fatores Críticos de Sucesso são pontos fundamentais que devem ser obstinadamente perseguidos para que a atividade atinja sua(s) meta(s). (Seção 6.5)

2. A resposta certa é a alternativa "c". 1ª Etapa: estabelecer a relação entre os procedimentos e os Fatores Críticos de Sucesso. 2ª Etapa: estabelecer a relação entre os procedimentos e o programa de qualidade. 3ª Etapa: estabelecer prioridade de desenvolvimento das soluções. (Seção 6.5)

3. A resposta certa é a alternativa "e". Direção; Ponto focal; Cronograma; Medida de eficiência; Dono. (Seção 6.6)

4. A resposta certa é a alternativa "c". São as atividades que mais "queimam", gastam recursos em um processo e, consequentemente, em uma organização. (Seção 6.8)

5. A resposta certa é a alternativa "a". Estrutura física. Estrutura lógica. (Seção 6.10)

CAPÍTULO 7

1. A resposta certa é a alternativa "d". Organizar, Planejar, Executar. Revisar. Agir. Realimentar. (Seção 7.1)

2. A resposta certa é a alternativa "a". O princípio da motivação estratégica, o da essencialidade e o da qualidade. (Seção 7.1)

3. A resposta certa é a alternativa "b". Gerenciais e operacionais. (Seção 7.2.1)

4. A resposta certa é a alternativa "c". Custeio Baseado em Atividades. (Seção 7.2.1)

5. A resposta certa é a alternativa "c". Não perder tempo inventando aquilo que alguém já fez com sucesso. (Seção 7.2.1)

CAPÍTULO 8

1. A resposta certa é a alternativa "a". A qualidade de um produto mediante melhoria dos processos que o produzem e, consequentemente, da eliminação dos problemas relacionados com a produção do bem ou serviço. (Seção 8)

2. A resposta certa é a alternativa "b". Que determinados requisitos inerentes ao desenvolvimento e ao produto em si mesmo, no caso aqui de *softwares*, sejam cumpridos. (Seção 8)

3. A resposta certa é a alternativa "e". Diferentemente da ISO, com a qual um produto é ou não certificado, a CMM-I obriga que a empresa possuidora da certificação não somente a mantenha, mas como evolua, buscando certificar-se em outros níveis. (Seção 8.7)

4. A resposta certa é a alternativa "b". Como visto, é válido pensar que o esforço que uma empresa tem que despender para certificar-se nos diversos níveis do modelo CMM-I é muito maior que o necessário para a obtenção da certificação ISO. (Seção 8.7)

5. A resposta certa é a alternativa "c". Iniciando. Diagnosticando. Estabelecendo. Atuando. Aprendendo. (Seção 8.4)

CAPÍTULO 9

1. A resposta certa é a alternativa "a". A única coisa que se consegue ao resolver um problema é voltar à situação anterior. Portanto, o verdadeiro progresso não é obtido solucionando-se problemas, mas sabendo-se usar as oportunidades criadas pela necessidade de resolvê-los. (Seção 9.1)

2. A resposta certa é a alternativa "d". É preciso desenvolver um trabalho de conscientização dos usuários quanto à necessidade das mudanças. (Seção 9.2)

3. A resposta certa é a alternativa "c". Rejeição. Boicote. Aceitação. Cooperação. (Seção 9.3)

4. A resposta certa é a alternativa "a". Rejeição. (Seção 9.5)

5. A resposta certa é a alternativa "d". Estar junto durante todo o percurso da mudança, a fim de que em nenhum momento os usuários se sintam inseguros. (Seção 9.5)

ÍNDICE REMISSIVO

A

Abend, 29
Abordagem \"3 CICLOS, 198
Abordagem IDEAL™, 196
Alinhando metas e sistemas, 141
Amazon, 83
Análise SWOT, 12
analista de BPMS, 35
analista de negócios, 31
analista de O&M, 22, 42
analista de processos, 24, 31
analista de sistemas, 31
analista de workflow, 35
arquiteto de SOA, 35

B

Benchmarkings, 11
Business Process Management (BPM), 67, 97
Business Intelligence, 84
Business Process Management System (BPMS), 103
Business Process Trends, 101

C

Centro de Processamento de Dados (CPD), 69
Chief Information Officer (CIO), 34
Ciclo de vida do BPM, 127
ciclo Organizar – Planejar – Executar – Revisar – Agir – Realimentar, 187
Cloud Computing, 66
CMM-I, 191, 201
Comportamento operacional, 9
computação distribuída, 74
Computação na Nuvem, 79
Computer-Supported Cooperative Work (CSCW), 96
conjunto de regras, 45

Custeio Baseado em Atividades – ABC, 50
Customer Relationship Management (CRM), 66, 84
Custo total de propriedade (TCO), 48

D

Data Warehouse (DW), 66, 84
Desenvolvendo sistemas segmentados, 140
Desorganização Informacional, 70
Documentação de processos, 36

E

Edição dos genes humanos, 77
Efficient Consumer Response, 84
Electronic Document Management System, 84
Enterprise Content Management, 84
Enterprise Resource Planning, 85
evolução das TIs, 61
evolução do *hardware*, 68
Executive Information System (EIS), 65

F

Fase monoprocessamento, 74
Fase multiprocessamento, 74
Fatores Críticos de Sucesso, 142
Ferramentas para trabalho em equipe, 83
fórmula ROI DuPont, 49
Fórmulas para cálculo de ROI, 49
Fornecedores, 10

G

Gerenciamento de mudanças, 205
Google, 80
Grid computing, 66
Groupware, 84

I

Implantar o BPMS, 130
Impressoras 3D, 77
Integrando BPMS (workflow) a um ERP, 107
Inteligência Artificial – IA (*Artificial Intelligence –* AI), 78
Internet das Coisas (*Internet of Things –* IoT), 78

K

Knowledge Management, 84
Knowledge Process Management (KPM), 67

M

mainframes, 69
Material Requirement Plan (MRP), 66
Matriz BCG, 12
Metodologia DOMP™, 16
método OPERAR, 161
Michael Hammer, 29
Michael Porter, 10
modelo BCG, 19
modus operandi do sistema, 182

N

Network computer, 66
Norma ISO 9000-3, 186
norma ISO 9001\2015, 163
novos papéis funcionais, 40

O

ondas de TI, 62
Oportunidades do *e-business*, 82
orçamento de investimentos, 46
orçamento operacional, 46
Os cinco níveis do CMM-I, 198

P

planejamento operacional, 14
Planos Diretores de Informática (PDI), 157
princípio da essencialidade, 163
princípio da motivação estratégica, 17, 163

Princípio da Motivação Estratégica (PME), 7
princípio da qualidade, 163
processos de manufatura, 104
Processos de manufatura contínua, 105
Processos de manufatura discreta, 105

R

retorno sobre o investimento (ROI), 48
Robotic Process Automation (RPA), 77

S

Sistema Integrado de Gestão Empresarial, 108
Sistema para Gerenciamento de Processos de Negócio, 103
Software as a Service (SaaS), 81
software BPMS, 102
Softwares para processos de negócio, 121
subconjunto OPERAR, 18
Supply Chain Management, 84

T

Tecnologia da Informação, 6
tecnologia funcional, 17
tecnologia oportuna, 17
Tecnologias emergentes, 84
tecnologias Groupware, 122
TI, 7
Trabalho cooperativo, 96

V

Value of Investment (VOI), 50

W

W. Edwards Deming, 174
Workflow, 84
Workflow autônomo, 110
Workflow embutido, 110
Workflow Management Coalition (WfMC), 100
Workgroup, 85

Pré-impressão, impressão e acabamento

grafica@editorasantuario.com.br
www.graficasantuario.com.br
Aparecida-SP